华章经管
HZBOOKS | Economics Finance Business & Management

品牌经典系列

BRAND PORTFOLIO STRATEGY

Creating Relevance, Differentiation,
Energy, Leverage, and Clarity

品牌组合战略

[美] 戴维·阿克（David A. Aaker） 著
周晓萱 译

机械工业出版社
China Machine Press

图书在版编目（CIP）数据

品牌组合战略 /（美）戴维·阿克（David A. Aaker）著；周晓萱译. —北京：机械工业出版社，2020.9

（品牌经典系列）

书名原文：Brand Portfolio Strategy: Creating Relevance, Differentiation, Energy, Leverage, and Clarity

ISBN 978-7-111-66327-0

I. 品… II. ① 戴… ② 周… III. 品牌-企业管理 IV. F273.2

中国版本图书馆CIP数据核字（2020）第148954号

本书版权登记号：图字 01-2020-1710

David A.Aaker. Brand Portfolio Strategy: Creating Relevance, Differentiation, Energy, Leverage, and Clarity.

Copyright © 2004 by David A. Aaker.

Simplified Chinese Translation Copyright © 2020 by China Machine Press.

Simplified Chinese translation rights arranged with David A. Aaker through Andrew Nurnberg Associates International Ltd. This edition is authorized for sale in the People's Republic of China only, excluding Hong Kong, Macao SAR and Taiwan.

No part of this book may be reproduced or transmitted in any form or by any means, electronic or mechanical, including photocopying, recording or any information storage and retrieval system, without permission, in writing, from the publisher.

All rights reserved.

本书中文简体字版由David A. Aaker通过Andrew Nurnberg Associates International Ltd. 授权机械工业出版社在中华人民共和国境内（不包括香港、澳门特别行政区及台湾地区）独家出版发行。未经出版者书面许可，不得以任何方式抄袭、复制或节录本书中的任何部分。

品牌组合战略

出版发行：机械工业出版社（北京市西城区百万庄大街22号 邮政编码：100037）
责任编辑：孟宪勐　　　　　　　　　　　　　　　　　责任校对：殷　虹
印　　刷：大厂回族自治县益利印刷有限公司　　　　　版　　次：2020年9月第1版第1次印刷
开　　本：170mm×242mm　1/16　　　　　　　　　　印　　张：21.25
书　　号：ISBN 978-7-111-66327-0　　　　　　　　　定　　价：79.00元

客服电话：(010) 88361066　88379833　68326294　　投稿热线：(010) 88379007
华章网站：www.hzbook.com　　　　　　　　　　　　读者信箱：hzjg@hzbook.com

版权所有·侵权必究
封底无防伪标均为盗版
本书法律顾问：北京大成律师事务所　韩光/邹晓东

致挚友 Tom DeJonghe,
他能力非凡,追求刺激,热爱冒险,他的热情、
幽默丰富了我的生活。

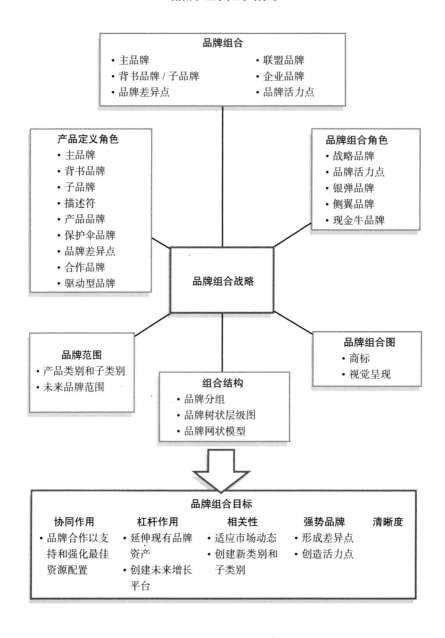

品牌组合战略的 20 个生存法则

1. **分配品牌建设资源**。应该根据品牌在品牌组合中发挥的作用，而不是它们现在产生的销售额和利润来分配资源。未来的实力品牌、关键品牌和银弹品牌应该获得足够的资金投入。

2. **理解子品牌和被背书品牌的角色**。子品牌与主品牌保持一定的距离，被背书品牌与主品牌保持更远的距离，新品牌离主品牌最远。那么到底需要多远的距离？这里一共涉及三个问题：现有品牌会提升产品吗？该产品能提升品牌吗？有充分的理由去创造一个新品牌吗？

3. **将品牌组合战略与企业战略和品牌战略联系起来**。不能在孤立的状态下构思或修改品牌组合战略。它与企业战略和品牌战略密切相关。企业战略将指明产品市场的增长方向、公司赖以竞争的价值主张，以及为企业带来优势的资产。品牌战略包括品牌识别和它在产品组合中的定位，这将影响品牌能够扮演和应该扮演的角色。

4. **考虑品牌组合目标**。应定期对品牌组合战略进行评估，以提高品牌组合的协同作用、杠杆作用和清晰度，并创建相关的、差异化的、充满活力的品牌。评估工作可以通过品牌组合战略审查来完成，由此可以形成品牌组合方案，并找到其中可能存在的问题。

5. **相关性是关键**。一个品牌需要获得并保持相关性，否则无论有多大的差异性和多高的客户忠诚度都无济于事。相关性意味着人们在购买某个产品类别或子类别下的产品时会考虑该品牌，而且该产品类别或子类别是人们需要的。如果人们想要运动型多用途汽车（SUV），那么他们是否相信你会制造出最好的小型货车并不重要。

6. **趋势回应者的战略与趋势驱动者不同**。趋势回应者保持相关性的做法是发现和评估趋势,通过改变品牌范围或使用子品牌、被背书品牌或新品牌来适应趋势。趋势检测包括将一时的时尚和有关言论与真正的趋势区分开来。趋势驱动者的做法是创建新的产品类别和子类别,并管理其定义和标签,需要在适当的时间提供适当的产品,并使用适当的资源对它进行支持。

7. **品牌差异点可以造就强大的品牌地位**。差异化是驱动品牌列车的引擎,但它难以在成熟的市场中实现并维持下去。方法之一是使用品牌差异点——一种被积极管理的品牌特征、成分、服务或项目,它能在较长的一段时间内为产品创造出有意义的差异点。例如,天梦之床是威斯汀酒店的品牌差异点。

8. **大多数品牌都可以从品牌活力点中受益**。对于大多数明显呈疲软状态的知名品牌来说尤其如此。品牌活力点是品牌化的产品、促销活动、赞助活动、象征物、项目或其他实体,它们通过与品牌的关联对目标品牌起到很大的提升作用。品牌活力点可由本公司(如面团宝宝)或其他组织(如世界杯组委会)控制。无论是在哪种情况下,都需要在很长的时间内对品牌活力点与目标品牌的联系进行积极管理。

9. **外部品牌可以作为品牌组合的一部分接受管理**。使用品牌联盟的方法可以对新兴市场趋势做出快速有力的反应,使品牌在较低的风险下延伸,并且可以分担品牌建设投资的压力。品牌联盟的合作伙伴应具有提升合作方品牌的联想,促进组织的兼容性。一个重要的观点是,品牌联盟伙伴是品牌组合的一部分,应当对它们的角色以及它们与组合中其他品牌的关系进行管理。

10. **品牌联盟应具有长远的眼光和支持方案**。一个成功的品牌联盟通常被各种品牌计划围绕,这样才能充分发挥其影响力。而且,它往往涉及长期关系,这样,以品牌联盟为基础的品牌资产和组织经验才能得到长期利用。然而,强化品牌联盟意味着有可能会给合作的一方带来更大的失望。

11. **利用强势品牌**。发展的途径之一是通过品牌延伸来利用强势品牌。应寻求符合品牌特点的延伸机会，通过品牌联想和客户群来增加品牌价值。延伸还应该通过提高知名度、加强相关性、激发能量、进入新的发展领域以及提高沟通效率来提升品牌。品牌可以作为背书品牌或主品牌加以利用。作为背书品牌，它可以增强产品的可信度，并从产品联想和知名度中获益。

12. **开发品牌平台**。与其进行特定的品牌延伸，不如在战略层面上更好地开发品牌平台，对未来的最终品牌有一个远见，建立一系列可以发挥长久作用的品牌联想，开展有计划的品牌延伸活动。

13. **品牌组合进入超高端市场**。试图进入超高端市场以获取利润和产品活力的品牌，往往缺乏足够的可信度和自我表现优势。这些问题可以通过把品牌撤出中低端市场，重新定位品牌，使之发挥垂直作用，使用子品牌或创建新品牌来解决。

14. **考虑进入中低端市场**。试图向中低端市场移动以获取销售量和增长渠道的品牌都会面临产品推广失败和品牌受损的风险。通过子品牌或被背书品牌，将中低端产品与其他产品分开，或者将其应用于不同的产品市场，则可以降低风险。然而，在某些情况下，最好的选择是将品牌本身重新定位为中低端品牌，或者创建一个新品牌。

15. **利用公司品牌**。公司品牌可以是一个强大的主品牌或背书品牌，它的独特地位意味着它更能代表组织的历史传承、资产和技能、人员、价值观、公民义务和业绩。虽然可能有相似的竞争产品，但相似的组织很少，因此公司品牌是差异点的潜在来源。当一个公司品牌代表着某些对顾客有意义的东西时，它最有效。一家公司只想着做大、做成功，通常是不够的。

16. 积极管理公司品牌。公司品牌天生就是庞大而笨重的，经常被许多分权化的业务组织使用。因此，需要对公司品牌进行积极的管理，以应对诸如保持相关性、避免负面影响、在不同的环境中管理品牌以及实现品牌识别等挑战。

17. 新名称可能不是答案。不要抱有这样的幻想：认为改变品牌名称会改变品牌联想，或是认为可以找到一个新的、全球通用的、拥有适当联想的名称，抑或认为品牌的资产价值可以在合理的预算范围内转移到新名称上。

18. 聚焦品牌建设资源。例如，微软的目标是投资建立数量最少、能在所有目标市场中竞争的最强势的品牌。不仅要拒绝增加不需要的新品牌，还要制定相应的规定将不再需要的现有品牌从品牌组合中移除出去。

19. 淘汰或淡化弱势品牌。如果一个品牌或子品牌很弱，那么即使它有重要的存在价值，也可以考虑把它当作一个描述符，甚至把它淘汰掉。不要在一个品牌还没有发展出品牌价值和追随者的时候，不切实际地管理它。

20. 创建产品的清晰度。确保在客户和员工看来，产品是清晰的。混乱是一个信号，意味着当前的品牌组合战略是无效的。

在设计某个事物时，我们要先在一个比它更大的环境中思考——设计椅子时先想象一下房间，设计房间时先设想一下房子，设计房子时先琢磨一下环境，设计环境时先考虑一下城市规划。

——弗兰克·劳埃德·赖特（Frank Lloyd Wright）

Brand Portfolio Strategy

前言

　　许多企业都非常关心品牌组合战略，因为它能为成功的企业战略提供所需的架构和约束力。混乱而缺乏一贯性的品牌组合战略会阻碍甚至摧毁整个企业战略。如果品牌组合战略能够促进企业与市场产生协同效应，创造出既相关又相异且充满活力的品牌资产，并利用好这些资产，它就能为企业战略提供支持，促进它的实现。

　　企业负责人应该尽早检视其品牌组合战略，尤其是在出现下列令人倍感压力的情况时：

- 当企业需要不断增长以实现组织活力和投资者的目标时。大多数企业制定的发展目标包括利用现有品牌资产以及创建新的品牌资产。在这两种情况下，企业都需要使用各种工具和方法来制定并支持品牌组合战略。
- 当企业需要在动态市场中保持相关性时。此时，子品牌和被背书品牌有助于降低企业在追求新的商业目标时面临的风险和难度。
- 当企业成果逐渐成为（或基本上已经成为）一种商品，和其他同类商品几乎没有差别，只突出价格的不同时。此时，企业面临的挑战是创建一个或多个能够促进差异化的品牌，并将该品牌融入品牌组合中去。
- 当企业旗下的品牌可能因为所处产品品类趋于成熟而失去了活力，需要制订一个品牌计划，或推出一款新产品，抑或举办赞助活动等来实现盈利并保持品牌活力时。
- 当企业面临被收购的情况或同时出现了几个强大的品牌，不得不做出艰难的选择以避免造成混淆和资源浪费时。
- 当企业长期以来对分散化经营和不断创业感到自豪，造成旗下品牌以及子品牌数量激增，导致全盘混乱时。此时，企业的顾客和员工都会变得沮丧，他们不仅试图确定企业在各种产品市场环境中代表了什么，甚至还想弄清楚该如何订购产品及服务。在这种情况下，企业需要对旗下的品牌进行一番认真的精简、重组，并按照优先级排序。
- 当企业面临多种产品、细分市场、地域差异和分销渠道等诸多现实问题，品牌管理层根本无法应对市场的复杂性时。一方面，品牌组合战略是问题产生的一个原因，因为涉猎各种产品市场的组织，其品牌、子品牌和被背书品牌均呈爆炸式增长，致使企业无法阐明统一的品牌战略，更不用说去实施这些战略了。另一方面，品牌战略也是解决问题的一个方案，因为合理、清晰的品牌结构可以实现协同增效，避免冗余浪费，可以厘清概念，避免混乱不堪，避免错失利用杠杆资产的良机，从而推动企业战略的实施。

本书将是第一本明确定义品牌组合战略范围和结构的书。它将确定一些基本概念和方法，并对它们进行明确分类。此外，它还将阐明品牌组合战略如何解决企业战略家面临的一些高度相关的问题，包括：

- 如何通过品牌延伸来扩大产品的市场范围以实现企业发展？
- 如何通过品牌的垂直延伸进入中低端和高端利基市场？
- 如何在"人们想要购买的东西"正在不断发生变化的动态市场上保持品牌与市场相匹配？
- 如何使用品牌组合工具保持品牌的活力和差异性？
- 如何使品牌联盟发挥作用？
- 如何利用公司品牌？
- 如何围绕企业重组来管理品牌问题？
- 如何明确产品的定位，并为品牌建设活动找到重心？

制定品牌组合战略的过程是复杂的，并且要具体情况具体分析。在这个问题上，没有像食谱一样的细则可以确保一家企业制定出完美的战略。本书旨在提供一些选择并提出一些问题，而不只是给出一些简单的答案。

这是我关于品牌和品牌战略的第四本书。最早的那本书《管理品牌资产》[一]是定义和构建品牌资产概念的第一部作品。第二本书《创建强势品牌》[二]介绍了什么是品牌个性，什么是品牌的鼓励性联想，并敦促管理者将目光从产品属性转向品牌个性、组织联想和品牌象征。第三本书《品牌领导》[三]（与埃里克·乔基姆塞勒合著），扩展了品牌认同的概念，讨论了全球品牌管理，并展示了如何通过开发媒体广告之外的品牌建设项目，在杂乱无序的媒体中脱颖而出。

本书借鉴了以上三本书中与品牌组合战略相关的资料。最值得注意的是，第1章和第2章借鉴了《品牌领导》，第7章和第8章借鉴了《创建强势品牌》和《管理品牌资产》，但这4章进行了更新，增加了新的案例研究、新的概念，以及新的或扩充的概念模型。对品牌组合战略进行综合讨论是我撰写本书的主要目的。其余各章还包括大量新的内容。总的来说，这本书与以上三本书的内容大约有20%的重合。

需要承认并致歉的是，这本书里的主题标签被换掉了。在《创建强势品牌》一书中，我提到过"品牌体系"，并强调组合品牌必须发挥协同作用以形成一个紧密的整体。然而，体系似乎成了一个被过度使用的工程设计上的术语。后来在《品牌领导》一书中，我把它改为"品牌架构"，这是一个很好的比喻，它暗示了基础、结构、角色、关系，甚至可以说这是一个经过升级和完善的概念。不过，对于有些人来说，品牌架构却是个隐晦的概念，而其他人又有可能把问题局限在品牌命名和商标设计上。因此，在本书中我使用了一个新的标签：品牌组合战略。它更具整体性、战略性，并与本书的重点内容兼容，即如何优化和利用品牌组合，以推进和实现企业战略。

[一][二][三] 此三本书中文版已由机械工业出版社出版。

本书共包括 10 章内容。第 1 章与第 2 章描述了品牌组合战略的范围。第 3 章考查了在面对品牌组合战略，确定选项和问题时，需要的投入。第 4 章讨论了企业如何在日益活跃的市场中保持相关性。第 5 章首次介绍了品牌差异点和品牌活力点这两个品牌建设工具。第 6 章讨论了如何利用品牌联盟的影响力。第 7 章与第 8 章探讨了如何横向和垂直利用品牌资产以实现增长。第 9 章讨论了为什么以及如何利用公司品牌。第 10 章提出了避免产生品牌复杂性和混乱性的方法。

致　谢

一直以来，我受到了很多人的恩惠，尤其是我在铂慧品牌和营销咨询公司的同事瓦莱丽·威尔逊（Valerie Wilson），她给了我巨大的帮助。在我撰写本书的整个过程中，她承担了获取说明性材料的所有工作，审阅了所有的章节，帮助我得到他人的协助，并为我提供了巨大的支持。她最大的贡献是挑战这本书里的内容，包括思想、组织、流程、概念、案例，几乎所有的一切。她卓越的见识为本书带来了一些突破性的改变。

此外，铂慧团队也给予了我极大的帮助。他们一贯出色的品牌组合工作为三大洲的许多客户提供了启迪和信息。辛迪·莱文（Cindy Levine）对原稿进行了全面审查，且毫不避讳地指出其中的薄弱点，促使我重新思考其中的一些想法。凯文·奥唐纳（Kevin O'Donnell），我和他共事了四年，我知道他是世界一流的品牌战略家，他的想法贯穿全书。我还得到了许多其他人的帮助和建议，包括马特·雷贝克（Matt Reback）、克劳迪娅·费舍尔 – 布廷格（Claudia Fisher-Buttinger）、迈克·莱瑟（Mike Leiser）、本·马赫蒂格（Ben Machtiger）、吉尔·斯蒂尔（Jill Steele）、安迪·弗林（Andy Flynn）、克里斯蒂安·布隆格维斯特（Kristiane Blomqvest）、詹妮·常（Jenni Chang）和特雷弗·韦德（Trevor Wade）。我还要感谢铂慧的首席执行官迈克尔·邓恩（Michael Dunn）——他是我的朋友、一位天才的品牌战略家，也是一位杰出的组织创建者，他对本书的写作予以鼓励并提供了丰富的资源。

我还受益于与几位日本战略家的互动。电通（Dentsu）品牌创建中心的团队一直致力于在日本提升品牌战略，他们都为人随和，且富有新思想。我要感谢三位亲密朋友的见识和支持：日本品牌大师片平穗高（Hotaka Katahira）、日本未来品牌大师阿久津聪（Toshi Akutsu）和一桥学院院长竹内宏（Hiro Takeuchi）。

还有几位来自不同公司的朋友向我提供了一些想法和说明性图表。其中包括英特尔的苏珊·洛克里斯（Susan Rockrise）、朗达·沃克（Rhonda Walker）和托德·彼得斯（Todd Peters），通用电气的保罗·凯因（Paul Kein），迪士尼的马特·莱恩（Mat Ryan），宝洁公司的特里西亚·希金斯（Tricia Higgins），花旗集团的安妮·麦克唐纳（Anne MacDonald），嘉信理财的乔安妮·卡斯伯特森（Joanne Cuthbertson），索尼的阿基奥·阿萨达（Akio Asada），联合利华的菲奥娜·鲁奇（Fiona Rouch），福特的丽莎·奥康纳（Lisa O'Connor）和迪·卢·杰克逊（Dee Lu Jackson），联合包裹服务公司（UPS）的杜赫·莱斯利（Duhe Leslie），雀巢的艾尔·斯特弗勒（Al Steffle）和丹尼尔·哈查德（Daniel Hachard）。特别感谢迪士尼的马特·莱恩、微软的戴维·韦伯斯特（David Webster）、花旗集团的玛丽·安·维兰纽瓦（Mary Ann Vilanueva）、PowerBar的辛迪·瓦拉（Cindy Vallar）和戴尔的斯科特·赫尔伯格（Scott Helberg），他们慷慨地帮助我润色了这本书里提到的品牌故事。

多年来，我很高兴能与许多富有洞察力的品牌战略家一起工作，他们不断激发我，开拓了我的思维。斯科特·塔尔戈（Scott Talgo）在品牌推广方面的工作非常出色，在撰写本书时，他给了我一些帮助，就像他帮助我撰写其他书一样。凯文·凯勒（Kevin Keller）是我研究工作中的同事，也是一本优秀品牌战略图书的作者，他帮助我从头开始打造品牌故事。罗伯托·阿尔瓦雷斯（Roberto Alvares）是欧洲顶级品牌专家之一，也是我多部著作的译者，多年来一直不断支持着我。我的朋友、同事和女儿詹妮弗·阿克（Jennifer Aaker）是品牌个性和跨文化营销方面的权威，她促使我在思维上更加严谨。我的朋友兼同事埃里克·乔基姆塞勒（Erich Joachimsthaler）是维瓦尔第合伙人公司（Vivaldi Partners，一家在纽约和德国分别设有办事处的管理咨询公司）的首席执行官，在我们作为咨询团队，创作《品牌领导》一书期间，他帮助我形成了关于书中许多内容的想法。他是一位富有洞察力的品牌战略家，和我一样热爱品牌，有他在，真是乐事一件。当然，还有许多其他我无法一一致谢的人。

我的朋友迈克·凯利（Mike Kelly）是科电电气公司（Tel Company）的负责人，最初是他的见解引导我开始思考品牌相关性。他和我在许多次骑行过程中对品牌相关性进行了反复讨论和完善。

这是我在 Free Press 出版的第四本有关品牌的书。这也是该出版社又一项出色的工作。我要感谢与我长期合作的编辑，也是我的朋友鲍勃·华莱士（Bob Wallace），他使这本书有了一个良好的开端，并在出版过程中提出了富有洞察力的建议。还有威利·奥沙利文（Wylie O'Sullivan），他给本书的出版带来了很大的帮助，即使在此过程中出现了几次危机，他也总是能乐观应对。还有多米尼克·安福索（Dominick Anfuso），他是一位才华横溢、乐于助人的编辑。在我的恳请下，我得到了优秀的文字编辑克里斯·凯利（Chris Kelley）和西莉亚·奈特（Celia Knight）的帮助，他们在编辑我以往作品的过程中有过出色的表现，是他们让我的作品得以出版，并确保在终稿中不会出现大量错误。他们都为此做出了重大贡献。

最后，我要感谢我的妻子，是她让我有时间开始一项新的写作项目，还有我的家人简（Jan）、乔琳（Jolyn）、珍妮弗、塞曼莎（Semantha）、迈莉（Mylee）、德文（Devon）和库珀（Cooper），是他们为我带来了灵感。

Brand Portfolio Strategy
目 录

品牌组合战略图
品牌组合战略的 20 个生存法则
前言
致谢

第一部分　什么是品牌组合战略

第 1 章　品牌组合战略　002
英特尔　003
品牌组合战略的定义　013
品牌组合战略的各个方面　016
品牌组合目标　032

第 2 章　品牌关系图谱　036
迪士尼品牌家族　037
主品牌、背书品牌、子品牌和驱动型品牌　044
将品牌组合起来：品牌关系图谱　047
在品牌关系图谱中正确定位　064

第 3 章　对品牌组合决策的投入 067

微软 068
花旗集团 073
市场力量和动态 078
企业战略 080
品牌资产和品牌识别 084
品牌组合审查 086
管理品牌组合 090
后七章概述 092

第二部分　创建相关性、差异点和品牌活力

第 4 章　品牌相关性 098

PowerBar 099
什么是相关性 104
创建和维持相关性的策略 112
保持相关性,还是"我行我素" 127

第 5 章　为品牌注入活力和差异点 129

索尼 130
形成品牌差异点和活力点 137
品牌差异点 137
品牌活力点 145
管理品牌差异点和品牌活力点 154

第 6 章　评估战略性资产：品牌联盟 158

福特探险者艾迪鲍尔版 159
合作主品牌 163

外部品牌差异点	168
外部品牌活力点	174
战术性品牌联盟	181
形成有效的品牌联盟	182

第三部分　利用品牌资产

第 7 章　利用品牌进入新的产品市场　190

多芬	191
利用品牌推出新产品	197
品牌是否有助于延伸	203
延伸是否会提升品牌	210
是否急需建立一个新品牌	214
全面看待品牌延伸风险	217
创建系列品牌平台	219

第 8 章　参与高端市场和中低端市场　225

通用电气	226
万豪	228
垂直品牌延伸	230
将品牌向下延伸	233
将品牌向上延伸	243

第四部分　明确品牌组合重点并使之清晰化

第 9 章　利用公司品牌　256

戴尔	257
联合包裹服务公司	259

	公司品牌	263
	利用公司品牌的原因	269
	管理公司品牌面临的挑战	273
	背书作用	280
	改变公司品牌名称	282

第10章	确定品牌重点和清晰度	287
	联合利华	288
	福特和宝马	290
	品牌是否过多	293
	太多衍生产品：决策疲劳	308
	战略品牌合并	314

注释 316

BRAND PORTFOLIO STRATEGY

第一部分

什么是品牌组合战略

BRAND PORTFOLIO STRATEGY

第 1 章
品牌组合战略

我们雇用老鹰并教会它们列队飞行。
——D. 韦恩·卡洛维（D. Wayne Calloway）(百事集团前 CEO)

当每个人都唱同一曲调时，你无法得到和声。
——道格·弗洛伊德（Doug Floyd）

给一匹会胜出的马下多少注都不为过。
——理查德·萨苏利（Richard Sasuly）

英　特　尔

20 世纪 90 年代，英特尔公司在销售额、股票收益率和市值方面都取得了非凡的成就。[○] 其微处理器的销售额一路从 1989 年的 12 亿美元飙升到了 2000 年的超过 330 亿美元。在短短 30 年间，它的市值就增长到超过 4000 亿美元。英特尔有能力也有意愿不断改良其产品线，放弃它投放了大量资金的过时业务，无疑在英特尔的成功中发挥了关键作用。英特尔能以惊人的速度创造复杂的新产品并高效地运作其微处理器制造厂，它卓越的运营能力也对其成功起到了至关重要的作用。

与此同时，英特尔的品牌组合战略在它走向成功的过程中也扮演了关键角色。如果没有 20 世纪 90 年代英特尔营销大师丹尼斯·卡特（Dennis Carter）的才华以及公司高层安迪·格鲁夫（Andy Grove）的支持，该品牌组合战略就不可能面世。几乎没有什么企业，特别是在高科技领域中，能有幸拥有这些宝贵的无形资产。

英特尔的品牌故事始于 1978 年，当时它开发出了 8086 微处理器芯片，获得了 IBM 公司的认可，并用这种芯片驱动其第一台个人计算机。该英特尔芯片及其接下来的几代芯片（1982 年的 286、1985 年的 386 以及 1989 年的 486）定义了行业标准，英特尔成为芯片行业的主导品牌。

1991 年年初，英特尔正面临着竞争对手利用它未能获得 X86 系列的商标保护这一不利因素的压力。这些公司以 AMD386 之类的名称来给它

[○] 本节部分基于戴维·阿克的"英特尔案例"，该案例发表在吉姆·普罗斯特为戴维·阿克编写的教师手册 *Strategic Market Management* 中，New York, John Wiley & Sons, 2000；部分基于英特尔 2000 年、2001 年和 2002 年年度报告，以及英特尔官网。感谢天才视觉策略师苏珊·洛克瑞丝（Susan Rockrise），以及英特尔公司的托德·彼得斯（Todd Peters）和朗达·沃克（Rhonda Walker）提供的评论——他们对本书免责。

们的"克隆"产品命名,并暗示以这些处理器驱动的个人计算机和其他以386芯片驱动的个人计算机一样高效,一度造成了混乱。

为了应对这一挑战,英特尔在1991年春季启动了一项了不起的计划——Intel Inside,决定将其元器件品牌化,该计划最初的投资预算约为1亿美元。这一决定在英特尔公司内部是非常有争议的——如此可观的一笔资金原本可以用于研发,而且不少人认为品牌建设与一家只向少数计算机制造商出售其产品的公司无关。然而,没过多久,Intel Inside这个商标就变得无处不在了,这项计划获得了令人难以置信的成功。如图1-1所示,该商标看上去明亮且具有个人风格,就好像有人随手在便条上写出来的一样——这是它与公司的正式商标(一个下沉的字母e)最明显的区别。

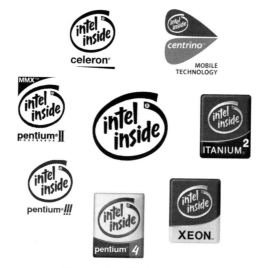

图1-1 英特尔品牌可视图

Intel Inside计划使英特尔牢牢掌控了它与计算机制造商之间的合作关系。每位合作伙伴在购买英特尔微处理器时都会获得6%的折扣,这一折扣被转存到一个市场开发基金中,该基金能为其合作伙伴支付最高达到50%的广告费用(为符合这一支付条件,该广告需要通过某些考验,主要包括能否在产品和广告中正确地展示Intel Inside标志)。合作伙伴要为那些配置了英特尔公司竞争对手处理器的计算机产品创建子品牌,这样买家就会意识到他们购买的计算机没有配置英特尔公司生产的中央处理器。随着销售额的增长,该项目耗资巨大,导致预算增长到每年远超过10亿美元,但是它也成功地拉开了英特尔公司和那些也试图涉足其间的竞争对手之间的差距。

最重要的是,多年来,Intel Inside意味着一台带有这个标志的计算机的售价要比普通计算机高大约10%,这是英特尔公司的底线。由于该品牌计划的推广,英特尔公司广受赞许:它能创造既可靠又能与软件产品兼容的创新型产品,并被看作实力和领导力并存的企业。尽管大多数计算机用户并不知道微处理器是什么,也不知道为什么英特尔的微处理器更好,但这一切还是发生了。

此外,Intel Inside计划带来了一些间接利益:计算机广告激增。出乎意料的是,虽然最初广告公司并不乐于看到自己的广告创意向一个国外标志让步,但当它们意识到自己的广告收入将因此猛增时,态度就变得非常缓和了。此外,与英特尔有合作关系的计算机公司也开始依赖由英特尔公司承担的广告费;事实上,由于利润缩水,如果没有这笔费用,它们将很难在市场上竞争。因此,该计划后来成为英特尔的一项重要的忠诚度激励措施。Intel Inside也成了英特尔产品组合中最重要的品牌之一。

1992年秋季,虽然公司内部还存在争议,但面临竞争日益混乱的局面,英特尔公司还是打算着手发布486芯片的升级版。当时公司面临一个重大的决定:是应该沿用Intel Inside品牌从而将升级版命名为586,为已经适应X86系列的客户提供熟悉的逻辑,还是应该为它重新命名,比如奔腾?这真是一个左右为难的抉择。

四个关键问题促使英特尔公司做出了开发奔腾品牌的最后决策。首先,尽管Intel Inside计划取得了成功,但如果产品被命名为英特尔586,那么由于市场上AMD586等产品的存在,市场混乱的基本问题仍然得不到解决。其次,创建一个新品牌,同时将客户的注意力转移到新品牌的成本虽然巨大,但还在英特尔公司的能力和意愿范围内,可以说,在任何一个行业里都没有哪种新产品会像英特尔公司的新一代芯片那么幸运。同时,一款具有新闻价值的新产品会让很多事情变得容易得多。再次,Intel Inside计划的价值非但不会流失,反而可以通过将它与新品牌联系起来而得到充分利用。如图1-1所示，奔腾标志被集成到了Intel Inside的商标中。这样一来，从实际意义上看，Intel Inside品牌就成了奔腾的背书品牌。最后，即使对每一款新产品重新命名都耗资巨大并且会造成混乱，但这款新产品被证明足以成为一个独立子品牌，值得获得一个新名字。一家投资成本巨大的加工厂需要有一个良好的运营开端来回收成本，新品牌的积极意义就在于它能向客户发出信号：新一代芯片确实值得升级。

英特尔随后对奔腾进行了改良，使它拥有卓越的图形处理能力。英特尔公司认为，与其将芯片命名为奔腾Ⅱ，或者给它一个全新的名字，不如将品牌技术名称MMX添加到奔腾品牌中（见图1-1）。由于新一代处理器能在很长一段时间内发挥它的影响力，并且拥有广阔的发展前景，因此奔腾也将得到更长的时间来回收投资成本。后来，一代又一代新的处理器的确出现了，英特尔利用奔腾的品牌和资产陆续推出了奔腾Pro（1995年）、奔腾Ⅱ（1997年）、奔腾Ⅲ（1999年）和奔腾4（2000年）。其中，奔腾4的出现带来了一种全新的视觉设计（见图1-1），这种设计不仅突出了它的新颖性，也给人们带来了该产品质地精美、可靠性强，而且质感丰富的外观感受。

显然，品牌组合战略中不断出现的一个关键问题是如何利用品牌化来改进产品。如果改进很小，或只是需要纠正先前的错误，那说明对品牌采取大刀阔斧的变动是不适合或不值得的。当需要对品牌进行重大调整时，企业往往会在改变品牌特征（如MMX）、升级原有品牌（如奔腾Ⅲ）以及创建全新品牌（如用奔腾取代X86系列）之间做出选择。对这三个品牌信号的不同选择将会决定接下来改进产品时的宣传成本、中断现有品牌的销售所需承担的风险，以及抢占未来技术发展新闻价值的可能性。

1998年，英特尔决定进入中高端服务器和智能终端市场。为了满足该市场的需求，英特尔开发了一些功能，将处理器以4个或8个为一组连接起来，为高端机器提供动力。这样一来，一个新的品牌问题出现了。一方面，奔腾品牌与低端家用个人电脑和商用电脑有着密切的联系，因此被认为不适用于服务器和智能终端；另一方面，市场不支持英特尔在Intel

Inside 和奔腾之外另外开发一个独立品牌。针对这种情况提出的解决方案是引入一个子品牌：奔腾Ⅱ至强（Pentium Ⅱ Xeon）。子品牌使新的微处理器在一定程度上与奔腾处理器撇清了关系，使它更符合高端用户的要求。它的第二个优势是提升了奔腾品牌。另外，至强的商标看上去有点复杂，但当它与奔腾Ⅱ融合到一起时，复杂感就消失了。

1999 年，另一个问题（也可以说是机遇）出现了。随着个人计算机市场的成熟，在一些英特尔的竞争对手的引领下，一个中低端细分市场出现了，它们渴望找到一个利基市场，并且愿意降低高价微处理器的售价。英特尔必须在这个市场上竞争，但即便是利用奔腾（或奔腾旗下的一个子品牌）来采取一些防御性措施，风险也是极大的。英特尔对此采用的解决方案是建立一个独立的品牌赛扬（Celeron），它与奔腾没有直接关联（见图 1-1）。和许多其他中低端品牌一样，建立赛扬这一品牌的预算很低：是目标市场寻找这一品牌，而不是让品牌去寻找目标市场。

随后，英特尔公司决定把赛扬和 Intel Inside 联系起来，使之与奔腾之间只产生间接关联。经过一番权衡，它最后决定利用英特尔的背书为赛扬提供可信度，还要保护奔腾，以免它受低端产品形象的影响。

2001 年，英特尔推出至强处理器，如图 1-1 所示。多方面的原因使该子品牌从奔腾的背后脱颖而出。像 NetBurst 微处理器架构（奔腾 4 处理器的基础）这样的技术进步极大地提高了处理器的能力，至强品牌建立后，把它作为一个独立的品牌进行扶持更具可行性（最早围绕品牌名称的商标问题业已解决）。接下来，由于目标市场对英特尔来说变得更为重要了，因此拥有一个致力于目标市场的品牌便成了一项战略要务。

同年，英特尔公司将安腾（Itanium）处理器作为奔腾系列的后续产品推出。那为何不将它命名为奔腾 5 呢？这是由于该处理器是采用一种全新的架构从头开始构建的，是一种基于显式并行指令计算（EPIC）的设计，它具有 64 位功耗（与 32 位功耗的奔腾处理器不同），能够显著提高高端企业级服务器的性能，因此它需要一个新的名称来表明该处理器在性能上与奔腾处理器不同。第二代安腾的标志如图 1-1 所示。

2003 年，英特尔推出了英特尔迅驰（Centrino）移动计算技术，该技术加强了笔记本电脑的性能，延长了电池的使用寿命，内置了集成的无线连接，使笔记本电脑更加轻薄。它能通过无线上网的连接方式，从根本上有效地影响用户的生活方式和企业的生产效率，以此来"无线你的无限"。新的迅驰标志（见图1-1）反映了英特尔将通信技术和计算技术融合到一起的构想，也代表了一种全新的产品开发方式。英特尔之所以这么做，并不仅仅是为了突破性能极限，也是根据市场调查，对用户在面对该产品时的真实需求做出了回应。

迅驰标志最引人注目的元素之一是它的形状与之前的矩形设计截然不同。两翼暗示着技术和生活方式的融合，意味着它具有前瞻性的视角，同时还表达了想去哪里就去哪里的自由。迅驰商标中洋红色的两翼对英特尔传统的蓝色商标起到了平衡的作用，这种颜色既能在视觉上给用户带来活力和刺激，又象征着技术与热情、逻辑与情感之间的纽带。Intel Inside 标志也发生了变化。它变得更简明、更复杂、更自信，与英特尔公司经典的下沉的"e"标志联系在一起，反映了在这个世界中，无论与企业的联系还是为提高客户忠实度计划实施的方案，都可以通过拨号上网实现。

英特尔利用其品牌名称进入了其他业务领域，其中最重要的是通信领域。任何一家拥有强势的成熟品牌的公司都面临一个共同的问题，那就是品牌带来的局限性。英特尔与微处理器和奔腾的联系如此紧密，以至于在其他领域创造信誉对它而言可能是一个挑战。子品牌和品牌化组件可以给解决这一问题带来帮助。英特尔公司在英特尔网络处理器（Intel Network Processor）品牌下开展了一项重要的业务，而 Intel Inside 品牌在该领域中毫无踪迹。此外，该公司还开发了诸如"英特尔 XScale 微体系结构处理器"（它拥有根据特定任务定制通用处理器的能力，从而避免了对专用处理器的需求）等品牌组件。

多年来，英特尔收购了许多公司，而且在每一次收购案中，对于如何处理这些公司附带的品牌，它都必须做出判断。保留品牌现有的角色就能利用其资产和客户关系，放弃这些品牌则意味着允许将这些品牌下的业务转移到英特尔品牌或英特尔产品组合中的某个品牌上。此外，也可以为品牌找到另一个角色，譬如把它作为定义细分市场的子品牌或中低端品牌。

例如，1999年，英特尔收购了Dialogic公司，该公司专门为联系互联网和电信市场提供集成模块。作为英特尔旗下的公司，该新收购的组织最初就叫Dialogic，但后来被改成英特尔通信系统产品组织内的产品品牌（例如英特尔Dialogic通信卡）。

很明显，英特尔做出了一系列重要的品牌组合决策。新品牌使该公司能够应对竞争对手的威胁并进入新市场。品牌间的关系在确定新转型的业务领域时尤为重要，而Intel Inside品牌在品牌组合中带来了必要的协同作用。对于许多品牌而言，做出任何决策都很困难，也会在企业内部带来争议。但是品牌组合结构一次又一次地反映和推动了业务战略，从而增加了公司成功的机会。有时，它会影响市场环境，事实上还可以明确产品类别。这样一来，英特尔进一步巩固了其地位，成了一个与众不同的领先品牌。

通常，人们会做这样一个含蓄的假设：品牌战略包括创建和管理一个强大的品牌，如惠普（HP）、Viao、3M、福特或汰渍（Tide）。然而，几乎所有的企业都面临由多个品牌带来的品牌组合挑战。例如，英特尔拥有许多重要品牌，包括Intel Inside、奔腾、至强、迅驰、XScale和Dialogic。对于很多的公司而言，尽管更完善的管理会带来更大的竞争优势，但它们对于品牌组合的管理往往是不足的，甚至根本谈不上有什么管理。

理解和管理品牌组合对于制定成功的企业战略并使它成功地实施来说都至关重要，其中至少有五个方面的原因可以对此给出解释。第一，在一个品牌组合内部，如果每个品牌都能发挥明确的作用，那么它们就可以创造具有竞争力的，并且起决定性作用的协同效应。品牌组合管理的关键在于确保每个品牌都有一个被明确定义的范围和作用，可以让它在每个有可能做出贡献的环境中发挥作用。此外，还要确保各品牌在各自的职责范围内，得到积极加强并起到相互支持的作用，以形成一支稳定发展、始终如一的合作团队。把品牌视为孤岛就必然导致局部最优而整体低效。

就像美式橄榄球队，它由许多人组成，但每个人打不同的位置，担任不同的角色。在防守线上，有传球手和跑垒手，强卫和游卫发挥不同的作用。外线卫的作用不同于中线卫。教练的职责之一就是让每个球员都处于正确的位置。最好的进攻内锋作为防守前锋可能会失败，正如一个表现很好的背书品牌在特定的背景下可能会成为一个弱势的主品牌一样。教练的另一个职责是传授技术以及实施训练计划，以确保每个球员都能发挥自己的实力。在一支优秀的球队中，每个选手都被合理安排到一个他可以胜任的位置上，扮演一个他能充分理解的角色，并为完成这个角色的职责做好充分的准备。同样，品牌也需要被安排到适合它们的位置上，并给予它们成功所需的资源。

橄榄球队也需要精诚合作，球员们齐心协力才能取得成功，防守线上的球员需要和线卫合作，线卫要和后卫合作，这样才能将比赛计划中的策略展现出来。通常，最后获胜的往往是配合得最好的球队，而不是最有天赋的球队。成功的教练会努力将团队合作放在首位，并确保每个人不会把重心放在他们的个人成绩上从而损害整支球队的利益。同样，战略品牌领导力既能够实现整个品牌团队的目标，也能充分利用每一个品牌。

第二，以组合的视野看品牌能确保未来的品牌获得成功所需的资源，在组织中，最具潜力的品牌往往缺乏资源，部分原因在于它们的业务范围仍然很小。明确分配品牌角色将有助于企业将品牌建设资源向最卓有成效的方向引导，以创造未来的品牌资产。

在任何一支成功的橄榄球队中，教练都会把最多的资源分配给有影响力的或者有潜在影响力的球员。例如，145公斤重的新队员目前可能在拦截抢球方面表现不佳，但如果给予额外的指导和比赛机会，他就有可能成为明星球员；一位球技娴熟的大二学生，经过适当的训练和激励，便有可能成为球场上的一股主导力量；明星球员再多下点功夫，也能变得更为出色。高潜力品牌需要同样的关注和资源。所有的品牌和品牌角色并非从创建初期就是一样的。

第三，了解品牌组合的观点、工具和方法可以使企业通过调整战略来应对竞争挑战。品牌工作面临的挑战之一是保持或重新获得差异点和活力点，缺少了这些必备条件，品牌产品将变得不堪一击。子品牌和品牌特征等组合工具便为实现这一目标提供了途径。通过使用子品牌、被背书品牌或合作品牌，或通过开发新的品牌平台，可以实现在不断变化的市场中（有可能以较快的速度）创建或保持相关性的响应策略。我们将在第4～6章中详细介绍应对这些挑战的品牌组合方法。

当球队感到自身存在不足时，它可能需要调整以适应新的情况。例如，如果发现进攻队员存在一个薄弱点，可能整支球队都会做出反应来解决这个问题：要么从其他球队引进一名新球员，要么将一名有实力的防守队员换到进攻的位置上；相邻位置的队员可以通过扮演不同的角色来弥补这个位置的不足，也可以改变整支球队的进攻策略，使弱点不那么明显。品牌组合也需要以同样的灵活性和变化来应对动态市场。

第四，借助组合工具可以解决战略发展带来的挑战。几乎所有的企业最终都会陷入困境，因而需要寻找新的增长点。从战略上讲，这通常意味着进入新市场、推出新产品，进入高端市场或中端经济型市场。然而，任何此类战略都需要通过利用品牌资产来实现，无论是通过利用现有品牌（可能是使用子品牌或被背书品牌），还是收购或开发新品牌。我们将在第7章和第8章中讨论如何将品牌组合作为促进业务增长的手段。

球队教练应该在球队的风格、性格和战略方面有远见。该球队能成长为一支技巧型或力量型的球队吗？它擅长传球、跑动还是防守？它是否集结了一组配置合理的球员来实施球队的战略？仅仅拥有最好的球员是不够的，一支球队必须拥有适应其战略的球员。品牌组合同样需要开发与业务战略匹配的品牌。

最优秀的橄榄球教练懂得如何充分发挥球员的才能。如果某支球队拥有一名出色的后卫，那么防守战略应该是通过围堵的方式让对方的跑垒后卫跑向该后卫。如果防守后卫速度极快，他可能也会被要求偶尔去当个接球手，这样就可以让他大显身手了。在接近球门线的情况下，进攻性的拦截可能会扩大防守阵线的规模。同样，品牌组合管理的关键是识别出强势品牌的关键要素，并通过品牌延伸和增加角色职责来利用它们。

第五，企业的产品可能变得过于复杂，使客户甚至员工感到困惑，可能会损害到客户关系。更明显的问题是，人们无法记住过于混乱的信息，使品牌建设工作徒劳无功。第9章和第10章将讨论如何在品牌组合中找到重点并使它清晰。

球队可以轻易地制定进攻战略，往往会提出多个比赛方案，以期在球场上迎战不同的竞争对手，却最终导致整支球队感到不知所措。因为球员们会过多地考虑比赛方案的复杂性，以至于他们在跑动、拦截和传球这些更为基本的任务上都表现得不尽如人意。简化进攻——将进攻简化为一些基本的、执行良好的战术，可以显著改善球员的表现。

品牌组合战略变得尤为重要，是由于同时存在着多个细分市场、多种产品、多种竞争对手类型、复杂的分销渠道、多种品牌延伸，也由于被背书品牌和子品牌的广泛使用，这一切都将品牌所处的环境复杂化了。可口可乐（Coca-Cola）、美洲银行（Bank of America）、宝洁（Procter & Gamble）、惠普、索尼、维萨（Visa）、德事隆（Textron）和沃尔沃（Volvo）等品牌都在不同的市场上推出了多种（有时完全不同的）产品，并且在不同的渠道上运营。由此产生的复杂性往往会使客户困惑，导致运营效率低下，这样的品牌战略在员工和品牌建设合作伙伴面前显得混乱和缺乏动力。因而，在面对竞争压力时，企业创建一个富有凝聚力、定义明确的品牌组合就变得势在必行。

下一节会详述品牌组合战略，接下来还将阐述其五个组成部分和组合目标。在此过程中，我将明确一些概念，另外还将首次引入一些新的概念，如品牌差异点和品牌活力点。接下来的章节将描述品牌组合战略的重要组成部分（主品牌、子品牌和被背书品牌），并用品牌关系图谱来模拟它们的关系。在第3章中，我们将介绍开发品牌组合战略时需要的四类信息（市场力量和动态、企业战略、品牌资产和识别以及品牌组合审查），并对组合管理的过程展开讨论。

本书第二部分介绍了利用品牌组合来创造相关性、差异点和活力点。第三部分着眼于品牌增长的途径：横向和垂直的品牌延伸。第四部分讨论如何在品牌组合中找出品牌重点并使之清晰。

品牌组合战略的定义

品牌组合战略明确规定了品牌组合的结构以及各品牌的范围、角色和相互关系。其目标是在品牌组合内部实现协同效应、杠杆作用和清晰化，打造具有相关性、差异化和充满活力的品牌。组合中的品牌应当包括自有品牌和通过品牌联盟的形式联系在一起的品牌，它们应该被看作一支能协同作战的品牌团队，其中的每个品牌都有指定的角色来支持和实现业务战略。

品牌组合战略的开发和管理涉及以下品牌决策：

- 是否添加、删除或区分品牌或子品牌。优先级如何？
- 是否用描述符、子品牌或背书品牌将品牌延伸到另一个产品类别？
- 是否将品牌往超高端或中低端产品方向延伸？
- 是否用公司品牌命名产品，或扩大它作为背书品牌的使用范围？
- 是否建立品牌联盟？
- 是否定义或关联新产品类别或子类别？
- 是否创建一个不一样的品牌差异点、品牌特征、成分或技术、服务或活动？
- 是否开发出一个品牌活力点、举办赞助活动、开发新产品、开展促销活动或创建一个与目标品牌相关的企业实体，以促进品牌联想、兴趣和活力？

品牌组合战略可以从六个方面进一步阐述：品牌组合、定义产品的角色、品牌组合的角色、品牌范围、品牌组合结构和品牌组合图。品牌组合战略中的工具和概念的各个方面都将在下一节中进行说明并讨论。专栏中罗列的是在品牌组合方面存在问题或机遇的13个信号，为品牌组合战略提供了一个视角。

品牌组合战略不应该局限在企业的内部视角里，把反映其组织结构作为目标。虽然随着企业适应不断变化的环境，内部组织结构可能会经常变化，但面向客户的品牌架构应该更加稳定。企业无法促使客户去了解新的组织标识。因此，在制定一个健全的品牌组合战略时，名片问题（换句话说，我名片上的组织单位是什么）不应该影响组合设计决策，唯一需要关心的是从客户的角度出发，让产品变得更加清晰和有吸引力。

图1-2总结了品牌架构的六个方面和五个目标。下一部分将对其中的各个方面进行定义，随后再介绍品牌组合目标。

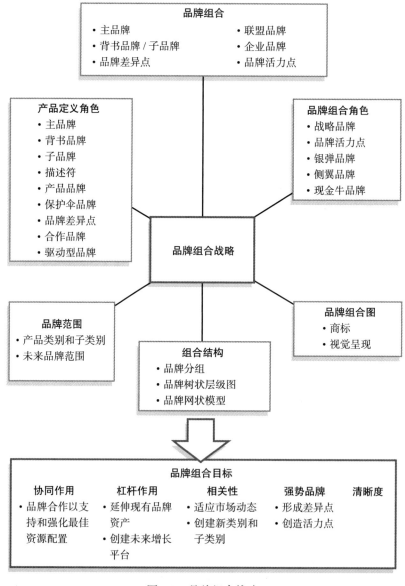

图1-2 品牌组合战略

品牌组合出现问题（和机遇）的信号

1. 对有可能推动未来利润增长的品牌没有投入足够的品牌建设资源，对成熟品牌却投入过多。
2. 关键主品牌未来的作用尚不明确，导致业务战略和营销战略陷入瘫痪。
3. 品牌资产目前还没有到位，无法支持未来的业务战略，也没有可行的补救方案。
4. 新类别和子类别的出现导致产品相关性下降，市场份额下滑。
5. 难以实现品牌差异化，导致利润率下降，目前急需寻求品牌差异点。
6. 关键品牌平淡无奇、出现疲软，急需改变形象。品牌活力点可能会对此有所帮助。
7. 企业组织缺乏应对市场动态的能力、资源或品牌力量。品牌联盟可能是个解决方案。
8. 面对不尽如人意的增长状况，一些品牌资产没有被充分利用。
9. 企业（组织）品牌因其传统、价值观、公民权利程序（citizenship programs）、资产或能力，以及没有得到充分利用而具有潜在的差异点。
10. 在核心市场变得不利的情况下，却有越来越多的顶级子类别产品表现出很高的市场占有率和产品活力，而公司并没有参与其中。
11. 为了在经济上继续支撑下去，应该想方设法进入一个有益的中低端市场，这一点具有重要的战略意义。
12. 产品非常混乱，不仅仅是客户，有时甚至连员工都不知道如何购买他们需要的产品。
13. 过多的品牌和产品分散了稀缺的品牌建设资源。

品牌组合战略的各个方面

制定品牌组合战略共包括六个方面。首先是品牌组合本身，它是企业选取的用来实现品牌组合目标的一系列品牌。接下来的两个方面是定义产品的角色和品牌组合的角色，这两个方面指定了每个品牌可能扮演的各种角色。第四个方面是品牌范围，它能反映每个品牌的相关产品类别或子类别（目前和未来），以及品牌之间的关系。还有，品牌组合结构规范了品牌之间的关系。最后，品牌组合图表明了品牌如何展示自己并和其他品牌产生关联。

品牌组合

品牌组合包括企业管理的所有品牌，包括主品牌、背书品牌、子品牌、品牌差异点、合作品牌、品牌活力点和企业品牌，即便它们看上去都处于隐匿状态。品牌差异点和品牌活力点将在本节稍后详细说明。企业品牌是代表公司的品牌，或者更广泛地说，它代表了一个企业并反映了其传统、价值观、文化、人员和战略。品牌组合还包括组织外部的品牌，这些品牌与内部品牌之间的联系得到了积极管理，如品牌赞助、品牌象征、名人形象代言人以及与品牌有关的国家或地区。

品牌组合的基本问题是其构成情况。那么是否应该增加一个或多个品牌呢？在一些特定情况下，的确可以通过增加品牌来加强品牌组合。但是，新增加的品牌应始终具有明确的角色。此外，增加品牌的决定应由具有品牌组合视角的个人或团体来制定或批准。但很多时候，决策权却被留给了相对分散的各个群体，这些群体对整个品牌组合几乎没有感觉（或没有关心品牌组合的动机），从而产生了对品牌增值的偏爱，我们要做到的是以最少的相关品牌来实现企业目标。

也许企业面临的问题是：是否应该放弃一些品牌？如果品牌过多，企业就没有足够的资源支持它们。也许更糟的是，只要冗赘多余的品牌还在，就有可能导致市场混乱。尽管过程可能很痛苦，但最好的解决方案是简化品牌组合。第 10 章将探讨这一问题，并且提出一些解决方案。

定义产品的角色

当一个新产品上市的时候,它需要通过一个品牌或一组品牌来向客户说明其身份。这些品牌具有定义产品角色的作用,能够反映客户从外部看待这个品牌时形成的观点。每个品牌都将扮演以下品牌角色中的一种:主品牌、背书品牌、子品牌、描述符、产品品牌、保护伞品牌、品牌差异点或品牌联盟。

- **主品牌**是产品的主要参考指标。从视觉上看,它通常是最受欢迎的品牌,就像 3M 在 3M Accuribbon 品牌中的地位一样。
- **背书品牌**有助于给产品带来可信度和实质性的内容(例如,通用磨坊(General Mills)食品公司为脆谷乐(Cheerios)背书)。它的作用是代表一个组织,其信誉和实质内容都基于该组织的战略、资源、价值观和传统。
- **子品牌**能增强或改进特定产品市场环境中主品牌带来的品牌联想(例如,保时捷(Porsche)旗下的卡雷拉(Carrera))。它的作用是创建一个与主品牌明显不同的品牌,可以通过添加属性或个性化元素,来适应特定的产品或细分市场。
- **描述符**是一个常用的功能性术语(例如飞机引擎、家用电器、电灯),它对产品进行描述,虽然它不是品牌本身,却在任何品牌组合战略中都能起到关键作用。
- **产品品牌**定义了由主品牌和子品牌(例如丰田卡罗拉(Toyota Carolla))或主品牌加描述符(例如苹果肉桂脆谷乐)组成的产品。
- **保护伞品牌**定义了通用品牌(例如 Microsoft Office)下面的一系列产品(Microsoft Office Word、Microsoft Office Excel 等)。与独立的产品品牌(例如 eShipping 工具、电子商务解决方案和电子商务建设者)相比,FedEx eBusiness Tools 等保护伞品牌是获得品牌相关性、市场可见度和差异点的更合适、更有效的工具。
- **驱动型品牌**反映了品牌在多大程度上能推动顾客做出购买决策,并对使用体验进行说明。虽然主品牌通常起到主导性的驱动作用，但是背书品牌、子品牌，甚至描述符或二级子品牌（子品牌的子品牌）也可以发挥驱动作用，只是强度会有所不同。例如，丰田比卡罗拉起到更大的驱动作用，但两者都有影响力。

第 2 章更为详细地描述了这些品牌角色，并深入探讨了如何将这些角色的力量引导到强大而灵活的品牌创建中。为了完成对品牌组合战略的概述，其他各个品牌角色的作用，如品牌差异点和品牌联盟，将分别在第 4 章和第 6 章中进行介绍。

1. 品牌差异点

品牌差异点是定义品牌特征、成分、服务或活动的品牌或子品牌。如果顾客面对的产品是立顿红茶（Lipton Tea），分流式茶包就是它的品牌差异点。为主品牌创造一个差异点，能使品牌产品看起来更优越，或是能起到扩充产品的作用，以此为产品带来更多的功能和优势。下面列举了一些关于不同品牌差异点的例子。

品牌特征是产品的自有属性，能为客户带来某种利益。

- 密保诺三明治袋（Ziploc Sandwich Bags）——彩色拉链。
- 惠而浦电气系列（Whirlpool Electric Range）——惠而浦 CleanTop、AccuSimmer 元件。
- 锐步（Reebok）——3D 超轻鞋底设计。

在某个产品中加入**成分品牌（或技术）**，意味着它能带来某种好处或是对产品的信心。

- 思科空中网接入点（Cisco Aironet Access Point）——LEAP 技术。
- 北面（North Face）派克大衣——戈尔特斯（Gore-Tex）派克大衣面料。
- 宝洁公司 Cheer 品牌——先进的护色能力。

品牌服务通过提供某种服务来扩充产品。

- 美国运通（American Express）——往返旅行（为公司旅行社提供的一揽子服务）。
- 福特/水星（Mercury）/林肯（Lincoln）——优质的保养服务。
- 联合航空公司（United Airlines）——包括接机服务（Arrivals by United）、联合红毯俱乐部、前程万里常客计划（United Mileage Plus）、地面联络系统、Business One 营销网络系统。

品牌计划通过与产品和品牌相关的计划来扩充产品，从而扩充品牌。

- 希尔顿荣誉贵宾计划（Hilton Honors）。
- 卡夫厨房（Kraft Kitchen）。
- 通用汽车 BuyPower 活动。

品牌差异点的价值已经在各种环境中得到了证实。其中共同的一点是它对一个新品牌或不太成熟的品牌具有推动作用。

2. 品牌联盟：合作品牌

品牌联盟包括来自不同公司的品牌，这些公司联合起来参与有效的战略或战术性品牌建设计划或创建合作品牌市场产品。因此，像赞助全美橄榄球联盟（NFL）的比赛，或泰格·伍兹（Tiger Woods）这样的人，在建立组合品牌价值方面都发挥长期作用，都会成为品牌组合战略的一部分，应当积极对之进行管理。

当来自不同组织（或在同一组织内业务内容明显不同的企业）的品牌联合起来打造一种产品时，合作品牌就产生了，其中的每个品牌都起到了推动作用。参与合作的品牌可以是产品中某个成分的品牌，如含有雀巢糖浆的品食乐公司生产的蛋糕，或者是个背书品牌，如来自家乐氏（Kellogg's）的健康之选（Healthy Choice）谷类食品，也可以是合作主品牌，如拥有三个主品牌（花旗银行、美国航空公司和维萨）的信用卡，还可以是一个通过共同努力联手建立的品牌，比如环球影业（Universal）和汉堡王快餐店（Burger King）的联合促销。

如第 6 章所示，合作品牌有显著的回报率。由合作品牌推出的产品可以同时获得两个来源的品牌资产，从而增强价值主张和品牌差异点带来的优势。它不仅可以改进合作品牌的产品，还可以增强两个品牌之间的关联。它可以让企业对动态市场做出快速的战略性反应。

3. 产品定义角色的性质

从品牌的角度来说，用一套定义产品的品牌对产品进行详细说明是品牌应尽的职责。譬如说，应该如何称呼某款产品？面向客户的品牌到底是什么？采用 TriPort 耳机技术的博世降噪（Bose Quiet-Comfort）立体声耳机就是其中之一。联合在一起定义产品的每个品牌都会有一个明确的角色，这将影响该品牌的管理方式。还有以下三个例子：

- 凯迪拉克旗下的塞维利亚（Cadillac Seville），配有博世 CD 播放器和通用汽车公司认可的北极星（Northstar）引擎。
- 惠普 Color LaserJet 5500，采用了惠普 ImageREt 技术。
- 吉列（Gillette）女用维纳斯脱毛系列（Venus Shaving System），含芦荟精华和 DLC 刀片。

在第一个例子中，有一个主品牌（凯迪拉克）、一个子品牌（塞维利亚）、一个合作品牌（博世）、一个背书品牌（通用汽车公司）和两个品牌差异点（博世和北极星）。在第二个例子中，我们看到一个主品牌（惠普）、一个子品牌（Color LaserJet 5500）和一个品牌差异点（惠普 ImageREt 技术）。在最后一个例子中，有一个主品牌（维纳斯）、一个产品品牌（维纳斯脱毛系列）、一个背书品牌（吉列女性系列）和两个品牌差异点（芦荟精华和 DLC 刀片）。

品牌范围

每个品牌都有一个范围，它反映了品牌跨越产品类别、子类别和市场的程度。尽管所有组合品牌都需要对品牌范围进行管理，但是主品牌对于品牌范围起到最重要的判断作用。一些主品牌（如 A-1 牛排酱）的品牌范围高度集中，通常是因为它们只与一个产品类别相关，而任何品牌上的延伸都会弱化品牌本身。例如，通用电气主品牌出现在金融服务、飞机引擎、通用家电以及其他类别产品的市场中，其中通用家电部门又服务于消费者、设计师和建筑商等不同的细分市场。还有一些品牌，譬如奥迪（Audi），在它单一的产品类别下还有一把很大的保护伞。

品牌组合的一个目标是延伸强势品牌，利用品牌资产，将品牌联想转移到其他产品类别上去，从而实现对品牌资产的充分利用。在切实可行的情况下，加上更有效率和效果的品牌建设计划，采用这种方法能使品牌变得更为瞩目、更为强大。它遵循一个重要的企业战略格言——充分利用你最强大的品牌资产。然而，任何品牌尤其是主品牌，其发展范围都有局限性。在某些情况下，对品牌的过度延伸会使品牌失去差异性和相关性。更糟糕的是，一些品牌延伸行为可能会因为它创建的新的品牌联想而削弱原有品牌，或对原有品牌造成负面影响。

主品牌的范围可以通过使用子品牌和合作品牌来延伸。背书品牌可以进一步扩大其范围，这是由于背书品牌担负的责任少，因而承担的风险也更小。因此，公司在利用主品牌方面会有多种工具和选择。

品牌组合管理不但必须考虑品牌的当前范围，还必须考虑品牌未来的发展范围。只有将品牌作为长期计划的一部分，它才能得到最好的利用，该计划提出了最终的产品范围、它们发展的先后顺序，以及需要建立什么样的品牌联想才能取得最后的成功。第 7 章将详述这一概念。

当品牌范围跨越产品类别和市场时，品牌组合战略需要确定这些品牌关系的性质。例如，凯迪拉克凯雷德（Cadillac Escalade）SUV 和凯迪拉克塞维利亚轿车之间是什么关系？凯雷德的目标消费者是车队还是普通车主？凯迪拉克品牌在每个市场环境中都是相同的，还是会根据具体情况进行一些调整？与此同时，吉列为男性消费者推出吉列锋速 3（Mach3Turbo）剃须刀，为女性消费者推出吉列缎质护理水晶精华脱毛凝胶。这两种产品都会销往美国、欧洲以及其他地方。那么吉列品牌在所有市场环境中都一样吗？

品牌组合的角色

品牌组合的角色反映了品牌组合的内部管理视角。在把品牌组合作为一个整体进行管理时，其中的每个品牌都不是一个闭塞的个体，每个品牌经理也不是一座孤岛。将品牌视为个人或组织"独有"的个体可能会导致资源分配不当，并且无法创建和利用品牌间的协同效应。品牌组合的角色在一定程度上起到了优化配置品牌建设和品牌管理资源的作用。

品牌组合通常包括五个角色：战略品牌、品牌活力点、银弹品牌、侧翼品牌和现金牛品牌。这些角色之间并不相互排斥。例如，某个品牌既可以充当战略品牌，又可以充当银弹品牌。此外，同一品牌可能在某个时刻是战略品牌，随后还能演变成现金牛品牌。

品牌组合的角色可能因市场环境的不同而不同。在某个市场环境（譬如美国）中的战略品牌，到了另一个市场环境（譬如远东地区）中可能就不是战略品牌了。同样，一个品牌在国际市场上是银弹品牌，但在国内市场上就不一定能扮演这种角色了。

1. 战略品牌

战略品牌对企业战略具有重要意义。它是一个必须成功的品牌，因此应该获得所需的一切资源。识别出战略品牌是确保将品牌建设资源分配给战略上最重要的商业领域的关键一步。

一般来说，战略品牌分为以下三种：

- **当前的实力品牌（或大品牌）**，眼下产生了可观的销售额和利润，而且不会成为现金牛品牌。或许它现在已经成为一个强大的、能起到主导作用的品牌了，并且预计将持续保持或提升其地位。微软的Windows便是这样一个品牌。
- **未来的实力品牌**，虽然当前还是一个不起眼的小品牌或新兴品牌，但预计将在未来产生巨大的销售额和利润,如英特尔旗下的迅驰品牌。
- **关键品牌**,它将间接影响(而不是创造)未来的销售额和市场地位,充当着公司未来远景或主要业务领域的"关键"或杠杆点。希尔顿常客奖励计划(Hilton Rewards)对于希尔顿酒店来说就是这样一个品牌,因为它代表了未来控制酒店行业重要而关键的细分市场的能力——对常客的吸引力。如果竞争对手在对这些顾客的奖励计划上因为某个原因而拥有主导优势,那么希尔顿在战略上就将处于下风。然而希尔顿常客奖励计划并不直接产生大量的销售额和利润。

比较典型的问题是,如果未来的实力品牌或关键品牌目前没有任何销售基础,那么它就会面临资源匮乏的问题。在组织结构松散的企业里,要自己去争取品牌的投资权——也就是说,盈利的业务部门应该有能力对其品牌进行自我投资。而且,这种投资对企业来说并不困难,因为这是靠收益来支撑的。所以,当没有组织机制对总体品牌组合进行规划时,默认的战略是让每个分散的品牌各自制定自己的预算。正因为如此,要么对未来的实力品牌和关键品牌投资不足,要么对规模较大的实力品牌过度投资,而战略品牌的确认有助于公司从战略角度出发,更为明智地分配品牌建设资源。

此外,新兴领域和代表未来组织愿景的关键品牌受到太多关注,现有的实力品牌却被忽视了。2000年年初,宝洁公司新任首席执行官通过将重点转向价值数十亿美元的品牌来改变公司:汰渍(Tides)、佳洁士(Crest)、Charmin、当妮(Downy)、帮宝适(Pampers)、福爵(Folgers)、Bounty、Ariel、品客(Pringle's)、护舒宝(Always)、潘婷(Pantene)和爱慕思(Iams)。[1]他的想法很简单——不要去寻找新产品,售出更多的汰渍产品和其他知名品牌的产品就可以了。主品牌的发展代表着巨大的销售额,同时又避免了推出新产品时必须花费的成本和承担的风险。

在根据品牌未来前景确定战略品牌的优先顺序时,必须有原则。过于乐观的品牌经理可能会一厢情愿地提名过多品牌,解决方法是对被提名的品牌进行切实可靠的分析。市场真的会在一个合理的时间内得到发展吗?还是会像过去那个完全自由、不受约束的社会,整整花了半个世纪才使经济复苏？抑或是像网络世界的泡沫一般，成为海市蜃楼？它会不会给参与竞争的幸存者带来利润，或者像无线领域一样，竞争对手太多破坏了整个市场？品牌能否创造出一个可持续的差异点，从而获得能够持续盈利的市场地位？像这样的问题很棘手，但必须提出来。

战略品牌的确认应以经营战略为指导。例如，AAA 保险是美国汽车协会（American Automobile Association）的战略品牌，因为该组织未来的服务将超越道路救援服务。Nike All Conditions Gear（ACG）是耐克的战略品牌，为其在户外冒险竞技场中的地位奠定了基础。施莱特斯（Slates）是李维斯（Levi Strauss）的战略品牌，它致力于生产男士在商务及休闲场合穿着的宽松裤，该品牌为李维斯在这一领域确定地位奠定了基础。

2. 品牌活力点

正如第 5 章详细讨论的那样，品牌活力点是指任何能通过品牌联想显著增强和刺激目标品牌发展的品牌产品、促销活动、赞助活动、标志、计划或其他实体。品牌活力点与目标品牌的关联应在较长时间内得到积极管理。不同于品牌差异点（通过改进产品或扩充产品来支持产品），品牌活力点是一个可以超越产品及其用途的实体。它可以归企业所有并由其管理，如下所示。

- 品食乐（Pillsbury）面团宝宝（Pillsbury Doughboy）是为品食乐增添乐趣和活力的品牌标志。
- 百威（Budweiser）拥有众多品牌活力点（包括克莱兹代尔（Clydesdales）、Whassup！等商业广告，以及百威小姐赛车队）为其品牌增加趣味，注入活力。
- 克莱斯勒（Chrysler）PT 巡洋舰为克莱斯勒品牌带来活力。

品牌活力点也可以由另一家企业拥有和管理，尽管它与目标品牌的关系仍然需要企业进行积极管理。例如：

- 梅赛德斯（Mercedes）高尔夫公开赛为梅赛德斯创造了活力。

- 圣何塞（San Jose）鲨鱼队用曲棍球改变了圣何塞市的形象，过去这座城市一直处在旧金山市的阴影之下。
- 小威廉姆斯（Serena Williams）成为彪马（Puma）活力和形象的代言人。

3. 银弹品牌

品牌活力点和品牌差异点的优先级可以根据其对目标品牌的影响和所涉及的成本分为高、中、低三个级别。其中最重要的是银弹品牌——这些品牌既可以发挥战略性的重要作用，也能对改变或支持另一个品牌的形象起到积极作用。

银弹品牌的确定让品牌的融资和管理方式发生了根本性的变化。当一个品牌或子品牌（如 IBM 的 ThinkPad）被确定为银弹品牌时，从逻辑上讲，该品牌的宣传策略和预算情况将不再仅仅是品牌这一层面上业务经理的职责了。母品牌（在这种情况下，指的是整个 IBM 公司的宣传活动）也应该参与进来，采用的方式可以是增加银弹品牌的宣传预算，或者把它纳入公司的宣传活动。

4. 侧翼品牌

如果一个品牌受到竞争对手的攻击，而且该竞争对手能给市场带来物超所值的产品或占据独一无二的市场地位，那么品牌的任何回应都会危及其形象和品牌资产。解决办法是推出侧翼品牌或适于战斗的品牌来对抗竞争对手，从而使原始品牌免受攻击。例如，当百事可乐（Pepsi）推出一款清爽型可乐时，可口可乐不想冒险用与其同名的特许经营权去竞争，但它也不能任由百事可乐改变其市场地位。解决方案是推出一个侧翼品牌 Tab Clear，该品牌定位在新的子产品类别下，被大多数人认为口感欠佳。事实上，Tab（它本身就是一种早于健怡的减肥可乐）之所以能够生存下来，不仅是因为它有一个小小的核心忠实客户群，还因为它作为侧翼品牌使用起来很方便。

侧翼品牌这一名称来自战争隐喻。当一支军队正面迎击另一支军队时，它会让一小部分军队出击以保护侧翼。侧翼品牌起到类似的作用，保护主品牌免受竞争对手的影响，而竞争对手并未与主品牌培育起来的品质和利益直接竞争。侧翼品牌在不需要主品牌改变其关注点的情况下，从竞争品牌的定位点切入来对抗它。

当竞争对手以低价进入市场，企图缩小溢价空间时，企业通常会使用侧翼品牌。如果一个品牌为了保护其市场份额而降价，那么这个品牌的盈利能力（如果不是整个产品类别的话）就会受到威胁。作为侧翼品牌——在这种情况下，是一个低价品牌，会试图让竞争对手失去其地位，防止后者在没有任何阻力的情况下独占某个有利可图的商机。

5. 现金牛品牌

战略品牌、银弹品牌和侧翼品牌都需要投资与积极管理，这样它们才能完成其战略任务。将一个品牌划入上述类别之一主要就是为了得到更多的企业资源，因为相关品牌可能无法根据其当前的利润流来证明其采用适当计划的合理性。

相反，现金牛品牌不同于其他品牌，它不需要那么多的投资。现金牛品牌的销售额可能停滞不前或正在缓慢下滑，但仍然拥有一批该品牌的铁杆客户。金宝汤（Campbell）公司的红加白品牌（Red & White）就是这样一个品牌，它是金宝汤公司的核心资产，但公司真正的生命力在其他地方。其他的现金牛品牌可能是不太需要很多支持的大品牌，由于专利保护或市场实力的缘故，它们要么已经确立了市场地位，要么已经建立了强大的市场地位。微软的Office和索尼的Walkman都是处在这个位置上的品牌。现金牛品牌的作用是创造富余的资源，这些资源可被投入于战略品牌、银弹品牌或侧翼品牌，从而为公司日后的发展和品牌组合的活力奠定基础。

品牌组合结构

组合中的品牌彼此之间存在关系。这个结构的逻辑关系是什么？它能否为客户提供清晰明了而不是复杂和混乱的信息？这种逻辑能否支持协同作用和杠杆作用？它能否为组织提供了秩序感、目标感和方向感？或者说，它是否意味着这是一个临时决策，从而导致战略的偏移和品牌的混乱？

如果有一种方法可以清楚明了地呈现品牌组合结构，那么我们就可以更好地理解和分析品牌组合结构了。可以采用的方法有以下几种：品牌分组、品牌树状图和品牌网状模型。关键在于如何在其中找到最合适的方法。

1. 品牌分组

品牌分组或配置是对具有共同意义、特征的品牌进行逻辑分组。例如，Polo Ralph Lauren 的品牌组合结构，在一定程度上是根据下列四个特征分组的。

- **市场细分**。Polo（带马球运动员标志的）是男装品牌，Ralph Lauren 是女装时尚品牌。
- **设计**。男式 Polo 运动休闲系列和女子 Ralph Lauren 运动休闲系列比男式 Polo 和女式 Ralph Lauren 时装系列更具时代感及青春感。
- **质量**。Ralph Lauren 的 Chaps 系列相当于中等价位的 Polo，在女装系列中，Ralph 和 Lauren 比 Ralph Lauren 品牌更经济实惠，Ralph Lauren 时装系列价位最高。
- **产品**。Ralph Lauren 家居服系列、Ralph Lauren 白色亚麻布系列，以及 Ralph Lauren 金属色系列都代表其产品类型。

这些分组为品牌组合带来逻辑依据，并指导其长期发展。Ralph Lauren 马球时装采用的三个分组——市场细分、产品和质量，在许多品牌组合创建逻辑分组的时候都能发挥作用，因为它们本身就是定义许多产品市场结构的标准。例如，在酒店行业中，万豪酒店（Marriott）的组合结构的划分依据是市场细分（面向商务旅客的万怡酒店（Courtyard Inn）和面向休闲旅客的万枫酒店（Fairfield Inn））、产品（分为提供长期住宿的万豪酒店与提供单晚住宿的万豪酒店）和质量（豪华型万豪酒店与经济型万豪酒店）。根据这几个划分产品市场的基本指标进行分组的组合品牌，往往更容易被消费者理解。

其他一些有用的分组依据包括产品优势、应用、技术和分销渠道。王子（Prince）网球拍包括以产品优势分类的 Thunder（用于力量型击球）和 Precision（用于发球定位）两款产品。耐克拥有一系列针对个人运动和其他活动的品牌，其品牌战略的逻辑基础建立在产品的应用上。惠普推出的 Jet 系列包括 LaserJet、InkJet 和 ScanJet，以技术上的区别对产品进行分组。欧莱雅（L'Oréa）公司根据分销渠道对产品进行分组，它将兰蔻（Lancôme）和碧欧泉（Biotherm）品牌用于百货商店和专卖店，而将欧莱雅和美宝莲（Maybelline）品牌用于药妆店和折扣店，将另外一套品牌（其中包括列德肯（Redken））用于美容院。

2. 品牌树状图

品牌结构的逻辑有时可以通过品牌树状图或品牌谱系图来体现，如图 1-3 和图 1-4 所示。品牌树状图看起来像一个组织结构图，有水平和垂直两个维度。水平维度反映了在保护伞品牌下有多少个子品牌或被背书品牌。垂直维度体现了进入单个产品市场所需的品牌和子品牌数量，反映了品牌组合的关键纵深。例如，高露洁（Colgate）口腔护理产品的品牌树状图表明，高露洁的名称涵盖牙膏、牙刷、牙线和其他口腔卫生产品。

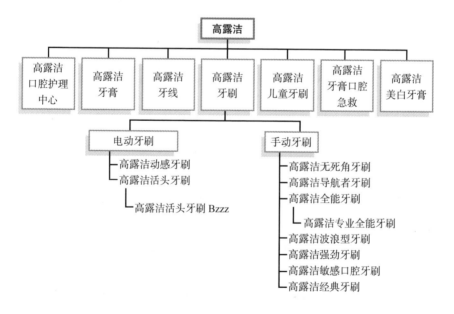

图 1-3　品牌树状图——高露洁口腔护理

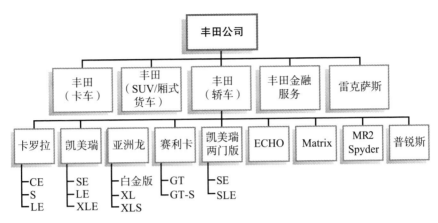

图 1-4　品牌树状图——丰田公司

一家拥有多个品牌的公司要求旗下的每一个品牌都可以用一棵"树"来呈现。所以实际上，我们需要一片"森林"才能看清这家公司的所有品牌。高露洁有三个牙膏品牌（高露洁、Ultra Brite 和 Viadent）和几十个其他主要品牌，包括 Mennen、Softsoap、棕榄、Irish Spring 和 Skin Bracer。此外，有些"品牌树"因其枝节蔓延太广，无法在一页上显示，因此需要把几个主干分出来。由于高露洁口腔护理产品很难以一个树形结构来展示，因此考虑将牙刷作为主干分出来可能会对了解高露洁公司的品牌有所帮助（见图 1-3）。

品牌树状图为我们展现了一种有助于评估品牌组合的视角。首先，考虑到市场环境和对品牌提供支持的现实情况，现有的品牌是多了还是少了？品牌可以在哪些地方进行整合？新品牌会在哪些地方加强市场影响力？其次，品牌系统是清晰合理的，还是混乱无序的？如果逻辑和清晰度不够，那么什么样的改变是合适的、有成本效益的和有益的？

品牌组合战略的目标是实现产品的清晰度，让客户和组织内部人员对产品有个清晰的认识。在子品牌之间建立一个符合逻辑的等级结构有助于提高这种清晰度。当每一个子品牌都指示同一个产品特征时，该结构就会显得很清晰。然而，当一个子品牌代表一种技术，另一个子品牌代表一个市场细分，还有一个子品牌代表一种产品类型时，就不存在组织逻辑，产品的清晰度可能也会受到影响。

3. 品牌网状模型

表示品牌组合战略的另一种方法是品牌网状模型，它以图形的方式说明品牌组合是如何影响每个主品牌和客户购买决策的。图 1-5 显示了一些对耐克产生影响的主要品牌。线条的粗细代表了一个品牌对另一个品牌影响力的大小。因此，耐克城（Niketown）、耐克 Air（Nike air）、迈克尔·乔丹、勒布朗·詹姆斯和泰格·伍兹都被认为是耐克品牌的重要驱动力。这种方法的优点是它包括了非产品品牌的组合品牌，它同时表明了品牌之间的间接关系和直接关系。

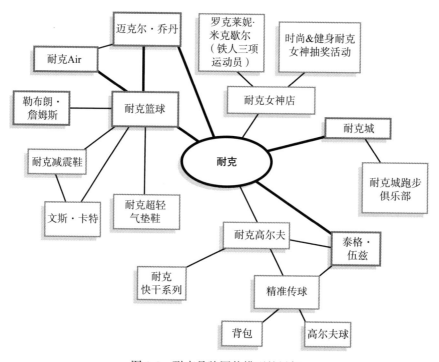

图 1-5　耐克品牌网状模型的局部

这种方法还可以进一步扩展。希尔（Hill）和莱德雷尔（Lederer）提出了一个三维"分子"模型，该模型赋予圆圈的大小、到主品牌的距离和圆圈的颜色（白色表示正面影响，黑色表示负面影响，灰色表示不产生任何影响）以意义。[2] 然而，推行这种表示方法的问题是，它很快就会变得复杂且难以理解。

与此密切相关的另一种模型是宇宙模型，它将品牌组合直观地表示为一组恒星，这些恒星被不同大小的行星围绕，每颗行星又被卫星围绕。有个非常实用的练习，就是用一些小圆盘来代表品牌，并要求与该品牌（或客户）相关的经理使用宇宙模型对其进行排列，让他们辨认出各种各样的"恒星"以及围绕各个"恒星"的"行星"和"卫星"，然后让他们解释其中的逻辑，并对最终的结构和逻辑进行比较。主要品牌是如何联系在一起的？品牌是如何集结成群的？参与组合的品牌之间通常有一些有趣的共同点和不同点，这些揭示了现有的品牌组合结构及其问题。还有一些品牌被证明是无法清楚分类的，因为有些人把它们放在宇宙的不同地方，另一些人根本无处放置它们。

品牌组合图

品牌组合图是跨品牌以及跨品牌环境的视觉展示模式。通常，最明显、最核心的品牌图形是商标，它在几乎所有的角色和环境中都代表了该品牌。但是，可以通过改变主要的标志尺寸、颜色、布局和字体，来说明品牌、其背景以及与其他品牌的关系。除了商标外，品牌组合图还通过包装、符号、产品设计、印刷广告的版面设计、广告语，甚至包括品牌外观和给人带来的感觉等的视觉呈现形式来说明。这里的任何一个因素都可以说明品牌组合内部的关系。

品牌组合图的一个作用是表明一系列品牌处于什么样的相对驱动地位。商标或标牌上两个品牌的相对字体大小和位置将反映其相对重要性及驱动型角色。如第 8 章所示，万豪酒店对万怡酒店的背书作用在视觉上比其对更为低端的万枫酒店的背书作用更强。ThinkPad 品牌的字体在笔记本电脑上显得比 IBM 品牌的字体小，这一事实告诉客户 IBM 品牌是该产品的主要驱动力。

品牌组合图的另一个作用是表示两个品牌或使用场合的不同。以约翰迪尔（John Deere）草坪拖拉机为例，颜色和产品设计在产品的区分方面发挥了重要的作用，它们将名为 Scott from John Deere 的低端产品从经典的高端产品约翰迪尔系列产品中分离了出来。Scott系列没有采用约翰迪尔一贯使用的绿色，由此发出一个强有力的视觉信号，表明客户购买的不是约翰迪尔旗下的高端产品。对于家用产品系列，惠普开发了不同的颜色组合（紫色和黄色）、独特的包装（出现了人物形象，不同于商业客户使用的印有公司标志的白色包装）和不同的广告宣传语（"探索可能性"）。

品牌组合图的另一个作用是直观地表示品牌组合结构。使用一种颜色、一个共同的标志或该标志的一部分可以用来传递品牌分组的信号。例如，美极（Maggi）品牌的颜色和包装设计被用在其许多子品牌中，表明了主品牌强大的影响力，这说明它们形成了一个具有共同的品牌联想的分组。

第3章讨论的品牌组合审查包括一些具有启发作用的练习，以帮助审查所有场合下的品牌图形。我们可以做个简单的测试：首先，将该品牌在不同场合中使用的所有品牌图形都放置在一面大墙上。它们有相同的外观和感觉吗？是否存在视觉协同效应，即一个背景下的品牌图形是否能衬托出另一个背景下的品牌图形？还是说，品牌呈现的方式是不一致的、杂乱不堪的、含糊不清的？这个视觉测试对品牌结构展示的逻辑测试来说是一个很好的补充。另外，还可以把它用来与竞争对手的品牌图形进行比较。

品牌组合目标

品牌组合目标与单个的品牌识别和品牌定位有着质的区别。创建一个有效而强大的品牌仍然是首要目标，但其他目标也是实现品牌领导力的关键。品牌组合的目标是促进协同作用，充分利用品牌资产，创造和维护市场相关性，建立和支持差异化的、富有活力的品牌，并实现清晰度。

促进品牌组合协同作用

一个构思良好的品牌组合应该会产生一些协同作用。尤其是，在不同场合中使用品牌应当提高品牌知名度，建立和加强品牌联想，并提高成本效率（一部分是通过宣传计划来创造规模经济）。此外，品牌组合应避免产生负面的协同作用。在不同的市场背景下，不同的品牌识别和不同角色的差异有可能造成混乱，还会扭曲品牌形象。

组合协同作用包括在组合中分配资源，以支持整体业务战略。如果只是根据每个品牌的利润贡献来为其投入资金，就会使那些当前销售额不高的高潜力品牌，以及那些对产品组合起到重要的支持作用的品牌得不到足够的资源。想要做出最佳的分配决策，最为关键的第一步就是分辨出哪些品牌能在组合中扮演重要角色。尤其是当一个品牌推动着某个极具潜力的大型新兴业务的时候，就更应该对这个品牌给予额外的资源，尽管基于短期成效来看，这么做还缺乏足够的理由。

利用品牌资产

尚未得到充分利用的品牌其实是还未使用的资产。利用品牌意味着创建强势品牌的平台，然后让它们发挥更大的作用，提高它们对核心市场的影响力，并将它们作为背书品牌或主品牌延伸到新的产品市场中去。对品牌加以利用的另一个方面是将品牌垂直延伸——将品牌往高端市场或中低端市场延伸。品牌组合管理系统应该提出一个合理的结构和流程，以创造品牌的延伸机会，通过评估其风险，对品牌组合做出相应的调整。从品牌组合的视角来看待问题，将有助于识别和评估品牌延伸的风险，尤其是在涉及品牌垂直延伸的时候。

品牌组合战略还应着眼于未来，开发品牌平台，以支持进入新产品市场的战略发展。这可能意味着创造一个具有巨大未来延伸潜力的主品牌，即使根据当前的商业环境，还看不到这么做的合理性。

创建并保持相关性

在客户、技术、分销渠道以及竞争对手源源不断地引入新产品的趋势下，大多数市场都会出现波动。品牌组合需要有调整现有品牌的能力，通过增加子品牌或被背书品牌，甚至在必要的时候建立新品牌，对新产品提供支持，从而保持市场相关性。一成不变的品牌组合可能得承担失去相关性的风险。

发展并提升强势品牌

如果没有把强势品牌作为品牌组合架构的目标，就会弄巧成拙。创建强势的品牌产品，与客户产生共鸣，形成品牌差异点，同时传递品牌能量是最基本的要求。精心构思的品牌组合战略能在几个方面做出贡献。它可以确保每个品牌都被赋予一个它能胜任的角色，并且可以把资源集中起来，投入到最有前途的品牌上，激发出更多的品牌活力。随着时间的推移，它可以对品牌差异化优势进行进一步开发和积极管理。品牌活力点可以用来增强品牌活力，创建或改变品牌联想。

实现产品清晰度

品牌组合的目标应该是减少混淆，并在产品供应中实现清晰度，让客户、让员工和合作伙伴（如零售商、广告代理、店内展示公司和公关公司）都对产品形成清晰的认识。员工和合作伙伴应了解每个品牌所扮演的角色，并积极帮助品牌实现其目标。不能因为复杂的品牌组合战略而让客户感到沮丧或恼火。

随着市场变得越来越复杂，实现这些品牌组合目标变得尤为重要。大多数公司都面临以下几种情况，包括多个细分市场、新产品机会、不同类型的竞争对手、强大而截然不同的销售渠道、各地差异化程度的降低以及沟通渠道的混乱。此外，几乎所有的公司都有多个品牌打入不同的市场，需要将它们作为一个团队来管理，这个团队将共同合作、互相扶持，而不是相互牵绊——在动态的市场环境中，这一挑战变得尤为艰巨。

思考题

1. 思考一下橄榄球队的比喻。如何将这些概念应用于你的品牌组合战略？

2. 选择两个产品市场，判断其中的主要竞争对手用哪些品牌对产品进行定义。为什么它们不同？哪个更优越呢？

3. 对于你的每一个主要品牌，确定该品牌作为主品牌和背书品牌的范围。品牌的作用是否得到了充分发挥？

4. 在你列举的品牌组合中，找出品牌组合的五个角色。

5. 将你某个品牌的所有视觉展现方式贴在一面墙上。你能看出它们的一致性吗？

6. 选择用一种讨论过的方法详细说明你当前的品牌组合结构。它是合乎逻辑的、清晰的，还是混乱的？如果是混乱的，有可以改善这种情况的方案吗？

BRAND PORTFOLIO STRATEGY

第 2 章
品牌关系图谱

> 你得提防那些要求你身着新装的职业。
> ——亨利·戴维·梭罗（Henry David Thoreau），《瓦尔登湖》
>
> 当你将两块砖头小心翼翼地砌到一起时，建筑就开始了。它就始于此刻。
> ——路德维希·密斯·凡·德·罗（Ludwig Mies Van Der Rohe）

迪士尼品牌家族

迪士尼（Disney）是一个令人敬畏的品牌，在它的背后有一个历经了3/4个世纪的发展起来的品牌家族。⊖它到底有多么令人敬畏？在过去10年里，扬罗必凯（Young & Rubicam，Y&R）对三十几个国家的超过13 000个品牌的资产价值进行了四次调查。主要的评估指标包括差异化、相关性、知名度和认知度。根据Y&R的标准，超级品牌是指每个维度得分都超过80分的品牌；在四次调查中，迪士尼每个维度的得分都超过90分。在日经BP（Nikkei BP）在日本对约1300个品牌的实力进行的研究中，迪士尼与索尼一起跃升至榜首，共享这份殊荣。索尼长期以来一直是日本最强大的品牌。迪士尼能获得这样的成就，一部分得益于新的主题公园——东京迪士尼海洋公园（Tokyo Disney Sea）的知名度，同时也反映了迪士尼在日本人心目中一贯的地位。

2002年，《商业周刊》（Business Week）杂志开展了一项名为Interbrand的关于品牌价值的研究，结论是沃尔特·迪士尼公司（The Walter Disney Company）50%以上的价值要归功于迪士尼品牌，也就是说，迪士尼的品牌价值高达290亿美元。[1]这一估价无疑低估了迪士尼家族数百个强势品牌的价值。

当然，迪士尼的故事并非没有瑕疵。20世纪80年代米奇厨房（A Mickey's Kitchen）的快餐食品理念就被证明是对品牌的过度延伸。公司

⊖ 这篇文章源自迪士尼官网；迪士尼1999年、2000年、2001年和2002年的年度报告。Michael C. Rukstad and David Collis, "The Walt Disney Company: The Entertainment King," Harvard Business School case 9-701-035; Bill Capodagli and Lynn Jackson, *The Disney Way*, New York: McGraw-Hill Book Company, 1999; and Tom Connellan, *Inside the Magic Kingdom*, Austin, TX: Bard Press, 1997.

还打算为孩子们打造一个地方性的游乐场所，却没能成功地在工作日吸引足够的业务。在欧洲迪士尼（Euro Disney）成立初期，巴黎的迪士尼乐园度假区曾有过一段苦苦挣扎的时期，当时的 Go.com 网站也惨遭失败。

总的来说，迪士尼在很长一段时间内设定了利用其品牌的标准，使自己变得更加丰富、更加强大，并不断向其注入活力，几乎从未让顾客失望过。迪士尼的品牌故事和迪士尼品牌组合的管理令人印象深刻，为我们带来了颇具启发性的见解。迪士尼品牌组合战略将庞大的迪士尼品牌家族联系在一起，这一切都始于迪士尼最初启动品牌延伸的一个大举措：迪士尼乐园（Disneyland）。

真正伟大的创意：迪士尼乐园

虽有夸张之嫌，但我们还是得说，迪士尼乐园的品牌影响力超过了商业史上几乎所有的品牌建设计划。无论从广度还是从深度来说，迪士尼乐园把神奇的家庭娱乐提升到了一个新的层次上。在迪士尼乐园出现以前，米老鼠、白雪公主和《幻想曲》（*Fantasia*）的观众都被吸引到了一个神奇的世界中，但这是一个以电影和书籍为基础的世界，它们创造的是一种被动的体验。

相比之下，迪士尼乐园是一种亲身体验。你不仅看到了梦幻世界，还身临其境，体验着作为牛仔在西部酒吧里吃饭的感觉。你甚至还能和米老鼠及唐老鸭近距离地互动。在这个游乐园里体验到的那种置身其中的感觉，是你在其他游乐园中感受不到的。不仅如此，这种体验可能是你和家人一起经历的，这种记忆会历久弥新。无论对于孩子而言，还是对于家长而言，围绕迪士尼乐园所营造出来的那种怀旧氛围，会给人带来一种温暖的感觉，它会时刻环绕着你。迪士尼赋予了神奇的家庭娱乐一种更深层次的表达方式，这几乎是任何其他品牌都做不到的。

迪士尼乐园的体验是与迪士尼品牌密切相连的。当然，迪士尼的名字就在乐园的大门上，但迪士尼乐园也为展示许多与迪士尼品牌有着密切关系的卡通形象和人物提供了机会。迪士尼卡通人物不仅可以四处走动，参加花车游行，还出现在每一个活动项目中，从"人猿泰山的树屋"（Tarzan's Treehouse）到"小熊维尼历险记"（Many Adventures of Winnie the Pooh），再到"与你最喜爱的迪士尼公主见面"（Meet Your Favorite Disney Princesses）。迪士尼乐园的体验和整个迪士尼品牌是密不可分的。

迪士尼乐园还有许多品牌差异点，这是它与其他主题公园截然不同的品牌特性。这里是唯一一个可以让孩子体验"马特洪峰雪橇"（Matterhorn Bobsleds）、"小小世界"（It's a Small World）、"汤姆·索耶岛"（Tom Sawyer Island）等的地方。所有这些都给人们带来亲切感，使人们产生与迪士尼的又一个联系，并带来一些独特的体验。

品牌延伸：利用、丰富和支持

许多迪士尼品牌的延伸也可以被归类为"伟大创意"。迪士尼堪称一个积极延伸品牌以巩固资产、拓宽新业务领域的典范。在坚持忠实于品牌这一原则的情况下，它利用"陆地"和"游轮"（Cruise Ship）等描述符，推出了迪士尼木板步道（Disney's Boardwalk）和迪士尼世界（Disney World）等子品牌、"狮子王"（The Lion King）或迪士尼动物王国（Disney's Animal Kingdom）等被背书品牌，或迪士尼-米高梅工作室等联名品牌。我们回顾一下迪士尼品牌的发展道路，看看每一个最初的设想是如何步入正轨并不断得到丰富和完善的。

1954年，在迪士尼乐园主题公园开放的几个月前，名为《迪士尼乐园》（后来被称为《迪士尼精彩世界》）的电视节目开播了，直至今日这个节目仍在播出，由沃尔特·迪斯尼主持多年。它有与迪士尼主题乐园相关的循环播出的主题系列，如幻想世界（Fantasyland）、探险世界（Adventureland）、明日世界（Tomorrowland）和边境地带（Frontierland）。"大卫·克罗"（The Davy Crockett）系列尤为受到人们的喜爱，使迪士尼品牌收获了又一个家族的人物和形象。1955年，迪士尼品牌以《米奇家族俱乐部》节目继续向电视领域延伸，并最终于1983年成立迪士尼频道。在缓慢起步（部分原因是它是一个"付费"频道）之后，它计划于2003年超越尼克国际儿童频道（Nickelodeon）。

迪士尼公司将迪士尼乐园的理念延伸到其他地区：1971年，迪士尼世界度假村开业；1983年，东京迪士尼度假村开业；1992年，欧洲迪士尼乐园开业。此外，还有一些以迪士尼作为背书品牌的其他主题公园，如1982年开业的未来世界主题公园（EPCOT）、1989年成立的迪士尼-米高梅工作室、1998年开放的迪士尼动物王国和2001年开业的迪士尼加州乐园。把这些主题公园打造成被背书品牌而不是子品牌，是为了强调它们都有充实的内容，并保证游客会对这些目的地流连忘返。环绕主题公园的是一系列的度假酒店，每一家酒店都有非常鲜明的特点，极具迪士尼风格，如迪士尼背书的天堂码头（Paradise Pier）和迪士尼乐园加州大酒店（Disney's Grand California）、迪士尼动物王国小屋（房间正对着"非洲野生动物园"）、迪士尼游艇以及海滩俱乐部度假村等。为了使度假的体验更为完整，迪士尼乐园度假村和迪士尼世界度假村里还设有迪士尼城。

这只是故事的一部分。迪士尼商店于1987年作为另一种与该品牌形成互动的手段推出，商店会出售基于迪士尼人物形象设计的娃娃、游戏、视频和CD。沃尔特·迪士尼电影公司继续推出动画电影（如《101忠狗》（*101 Dalmatians*））和故事片（如《天生一对》（*The Parent Trap*）及《欢乐满人间》（*Mary Poppins*）），丰富了迪士尼品牌家族的资产。此外，还有冰上迪士尼（Disney on Ice）、迪士尼海上巡游线（Disney Cruise Line）、百老汇《狮子王》（*The Lion King on Broadway*）、迪士尼拍卖会（Disney Auctions，与eBay联合）、迪士尼维萨信用卡（Disney's Visa card）和迪士尼电台（Radio Disney）。

良性的品牌延伸有个特点，即能给与品牌相关的所有产品带来一些东西。潜在客户能够根据自己对品牌背后故事的了解，说出新产品与竞争对手产品的不同之处。在每一次品牌延伸中，迪士尼品牌都带来了对神奇的家庭娱乐的新期望，以及诸多联想。例如，即使是那些从未坐过邮轮的人，也能描述出迪士尼邮轮的样子，以及坐迪士尼邮轮的体验与坐其他邮轮的不同之处。此外，迪士尼品牌还会使人们产生一定程度的信任，而其他品牌想要获得这种信任必须付出大量资源。

品牌延伸还应该支持和提升母品牌。想想迪士尼乐园、迪士尼频道和迪士尼商店为了让迪士尼品牌变得更加丰富做出了多大的贡献。这些品牌延伸通过为客户提供更多与迪士尼互动的机会，促进了品牌联想，提高了品牌清晰度和活力，同时加强了品牌关系。

品牌活力点

迪士尼拥有数百个品牌活力点、品牌或子品牌，它们能为迪士尼品牌增添活力，提升其品牌形象。大多数品牌如能拥有其中的任何一种，都算是幸运的了。米老鼠的卡通形象出现在 1928 年，接下来出现的是 1937 年的唐老鸭和 1939 年的白雪公主以及七个小矮人，再后来是于 1940 年推出的匹诺曹。回顾一下：迪士尼不但拥有白雪公主，还有喷嚏精、糊涂虫和其他角色。它的品牌价值多宝贵啊！然而，在动画片把这些角色纳入迪士尼家族之前，它们只能被搁置在公共场所积灰，毫无价值可言。

迪士尼的品牌故事还在继续。它不仅借鉴了原有故事里的人物形象，如白雪公主、匹诺曹、大卫·克罗、阿拉丁和小美人鱼等，还创造出一些属于它自己的卡通形象。《狮子王》和《星际宝贝》(*Lilo & Stitch*) 都包含迪士尼自创的卡通形象，它们能丰富迪士尼给予人们的体验。也许更重要的是，它们激发了品牌活力。在迪士尼的品牌组合中总是有一些新鲜的东西。

迪士尼品牌家族得到了积极的管理。许多卡通人物的持续可见性得益于积极的品牌授权计划，否则这些角色在电影或电视节目中出现后可能很快就消失了。20 世纪 30 年代初，米老鼠手表和玩具火车模型就已经出现在市面上了；浣熊皮帽一经获得生产许可，便受到大众的喜爱，随后，大卫·克罗的人物形象便鲜活了起来。品牌授权已经成了为迪士尼带来品牌知名度和收益的主要方法。20 世纪 90 年代，该计划得到了进一步加强，以确保卡通人物和形象的曝光是"与品牌相关的"。

在管理品牌组合时，迪士尼比大多数公司更了解跨产品实现协同效应的价值。"狮子王"不仅是一部电影,还支撑起了视频、商品、出版、游戏、促销活动,甚至是百老汇的演出。"加勒比海盗"(Pirates of the Caribbean)不仅是主题公园游园活动,由于其巨大的吸引力,一部热门的同名电影上映了。每一份点滴的努力都不仅为迪士尼带来了财务收入,还打造出了这些卡通形象的价值。

当然,只有当品牌活力点与母品牌相关时,才能体现出它的价值。迪士尼不遗余力地创建了这些关联。大多数的卡通人物和形象一开始会出现在电影或电视节目里,这是迪士尼独有的风格。这一最初的关联随后便会以其他形式得到加强,包括主题公园、视频、迪士尼商店出售的物品,以及促销活动等,不但将卡通人物和形象与母品牌联系起来,还将它们与其他迪士尼人物和形象联系起来。因此迪士尼的品牌联想不断得到加强。最重要的是,因为没有特地推出广告来支持此种联想,所以这种强化方式基本上是免费的(见图2-1)。

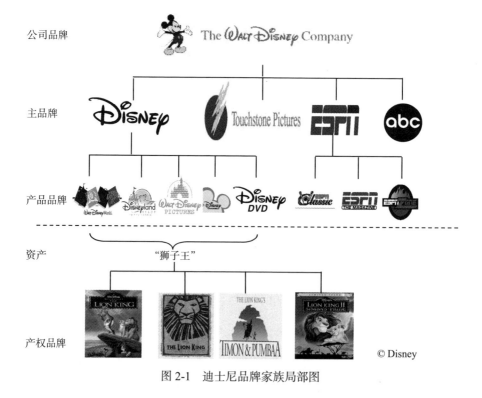

图2-1　迪士尼品牌家族局部图

迪士尼的组织结构

想要模仿迪士尼并不容易，因为它的成功在很大程度上是建立在公司早期的传统和文化基础上的，尤其是它对于卓越运营的不懈追求，这始于迪士尼对卡通和主题公园细节的狂热关注。这种追求体现在迪士尼对所有的冒险活动的坚持中——从邮轮到电影，再到主题公园，都必须散发出其商标的魔力，达到迪士尼的标准，不遗漏任何一个细节。有关该公司如何煞费苦心地确保乐园干净整洁或游船不误点的故事数不胜数。事实上，迪士尼将文化驱动的方式来作为其经营手段的卓越表现，是众所周知的，而且它还为那些想要效仿该做法的其他公司提供咨询服务。

迪士尼的另一个优点是了解品牌代表什么传统。如果没有清晰的品牌识别，即用神奇的家庭娱乐让人们感到欢乐，迪士尼品牌的大范围延伸是不可能实现的。将家庭作为娱乐业的目标是非常重要的，因为这意味着所有东西都需要适合孩子和家庭。受到品牌家族保护伞保护的品牌需要遵守纪律。当迪士尼进入与其品牌不相称的电影市场时，它会用试金石（Touchstone）这个名字来保护母公司的品牌。

由于其运营文化和纪律，迪士尼的品牌延伸成功地提升了品牌价值。任何品牌延伸，无论它多么合乎逻辑，只要不遵守纪律，都可能失败或使品牌形象受损，甚至两种情况同时发生。

迪士尼的品牌组合战略

迪士尼的品牌延伸，以及它的数百个品牌化的人物和形象，都通过一系列的品牌组合工具联系在一起。品牌组合带来了一些好处。首先，它确保所有品牌的角色都是明确的。其次，它确保品牌之间能够相互加强，集合在一起的品牌总是会强于单个品牌的作用之和。最后，主品牌在多个方面都能得到利用，从电影、商店里的商品、促销活动到品牌的授权。

主品牌、背书品牌、子品牌和驱动型品牌

要创建有效的品牌组合来实现其目标，必须了解基本的产品定义模块，即主品牌、背书品牌、子品牌和驱动型品牌的概念。创建和调整品牌组合以支持不断发展的业务战略，该任务绝大部分都是以这些模块为中心的。如果企业知道何时把主品牌作为背书品牌来利用，或如何让子品牌在新的环境中发挥主品牌的作用，那么这些工具就可以帮助品牌组合适应和实现业务战略。

品牌之间的关系也很重要。迪士尼邮轮海上巡游线或迪士尼频道与主品牌之间是怎样的关系？未来世界或"狮子王"品牌对迪士尼品牌的影响有多大？反过来呢？试金石电影公司和迪士尼有什么关系？为什么迪士尼某些品牌之间的联系比其他品牌更密切？

下面我们开始回顾一些定义。然后介绍品牌关系图谱（理解品牌关系的工具），接着讨论其四大支柱：多品牌组合、被背书品牌、子品牌和统一品牌组合。最后，我们讨论最理想的品牌范围及其定位问题。

主品牌

主品牌（或母品牌）是产品主要的指标，即参考点。从视觉上看，它通常占据着最重要的位置。通用电气是主品牌，旗下销售冰箱、飞机引擎和各种其他产品。佳洁士是主品牌，它定义了宝洁公司一系列的牙齿护理产品。丰田是主品牌，它定义了一系列的汽车产品。主品牌下面可以有子品牌，如丰田卡罗拉，它也可以被背书，如创可贴（Band-Aid）品牌是由强生公司（Johnson & Johnson）背书的。

背书品牌

背书品牌的作用是为产品带来可信度和实质内容。例如，当IBM品牌为莲花公司（Lotus）背书时，IBM含蓄地确认莲花公司将兑现其品牌

承诺（当然，这与其以 IBM 作为主品牌的产品非常不同）。背书品牌通常是组织性的品牌，也就是说，它们代表的是企业，而不是产品——因为创新、领导力和信任等组织联想在背书品牌的市场中尤其重要。背书是一种有力的形式，背书品牌往往会和被背书品牌保持一定距离。这样一来，它既可以对被背书品牌产生有利的作用，又能降低被背书品牌在表现不佳的时候带来的品牌联想风险。

背书可以有几种形式。例如，Fiber One 麸皮麦片得到了通用磨坊的背书，但包装上的一条注释补充道，Fiber One 是美国糖尿病协会（ADA）的荣誉赞助商，而且该协会的标志也在包装上体现出来了，因而顾客会理所当然地推测：除非该协会对产品感到满意，否则包装上是不会出现它的标志的。所以，该协会与 Fiber One 麸皮麦片是背书与被背书的关系。

子品牌

子品牌是对主品牌或母品牌的联想做出改进的品牌，主品牌仍然是主要的品牌参考框架。子品牌可以增加联想（索尼 Walkman）、品牌特性（卡拉威巨炮金属球杆（Calloway Big Bertha））、产品类别（海洋喷雾剂（Ocean Spray Craisins）），甚至是品牌活力点（Nike Force）。这么做就是延伸了主品牌。实际上，子品牌的作用通常是将主品牌延伸到一个重要的新的细分市场。

子品牌本来就是品牌，因为它们与组织有着独特的联系，并能从中获取价值。相比之下，描述符仅仅描述了提供的产品。对通用电气品牌来说，"电气"是一个描述符。没有所谓的"电气"品牌，因为通用电气或任何其他公司都不能拥有这一特性。密保诺三明治袋或泰诺林缓释剂（Tylenol Extended Relief）里的描述符也是如此。

与描述符不同，产品品牌——主品牌加子品牌，或主品牌加描述符，可以承载品牌价值。例如，通用电气（GE Appliances）是一个产品品牌，与通用航空飞机引擎（GE Aircraft Engines）在价值上有潜在的不同。类似地，描述符定义了吉百利巧克力饼干（Cadbury Chocolate Biscuits）和万豪度假酒店（Marriott Resort Hotels）的产品品牌，每个品牌都可能值得积极管理，并能承载品牌价值。一些暗示性的描述符（如假日快捷酒店（Holiday Inn Express）、Wells Fargo Advantage、费雪（Fisher-Price）多功能一体厨房中心或维萨金卡（Visa Gold））更有可能对定义独特的产品品牌发挥作用。

子品牌和被背书品牌是重要的组合工具，因为它们允许品牌延伸到现有的舒适区之外。因此，它们可以提供快捷的方式来完成以下任务。

- 在品牌形象需要适应新的产品市场环境时，可以满足相互冲突的品牌战略需求。
- 通过利用现有品牌价值，在某种程度上保存品牌建设资源。
- 防止品牌因过度延伸而被弱化。
- 无须再创建一个新的品牌，就能向人们传达某个产品是新的、不同的。

如果没有这些产品定义工具，新产品的选择将在很大程度上局限于建立一个新品牌（这可是一个昂贵而困难的提议）或用描述符延伸一个现有品牌（冒着品牌形象被弱化的风险）。

驱动型品牌

驱动型品牌反映了品牌推动购买决策的程度，并对使用体验进行定义。当一个人被问到"你买了什么牌子的产品"或者"你用的产品是什么牌子的"时，他给出的答案就是对购买决策负有主要驱动作用的品牌。驱动型品牌往往是已经赢得了一定客户忠诚度的品牌，如果缺失了这种品牌的产品，消费者就会感到不安。

丰田是丰田卡罗拉的主要驱动力，用户会说他们拥有丰田而不是卡罗拉。同样，好时甜逸（Hershey's Sweet Escapes）的用户往往会说他们购买的是甜逸品牌的产品，而不是好时，这时候，好时就被降为次要的驱动型品牌。万怡酒店是万豪酒店集团旗下的驱动型品牌。万怡带来的品牌联想是客户选择酒店的主要影响因素,通过增加丰富性和情感或自我表达的内容来提升客户的使用体验。譬如,在索尼的所有产品中,随身听起到了最主要的驱动作用。

当然,驱动型品牌可能因细分市场的不同而有所不同。相对于那些为家庭使用而购买电脑的客户来说,IBM 品牌对那些采购 IBM ThinkPad 笔记本电脑的公司客户更能起到推动作用。同样,一些好时的忠实用户可能会因为主品牌而购买甜逸,只要是好时的产品他们都会感到满意。

驱动型品牌通常是主品牌或子品牌。然而,背书品牌、描述符和二级子品牌(子品牌的子品牌)也可能具有某种驱动作用。事实上,当涉及多个品牌时,每个品牌的驱动作用从 0 到 100% 不等。品牌组合战略以这种方式来优化品牌驱动力,会显得灵活而强大。有时候,把这 100 个百分点分配到相关品牌上,用以表示每个品牌所代表的不同驱动作用,是非常有效的。

虽然一个企业可能有数百个品牌,但通常只有少数几个品牌负有主要的驱动职能。这些品牌无论作为个体还是群体,都应得到积极的管理或建设。如果驱动型品牌出现失误,就会造成很严重的问题。有一些非常基本的品牌架构问题,往往会涉及驱动型品牌的组成情况。哪些是主要的驱动型品牌,即哪些品牌共同控制着企业与客户关系?是否应该删减或弱化其中的一些品牌?是否应该增加或提升一些其他的品牌?是否应该对一些品牌进行延伸?是否出现了过度延伸的情况而需要采取紧缩措施?

本章的其余部分将集中在品牌关系图谱这种品牌工具上,以此来理解和选择定义产品的品牌角色。

将品牌组合起来:品牌关系图谱

实施品牌组合战略的一个关键是如何为刚刚收购或最新开发的产品确定品牌。一般会有四个方法,每个方法又包含几种变化形式。

- 多品牌组合（新品牌）。
- 被背书品牌。
- 主品牌下的子品牌。
- 统一品牌组合（具有描述符的现有品牌）。

最独立的一种方法是创建一个新的品牌，使之不受任何过去的关联的约束。它被称为多品牌战略，因为它反映了一个事实，即新品牌需要一个属于自己的"居所"，该"居所"不能与组合中现有的其他品牌分享。第二种是被背书品牌战略，即现有品牌提供有限的联想（可将它视为隔壁邻居家的房子）。第三种是子品牌战略，新产品在现有的主品牌下销售（有点像来拜访或来借住的亲戚）。最后一个方法是在现有的主品牌下用描述符来销售新产品，它被称为统一品牌组合战略，因为该产品与其他家庭成员（如住在一栋房子里的家庭成员）共享该品牌（见表2-1）。

表2-1 定义产品的品牌之间的关系

多品牌组合战略	两个主品牌（如潘婷和海飞丝）
被背书品牌战略	背书品牌－被背书品牌（如迪士尼－迪士尼出品的"狮子王"）
子品牌战略	主品牌－子品牌（如本田－本田雅阁）
统一品牌组合战略	主品牌－两个描述符（如通用家电－通用金融）

图2-2描述的品牌关系图谱有助于为定义产品的各种品牌角色定位。它认为这些方法形成了一个连续体，其中包含四个基本战略和九个子战略的。四个战略中的每一个战略都代表了品牌之间的一种关系。

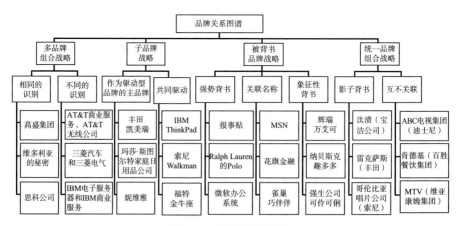

图2-2 品牌关系图谱

品牌在关系图谱中的位置反映了品牌在战略执行中互相的分离度有多大，以及最终在客户心智中的分离度又有多大。最大的分离发生在多品牌组合战略的最右端，在那里，品牌独立存在（就像 ESPN 独立于迪士尼品牌家族之外一样）。向左移动，背书品牌和被背书的品牌之间有关系，但是品牌分离度仍然是很大的。例如，辉瑞（Pfizer）可能与其被背书品牌（如万艾可（Viagra））大不相同。继续向左移动，主品牌与子品牌的关系会更受限制。像丰田凯美瑞（Toyota Camry）这样的子品牌可以优化并强化主品牌，但不能偏离于后者的品牌识别太远。在最左端的统一品牌组合战略中，主品牌是主要驱动力，产品由描述符来定义。子品牌是不会改变人们对主品牌的认知的。

如图 2-2 所示，品牌关系图谱与驱动型品牌有关。在最右端的多品牌组合战略中，每个品牌都有自己的驱动型品牌。相较于被背书品牌，背书品牌通常扮演着一个不太重要（也许是非常次要）的驱动型品牌。子品牌往往与主品牌共享驱动型品牌。在最左端的多品牌组合战略中，主品牌通常具有驱动作用，任何描述符都没有这样的作用，或几乎不会起到这样的作用。

图 2-2 显示，在四个基本品牌关系战略下，还有九个子战略。它们在品牌关系图谱上的位置取决于它们所表示的品牌独立程度。为了制定有效的品牌战略，必须了解品牌关系图谱中的四个基本战略和九个子战略。我们将在下面的章节中对它们进行逐一回顾和解释。

多品牌组合战略

统一品牌组合战略和多品牌组合战略（如图 2-3 所示）生动地描述了处于两个极端的品牌组合战略。多品牌组合包含独立的、互不关联的品牌，而统一品牌组合共用一个主品牌，仅使用描述性子品牌来销售不同的产品。例如，哈佛、维珍、卡特彼勒（Caterpillar）、东芝、佳能、通用电气和健康之选（Healthy Choice）使用统一品牌组合战略在主品牌下销售大量的产品（尽管大多数都有例外情况）。

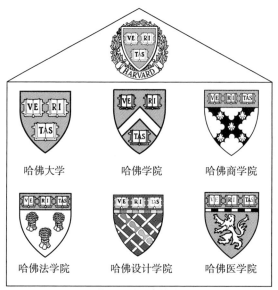

多品牌组合战略

统一品牌组合战略

图 2-3 多品牌组合战略 vs. 统一品牌组合战略

相比之下，多品牌组合战略涉及一个个独立的品牌，每个品牌都专注于最大限度地加深对市场的影响。宝洁旗下拥有 80 多个主要品牌，其中只有少数品牌与宝洁或其他品牌有关系。为此，宝洁放弃了在多个业务部门中利用品牌所带来的规模经济;每个品牌都需要资源用于品牌建设。那些无法得到自我投资的品牌(尤其是当宝洁作为第三个或第四个产品出现在一个产品类别中时)面临停滞和衰退的风险。宝洁还牺牲了品牌影响力,因为它旗下的品牌往往范围较窄,没有将本该得到广泛利用的潜力发挥出来。

然而,采用多品牌组合战略的公司也有它的优势,它能够明确定位品牌的功能利益,占据细分市场的主导地位,不需要为了让品牌适应其他的产品市场环境而在定位上做出任何让步。该品牌直接与细分市场上的顾客接触,具有明确的目标价值主张。

宝洁公司护发产品的品牌战略清楚地展示了其多品牌组合战略。海飞丝在去屑洗发水中占主导地位。飘柔的目标市场是护发素和洗发水的二合一产品(它是该领域中的先锋),该品牌有自己的品牌特性。潘婷是一个拥有技术传承的品牌,以对增强头发活力感兴趣的顾客作为其目标市场。它还有一句令人耳熟能详的广告语:"拥有健康,当然亮泽。"如果这三个不同品牌仅限于"宝洁洗发香波"或作为宝洁去屑、宝洁联合洗发液和宝洁健康头发方面的产品销售,它们的总体影响将会减弱。宝洁洗涤剂在服务于细分市场方面同样有很好的定位:汰渍(对付难以清洗的污渍)、Cheer洗衣液(适合各种温度)、波德(含有纤维柔顺剂)和达诗(浓缩洗衣粉)分别提出了一套核心价值主张,对这些产品使用单一的宝洁洗涤剂品牌再加上描述符则难以实现这样的价值主张。

将利基市场作为功能性利益定位,并不是通过多品牌组合战略来分立品牌的唯一原因,另外五个原因如下。

- **避免产生与产品不兼容的品牌联想**。百威会让人联想起啤酒的味道,这种品牌联想会阻碍百威可乐获得成功。同样,大众汽车的品牌联想会对保时捷和奥迪的形象产生不利影响。
- **表明新产品具有突破性的优势**。丰田决定以独立的雷克萨斯品牌推出其豪华车,这标志着该车与丰田之前的汽车有真正的区别。同样,通用汽车公司决定创建一个与现有通用汽车公司商标无关的土星牌（Saturn）轿车，如此一来，该品牌传递的信息（"不一样的公司，不一样的汽车"）就不会被淡化。

- **拥有一种新产品的品类联想，其名字能反映其主要优势**。格利姆（Gleem）牙膏和锐致（Reach）牙刷就是使用这种方法的例子。
- **避免或最大限度地减少渠道冲突**。欧莱雅集团旗下的美妆品牌各自拥有特定的销售渠道。其中，与公司同名的欧莱雅品牌，还有美宝莲品牌，是通过药妆店和大众商店销售的，而兰蔻和赫莲娜（Helena Rubinstein）出现在高端百货公司，列德肯则销售给专业的发型师。当互不相干的品牌通过竞争渠道销售时，产生冲突也不是什么大问题。
- **以多个相互冲突的产品线或细分市场为目标**。例如，雀巢和普瑞纳（Purina，食品和宠物食品）需要的是相互之间没有联系的品牌。

互不关联的子类别代表了最极端的多品牌组合战略，最大限度地实现了品牌之间的分离。很少有人知道海飞丝和潘婷是同一家公司生产的。

影子背书品牌

影子背书品牌与被背书品牌之间没有明显的关联，但许多消费者知道这种联系。它代表了多品牌组合战略中的一个子战略，它的优势在于有一个已知的组织支持该品牌，同时最大限度地削弱了品牌联想带来的影响。事实上，即便影子背书品牌和背书品牌之间的关系被发现了，这种关系也是隐匿的。它传达了企业的这样一个认识，即影子被背书品牌代表着完全不同的产品和细分市场。

Lettuce Entertain You 是一个总部设在芝加哥的集团，大约拥有 40 家餐馆（如肖氏螃蟹屋（Shaw's Crab House）和巴西乔餐馆（Brasserie Joe's）），它于 1971 年开设第一家概念餐馆后，已经做了大约 25 年的影子背书品牌。它旗下的每一家餐厅都有自己的形象、个性、风格和品牌名称。Lettuce Entertain You 没有连锁餐厅的性质。顾客需要通过交谈和公共关系来发现它其实是一个影子背书品牌。发现它的背书情况并找到一些有趣的"内幕"只会增强它的影响力。20世纪90年代末，通过一次调查，Lettuce Entertain You发现自己具有相当大的品牌价值，因此它决定使自己变得更具可见度。他们冒着失去神秘感的风险，开始做广告，开发了一个针对常客的项目，来交叉推广他们的餐厅。

当然，迪士尼是众多品牌的影子背书品牌，包括米老鼠、大卫·克罗和白雪公主。由于没有迪士尼品牌在视觉上的背书，每个人物形象都可以发展出它的个性、特点以及基本上不受母公司品牌联想和其他迪士尼人物影响的特性。

影子背书品牌战略可以保护被背书品牌免受不必要的联想，同时还能带来背书的好处。例如，许多人因知道丰田的财务实力和声誉而支持雷克萨斯，这一点让他们放心。然而，雷克萨斯仍然会带来自我表现的优势，这种优势会因它与丰田有明显的关系而减弱。影子背书品牌可以将被背书品牌受到的影响最小化，因为这种联系是隐藏在记忆中的。

影子背书品牌虽然对品牌形象或提供情感和自我表现优势的能力影响很小，但对非客户群体来说可能很重要。多克斯（Dockers）和激浪（Mountain Dew）都得到了零售商更多的尊重，因为它们分别与李维斯和百事可乐有品牌联想。芝加哥各大酒店的服务生更倾向于推荐Lettuce Entertain You餐厅，因为这家餐厅是影子背书品牌。迪士尼对试金石的影子背书品牌作用有助于它吸引高质量的剧本。维亚康姆对其资产如哥伦比亚广播公司电视台（CBS Television）、百视达（Blockbuster）、西蒙舒斯特（Simon&Schuster）、派拉蒙影业（Paramount Pictures）及尼克国际儿童频道的影子背书会影响投资者和广告商。

被背书品牌

品牌组合战略不限于多品牌（新品牌）组合战略或统一品牌（带有描述符的现有品牌）组合战略这两个选项。因为存在着两个强大的工具——被背书品牌和子品牌/合作品牌，品牌组合方案要复杂得多。接下来，我先对被背书品牌进行解释。

由于有了被背书品牌（如兰蔻的奇迹（Miracle）香水），背书品牌代表了一个组织，该组织保证被背书品牌会达到它的要求。被背书品牌（奇迹）并不独立于背书品牌（兰蔻），但它有足够的自由去发展与背书品牌不同的产品联想和品牌个性。

背书品牌通常只扮演次要的驱动型品牌。例如，恒适（Hanes）为Revitalize旨在促进日常腿部健康的透明薄纱袜系列背书。驱动型品牌是Revitalize，因为客户主要关注的是功能优势，而非恒适这个品牌。然而，作为背书品牌，恒适保证Revitalize必须达到其质量和性能上的要求。

虽然通常背书品牌的主要作用是带来可信度，但一个强大的品牌可以影响被背书品牌的形象，甚至起到适度的推动作用。例如，Ralph Lauren的背书可以通过传递服装时尚先锋的信息来改变被背书品牌（Polo）的形象。人们会去购买和使用激情（Obsession）香水，是Calvin Klein品牌在促使消费者购买它，否则，就其本身的特点来看，这款产品太俗气了。在这种情况下，Calvin Klein的背书就像是对消费者眨了一下眼睛，告诉他们名字只是个文字游戏，只是为了自我表达而已。

有没有背书品牌会有什么不同吗？一项对英国糖果品牌的研究给我们带来了一些经验证据，证明良好的背书品牌是可以给企业带来回报的。[2] 该研究让客户对九种糖果产品进行评估，每种产品都是下面六家公司的被背书品牌：吉百利（Cadbury）、玛氏（Mars）、雀巢、德瑞斯（Terry's）、路雪（Walls）和一个作为对照组的品牌。结果显示，所有的公司背书品牌都比对照组的品牌（没有背书的品牌）有更多的价值，甚至对于路雪这个冰激凌品牌来说也是如此，尽管它的品牌联想与糖果是完全不同的。吉百利获得最高评级，它一直在为众多主要的糖果品牌背书。处于第二位的是玛氏，它只为少数几个糖果品牌背书。处于第三位的是雀巢，它为范围很广的多种产品背书。研究结论说明背书品牌是有帮助的，最好的背书来自在某个产品类别中有良好信誉的组织。

要让背书品牌战略奏效就得了解组织品牌的作用。以霍巴特（Hobart）品牌为例，它为大型餐厅和面包店生产顶级工业搅拌机。购买霍巴特的产品为那些只想在厨房里使用最好品牌产品的厨师提供了显著的自我表现优势。为了适应海外供应商经销其产品的中低端细分市场，该公司推出了霍巴特品牌的奖牌获得者（Medalist）搅拌机系列，并用较小的字体注明该品牌是由霍巴特背书的。现在有两个霍巴特品牌在市场中——一个是霍巴特产品品牌，另一个是为奖牌获得者搅拌机系列背书的霍巴特组织品牌。

这里的霍巴特品牌具有双重意义。第一，保留了霍巴特产品品牌的完整性和自我表现优势，因为它不同于组织品牌。第二，霍巴特组织品牌现在是品牌组合的重要组成部分，需要得到积极管理。尤其是组织品牌将有其独特的识别，这样一来，它就能发展和维护自己的品牌联想了。可以通过将产品表示为"来自霍巴特"或"霍巴特公司"来明确表示背书品牌是组织品牌。然而，这并不总是必要的，因为背书品牌的角色本身具有组织品牌的内涵。

给某个品牌背书的另一个动机是给提供背书的品牌带来一些有用的联想或能量。例如，当雀巢收购英国领先的巧克力品牌奇巧（Kit-Kat）时，雀巢通过将该公司与巧克力的质量和领先地位联系起来，增强了对该公司的背书作用，从而也提升了雀巢在该国的形象。在另一个行业中，3M对便利贴的背书对3M的影响可能和对便利贴的影响一样大。

背书的形式有时会以微妙的方式影响品牌双方的关系。德雷尔（Dreyer）冰激凌将品牌授权给玛氏糖果产品，如士力架和三个火枪手。但是玛氏希望与德雷尔保持一定距离，保持比一般的背书品牌与被背书品牌之间更远的距离，玛氏同意采用"德雷尔出品"进行背书，但更突出玛氏产品，而淡化德雷尔是主品牌的事实。

1. 象征性背书品牌

背书品牌战略的一个变化形式是象征性背书（通常是一个主品牌涉及多个产品市场环境），在这种情况下背书品牌的存在感就会大大降低。象征性背书品牌可以用GE灯泡或贝蒂妙厨（Betty Crocker）汤匙等标志来表示，也可以用"索尼公司"等声明或其他方式来表示。在任何情况下，象征性背书品牌都不会站在舞台的中央，被背书品牌才是主角。雀巢会在被背书产品的包装背面盖上担保章，例如"所有美极产品都得益于雀巢在全球范围内生产优质食品的经验"。象征性背书品牌的作用是使它与被背书品牌之间的关系更易见,特别是它能为新的品牌带来信誉和保证,同时又能让被背书品牌最大限度地自由创建自己的品牌联想。

象征性背书品牌对新品牌或尚未在市场上站稳脚跟的品牌特别有用。如果它能具备下列条件,那么它还将产生更大的影响力。

- 已众所周知(如雀巢或宝氏(Post))。
- 呈现方式始终如一(其视觉表现——贝蒂妙厨汤匙或通用电气灯泡,在广告、包装或其他媒介中位于相同位置)。
- 有一个具有象征意义的视觉符号(如旅行者(Traveler's)保险公司的伞形标志)。
- 出现在一系列备受推崇的产品上,如纳贝斯克产品系列。这样一来,背书品牌就可以以其产品长期以来都能持续受到好评来为被背书品牌提供可信度。

当被背书品牌需要与背书品牌保持更远距离时,象征性背书品牌比强势背书品牌更有用。出现这种情况可能是因为背书品牌会带来不需要的联想,或者被背书品牌可能是某个创新品牌,需要被更多地认识到它的独立性才能确立其地位的可靠性。

常见的错误是,当背书品牌知名度不高,不被看好时,或者当被背书品牌广受欢迎并确立了其地位,因而不需要背书品牌提供保证时,却夸大象征性背书品牌的影响。下面两项研究能很好地说明这一点。

普罗威登(Providian)是一家大型金融服务公司,它曾经的名字来自由几家企业名称组合而成的一个容易忘记的短语(类似于"××资本控股公司")。在一项对1000位客户的调查中,所有人都曾多次接触过这个名字,但是只有三位(或0.3%)认识这个背书品牌。这个统计数据令该公司茅塞顿开,从而将它更名为普罗威登,并建立了新的品牌组合结构。

雀巢曾在美国进行过一个研究,以确定雀巢(在其他地方是个强势咖啡品牌,但在美国是一个弱势品牌)对Taster's Choice(在美国是个强势品牌)的象征性背书作用。由于Taster's Choice的品牌实力,象征性背书品牌在品牌形象或购买意图方面既没有带来积极的推动作用，也没有带来什么消极的影响。然而，当 Nescafé 被提升到合作品牌的地位时，它却带来了负面影响。

2. 关联名称背书品牌

另一种背书品牌的变化形式是相互关联的品牌名称，其中背书品牌通过一个包含共同元素的名字与品牌产生联系。这就创造了一个品牌家族，其中有一个隐含或暗示的背书品牌。这个方法允许多个不同品牌同时存在，每个品牌都有自己的个性和联想，同时还与主品牌或保护伞品牌产生微妙的联系。

麦当劳已经用 Mac 或 Mc 注册了大约 100 个名字，包括巨无霸（Big Mac）、麦乐鸡（Chicken McNuggets）、Chicken McSwiss、Egg McMuffin、McDonuts、McFortune Cookie 和 McRib。它甚至开发了包括 McCleanest、McFavorite 和 McGreatest 在内的"麦"语言（McLanguage）。在远东地区，它正在推出 McCoffee，与星巴克一争高低。麦当劳积极地保护 Mc 这个前缀，并对一家名为 McBagels 的面包店和一家名为 McSushi 的餐厅提出抗议。像这样使用关联品牌名称的结果就是创造出了一个具有极大范围的背书品牌。

即使传统的背书品牌不存在，但只要是以前缀 Mc 命名的产品，都在隐隐约约地暗示它们是由麦当劳背书的。与描述性品牌战略相比，关联名称可以拥有更多的所有权和差异化。只要试着比较巨无霸与"麦当劳大汉堡包"，"麦乐鸡"与"麦当劳炸鸡块"，或"麦乐童装"与"麦当劳儿童服装"就能清楚地看到 Mc 前缀带来的关联品牌价值了。

惠普的 Jet 系列——LaserJet、DeskJet、OfficeJet、InkJet 等，涵盖了各种价位和应用场景的产品。LaserJet 是该集团中最强大的品牌（其他品牌几乎没有品牌价值），但其质量、可靠性和创新的联想会转移到其他 Jet 系列的品牌上去。实际上，Laserjet 在为其品牌家族的其他品牌背书。雀巢的 Nescafe、Nestea 和 NesQuik（在英国）为它们的主品牌提供了一种紧密而强大的联想。美国网景公司（Netscape）的电子商务品牌网景商务专家（Netscape CommerceXpert）和下面的子品牌电子商务专家（ECXpert）、销售专家（SellerXpert）、购买专家（BuyerXpert）、批发专家（MerchantXpert）及出版专家（PublishingXpert）也有关联。

关联名称能给一个独立的品牌带来好处，原因在于无须从头开始为这个品牌创建一个新的名称并将它与某个主品牌关联起来。想想柯达的Ofoto吧。首先，它需要把Ofoto的品牌名称建立起来，这是一个昂贵而困难的过程。此外，它还必须与柯达品牌挂钩，这是另一项不容小觑的重要任务。相比之下，Deskjet这个名字本身就已经完成了80%的任务，将该惠普产品与已经建立的品牌Laserjet联系了起来。此外，通过Laserjet的已知信息，就能够部分了解Deskjet。而且，与"来自Laserjet的Deskjet"这种方式相比，关联品牌名称能以一种更紧凑的方式实现这些目标。

3. 强势背书品牌

强势背书品牌会通过一个醒目的方式直观地呈现出来。强势背书品牌包括金宝汤背书的简单之家（Simply Home）、3M背书的高地（Highland）、Ralph Lauren背书的Polo Jeans、优派（Views）背书的欧派帝（Optiquest）、杜邦背书的莱卡（Lycra）以及派拉蒙背书的帝王之城游乐城（Kings Dominion）。强势背书品牌通常是比象征性背书品牌或关联品牌名称具有更大意义的驱动型品牌。因此，它在产品市场环境中具有可信度，以及与此适应的品牌联想。

在背书品牌的选择上存在着一个连续的范围。在品牌关系图谱中，有三个明确的背书品牌：象征性背书品牌、关联名称背书品牌和强势背书品牌。发挥不同程度背书作用的多个品牌为品牌组合带来了宝贵的灵活性。

4. 作为过渡战略的背书品牌

被背书品牌可以作为更广泛战略的过渡步骤发挥关键作用。例如，象征性背书品牌通常是逐步更名的第一步，由此再成为强势背书品牌，接着成为合作品牌，最后才能成为主要的驱动型品牌。这个过程涉及将品牌资产从被背书品牌转移到背书品牌上。

被背书品牌也可以朝另一个方向发展。因此，李维斯先是为多克斯（Docker's）背书，以便给这个新品牌带来可靠性（为了让营销渠道成员和普通顾客接受该新品牌）。然而，当多克斯品牌的地位稳固后，它不再需要背书品牌的支持了——实际上，背书品牌后来反倒成了一个不利因素，所以它就逐渐消失了。

子品牌

子品牌是另一个强大的品牌组合战略工具，它通过增加或改变主品牌的联想（如属性、优势或个性）来改进主品牌。例如：

- 百得（Black&Decker）甜心华夫饼机（用以制作心形华夫饼）和百得便捷蒸锅（便于蒸制新鲜蔬菜）为子品牌增加了属性上的差异，同时为百得品牌带来了情感色彩。
- Smucker 的 Simply Fruit 子品牌加强了 Smucker 品牌新鲜、健康、品质的联想。
- 奥迪 TT 拥有 TT 子品牌，其资深主品牌被认为质量高但缺乏竞争对手所拥有的趣味和个性，TT 作为子品牌能为其增添活力和个性。
- 露华浓革命（Revlon Revolutionary）（唇釉）和露华浓冰与火（Revlon Fire and Ice）（香水）代表两个子品牌，为主品牌增添了能量和活力。
- 道奇蝰蛇（Dodge Viper）有一个子品牌，它建立的品牌的联想使主品牌看起来更有特色，更吸引顾客。

主品牌由于诉求太过宽泛而无法进入细分市场，但是子品牌可以使之成为可能。例如，从根本上说，百事因其庞大、宽泛的品牌而处处碰壁，需要围绕百事和激浪的特许经营权创建子品牌，以寻求发展空间。[3] 因此，它们推出了百事清柠（Pepsi Twist）和莓果味的冰蓝百事可乐（Pepsi Blue），以及樱桃味的、富含咖啡因的激浪 Code Red。Code Red 吸引了以前不喜欢激浪的都市人、女性和非洲裔美国人。冰蓝百事可乐的目标客户是青少年。

子品牌也可以延伸主品牌，让主品牌得以在原本不适合的领域中竞争。例如，KNBR 是旧金山的一家广播电台，以其全天候播放体育节目而闻名，它称自己为"体育节目的领头羊"。但是在早上通勤时段，听众多种多样，使得单一的体育谈话形式难以坚持下去，所以 KNBR 推出它所谓的《不仅仅是体育节目》的约翰·伦敦的栏目。作为子品牌，该节目指出这一时间段的节目是不同的，与听众平时对电台的固有印象不同。它不仅明确了约翰·伦敦在该时段的栏目，实际上还进一步强调了一天中其余时间段的体育节目。所以这非但没有让节目形式产生混淆，相反，使得节目形式更加清楚明了了。

子品牌的另一个潜在功能是表明新产品具有新颖性且具有新闻价值。英特尔开发了奔腾子品牌，部分是由于这款新一代芯片在技术上更先进。如果没有这个子品牌，用户就很难对一个新研发的产品产生兴奋的感觉。

子品牌与主品牌的关系较之于被背书品牌和背书品牌或强势背书品牌的关系更为密切。正是由于这种密切关系，子品牌具有相当大的潜力去影响主品牌带来的品牌联想，这反过来又可能是一种风险或机遇。因此，如果革命系列是露华浓的子品牌，而不是一个被背书品牌，它就不能自由地去创造一个独特的品牌形象。

与驱动作用很弱或者不具备驱动型品牌的描述符不同，子品牌是具有重要驱动作用的角色，有时比主品牌更重要。在制定子品牌战略时，重要的是要认清应该将多少驱动任务分配给驱动型品牌。下面这个情况非常常见：当某个子品牌基本上只是充当一个描述符时，却把它当作重要的驱动型品牌进行管理，结果既浪费了品牌建设资源又导致了市场混乱。如果子品牌具有与主品牌相同的驱动作用，那么存在两个品牌共同驱动的情况。如果子品牌是主要的驱动力，它就不再是子品牌，而是被背书品牌。

1. 充当共同驱动型品牌的子品牌

当主品牌和子品牌同时起到主要的驱动作用时，它们可以被称为共同驱动型品牌。主品牌不仅起到为品牌背书的作用。例如，客户购买和使用吉列剃须刀和吉列超级感应刀片，其中并没有哪个品牌具备明显的主导优势。通常，主品牌在产品类别中已经具备了一些信誉。凭借多年的创新经验，吉列已经成为一个在剃须刀领域享有很高声誉的品牌了。超级感应刀片是一种特别创新的剃须刀，它值得顾客的赞扬，并且已经得到了顾客的青睐。

化妆品 Virgin Vie 使用子品牌作为共同驱动型品牌。虽然 Virgin 品牌带来了存在感、知名度和一种生活态度，但和它相关联的顾客群体年长于 Virgin Vie 的目标市场。使用 Vie 子品牌而不是子品牌描述符（例如"Virgin 化妆品"）有助于使品牌在化妆品市场中更加可信，并进入更年轻的二十几岁消费者这一目标市场。Virgin Vie 公司宣传册上印上了一位年轻的英国名人，这个做法使子品牌 Vie 与 Virgin 品牌及其创始人理查德·布兰森（Richard Branson）拉开了更远的距离。

2. 作为主驱动型品牌的主品牌

当主品牌是主要驱动力时，会出现另一个子品牌形式。子品牌不仅是一个描述符，还在促成购买决策和使用体验方面发挥着次要作用。购买者明确认为他们正在购买的是与主品牌有关的产品。

当子品牌只起到很小的驱动作用时，就不应该将大量资源投入到子品牌上，而是应该把重点放在主品牌上。经常发生的情况是，子品牌被错认为很有价值，处在共同驱动型品牌的位置上，部分原因是员工已经看到子品牌很多年了。然而，像 Del Monte 的 Fresh Cut 或 Celestial Seasonings Mint Magic，抑或戴尔的 Dimension 这样的子品牌并不像人们认为的那样有价值。因此，在调整品牌组合时，重要的是要确定哪些子品牌拥有重要的品牌价值，以免做出错误的决策，去创建缺乏品牌价值或价值潜力的品牌。

统一品牌组合战略

在统一品牌组合战略中，主品牌从主要驱动型品牌转向主导驱动型品牌。使用的任何描述符要么只起到很小的驱动作用，要么根本就不起任何作用。维珍集团实施一个统一品牌组合战略，作为主品牌的维珍给旗下的大部分运营部门提供了一把保护伞（或屋顶）：维珍航空公司（Virgin Airlines）、维珍快递（Virgin Express）、维珍电台（Virgin Radio）、维珍铁路（Virgin Rail）、维珍可乐（Virgin Cola）、维珍牛仔裤（Virgin Jeans）、维珍音乐（Virgin Music），还有其他诸如此类的业务。另外还有许多采用统一品牌组合战略的企业，如健康之选、卡夫、本田、阿迪达斯和耐克。

统一品牌组合战略利用的是一个已经成熟的品牌，能最大限度地减少每个新产品所需的投资。当然，它也会冒着将大量鸡蛋放在一个篮子里的风险，并会限制公司把特定人群当作目标客户的能力。例如，东芝、三菱和柯达一直在为一个宽泛的产品线提供保护伞品牌因而苦苦挣扎。它们都发现很难保持住前沿的形象或在客户心智中保持住高质量的地位，因为它们的产品范围太过宽泛，而且竞争对手也很有进取心。即使是像耐克这样一家多年来取得了较大成功的大公司，如果它能开发出多个品牌平台，目前的处境也可能会变得更好一些。

此外，随着统一品牌组合战略的实施，当品牌出现问题时，这个战略涉及的所有品牌的销售额和利润都会受到全面影响。问题会由于关联效应而被放大。当品牌在某些情况下苦苦挣扎时，这种势头将很难扭转。然而，统一品牌组合战略增强了清晰度、协同作用和杠杆作用，这是品牌架构的三个目标。

统一品牌组合战略能最大限度地提高品牌清晰度，因为客户明确地知道产品是什么。维珍品牌代表着服务质量、创新和价值，但不被看好。它有着有趣而不寻常的传统。描述符能说明业务范围是什么：维珍铁路是由维珍集团运营的铁路公司。从品牌的角度来看，这再简单不过了。像维珍这样一个单一的品牌，经由产品和时间传播信息，与十几个拥有各自身份和联想的品牌相比，它更容易被理解和记忆。单一的主导品牌能获得更高的清晰度和关注度，员工和合作伙伴可以从中受益。当涉及统一品牌组合战略时，哪个品牌有优先权或保护哪个品牌比较重要就都不是什么问题了。然而，清晰度取决于品牌含义和品牌信息的一致性。如果允许品牌在不同的背景下以不受约束的方式变化，就会导致品牌混淆，弱化品牌的作用。

统一品牌组合战略往往会将协同作用最大化，因为涉足某个产品市场会产生有助于另一个市场的联想和知名度。在维珍公司，一个业务领域的产品和服务的创新能提升该品牌在其他业务领域中的形象。维珍品牌在某个市场环境中的每一次曝光都会提升维珍在所有其他市场环境中的知名度。此外，采用统一品牌组合战略更容易分配到产品品牌的资源，因为强势子品牌和被背书品牌不会争夺这些资源。

关于通用电气的两个例子说明了一个业务领域的品牌建设对另一个业务领域产生了什么影响的协同作用的价值。首先，通用电气在退出小家电领域几年后，还被认为是这一领域的领头羊（利润很高），部分原因是通用电气大家电的广告多，市场占有率高。其次，在一项调查中，超过80%的受访者表示，他们曾接触过通用电气塑料的广告，但是事实上在这段时期并未发布过塑料的广告，当时出现的是通用电气集团其他产品的广告。显然，品牌的影响随着时间和在不同业务单元的积累，产生的影响远远超出了预期。

最后，统一品牌组合战略起到了杠杆作用，在更多的市场中，主品牌能起到更大的作用。维珍集团的品牌资产价值能在数百个不同的市场中得到开发利用。企业战略的作用是创造和利用资产，因此统一品牌组合战略是一个合理的选择。

由于其协同作用、清晰度和杠杆作用，在建立新品牌的时候，统一品牌组合战略应该是一种默认选择。它在现有品牌的基础上引进新的品牌家族成员，除此以外，其他品牌组合战略的实施都需要令人信服的理由。

统一品牌组合战略中不同的产品品牌

统一品牌组合战略不会自动发挥其潜力。仅仅加上描述符在不同产品或市场上使用同一个品牌，并不意味着品牌组合目标会实现。如果品牌是由孤立的业务部门不经过协调管理的，那么不管它是否用同一个品牌名称,统一品牌组合战略都只是一个假象而已。

三星发现自己在 20 世纪 90 年代末有 17 个产品品牌在 70 个国家和地区上市。[4] 实际上,有 100 多个部门都在对品牌进行自主管理,导致许多业务部门在战术方向上存在着巨大的分歧。所以,三星的统一品牌组合战略只是一个名存实亡的战略。

为三星创建一个真正的统一品牌组合始于建立单一的品牌识别和品牌精髓,把它们应用于所有的产品和市场。在无线和显示器领域的一些龙头产品的引领下,三星将成为产品和数码融合领域中的领先创新者。接着,它便将这个品牌识别扩散到各个业务部门,这样它就可以在产品市场层面上贯彻其品牌战略。三星还开发了相应的基础设施来支持这项任务,包括一家广告公司、一套市场营销信息系统、一套品牌健康评测系统和一个由首席执行官直接管理的品牌委员会。构建一个统一品牌组合,是需要付出相当大努力和决心的。

毫无疑问,品牌识别通常可以而且应该可以适应不同的环境。在集团收购一家公司后,它会根据当地情况对三星品牌进行一番调整。事实上,通过对品牌联想做出不同的说明,或者增加一两个联想因素,品牌识别便可以适应不同的市场环境。例如,通用金融需要的某些品牌联想并不适合通用电气。最终目标是在每一个市场环境中都树立起强势的产品品牌,既忠实于通用品牌,也能充分利用通用品牌,而不是建立一些相同的产品品牌。

在品牌关系图谱中正确定位

每个市场都不尽相同,很难概括出某个新产品(或正在被考察的现有产品)应该在何时采用品牌关系图谱上的哪种战略。共有四种选择及其许多变化形式和品牌关系图谱有关。新产品可以由一个独立的品牌、被背书品牌、带有子品牌的主品牌或带有描述符的主品牌表示。这一选择实际上基于以下对三个问题的分析。

- 现有品牌能否提升该产品?
- 该产品能否提升对它进行定义的品牌?
- 是否有令人信服的理由来创建一个新品牌(它是一个独立品牌、被背书品牌还是子品牌)?

如果前两个问题的答案是肯定的,而第三个问题的答案是否定的,那么最佳的选择将倾向于品牌关系图谱的左端,偏向多品牌组合战略。如果前两个问题的答案是否定的,而第三个问题是肯定的,那么最好的选择将倾向于图谱的右端,偏向统一品牌组合战略。

这三个问题和其他相关话题将在第 7 章有关品牌延伸的内容里进行更为详细的讨论。

小结

几乎所有的组织都会综合采用品牌关系图谱中的四种品牌战略。纯粹的多品牌组合战略或统一品牌组合战略是罕见的。例如,通用公司看起来像是一个统一品牌组合,但 Hotpoint 和美国国家广播公司(NBC)在该组合之外。此外,通用金融本身就有许多子品牌和被背书品牌。企业面临的挑战不是建造一个单一的品牌之家,而是一个"村庄",让所有的子品牌和品牌都各司其职,富有成效。

> **思考题**
>
> 1. 选择两家不同的公司:一家偏向多品牌组合战略,另一家偏向统一品牌组合战略。仔细查看它们的品牌产品,确认它们采用的子战略。哪些产品是被背书的?哪些产品涉及子品牌?是否有不同级别的子品牌?你在其中发现了什么问题?你认为应该做些什么改变?为了实施这些改变你会做些什么调查?

2. 分析一下你的公司的背书品牌。是多了还是少了？从市场渠道上看，它们起到了多大的驱动作用？在细分市场上，背书品牌对促进购买、改善使用体验起到了多大的驱动作用？

3. 分析一下贵公司的子品牌。它们在品牌架构中添加了什么内容？它们是混乱而复杂的吗？它们能被简化吗？请对它们起到的驱动作用进行评估。

4. 你的公司有多大程度的产品采用的是多品牌组合战略？为什么？哪些品牌应该被打造成统一品牌组合？为什么？在什么情况下增加子品牌或背书品牌才会有好处？

BRAND PORTFOLIO STRATEGY

第 3 章
对品牌组合决策的投入

> 品牌战略是企业战略的外在表现。
> ——铂慧品牌和营销咨询公司（Dictum of Prophet）格言
>
> 重要的不是计划，而是制订计划的过程。
> ——德怀特·艾森豪威尔（Dwight Eisenhower）
>
> 微软应当创建数量最少、覆盖面最广且最强势的品牌，在所有的目标市场上竞争。
> ——戴维·韦伯斯特（David Webster），微软公司

微 软

微软的重大突破发生在1981年IBM进入个人计算机（PC）领域时，当时IBM需要一套操作系统，这是计算机软件不可或缺的内脏。[⊖]就在盛极一时的操作系统公司不愿与IBM打交道时，微软，这家编写BASIC等程序语言的小公司，被邀请去承担了这项工作。年仅25岁的比尔·盖茨当时是一家只有屈指可数的几个员工的公司的首席执行官，他通过谈判获得了非独家特许协议。这意味着当新的磁盘操作系统（DOS）迅速成为个人计算机的主导操作系统时，微软对它拥有控制权。

在最初的几年里，PC公司使用它们自己的操作系统品牌，例如IBM将其命名为PC-DOS，但微软的MS-DOS品牌（其中的"MS"能与"Microsoft"联系起来）很快成了该行业的标准。因此，虽然计算机制造商彼此之间竞争激烈，但它们都在帮助树立和提升MS-DOS品牌。一台基于MS-DOS系统的计算机相当于对客户保证，这台计算机是主流产品，并且它能运行当前的软件。MS-DOS品牌无疑帮助微软确立了市场地位。

拒不使用MS-DOS系统的是苹果公司。1984年，它推出一款名为麦金塔（Macintosh, Mas）的32位计算机，其操作系统支持对用户友好的、使用鼠标操作的图形界面。尽管Mac的市场占有率不高，但它的外观设计和性能特点使人们产生了共鸣。相比之下，MS-DOS的纯文本界面显得笨拙而局促。保护操作系统这一业务领域对微软公司来说很重要，因为它的

⊖ 这部分内容源自微软网站：微软1999年、2000年、2001年和2002年的年度报告。Jim Frederick, "Microsoft's $40 Billion Bet," *Money*, May 2002, pp. 66–80；Daniel Ichbiah and Susan L. Knepper, *The Making of Microsoft*, Rocklin, CA：Prima, 1991；Michael A. Cusumano and Richard W.Selby, *Microsoft Secrets*, New York：Simon & Schuster, 1995.

业务潜力在不断发展，也因为它承载着所有应用程序。

对此，微软采取的对策是于1985年11月推出Windows操作系统，在该系统正式推出的两年前，微软公司就已经发布了这个消息（这也给微软公司带来了"雾件"公司的坏名声，至今挥之不去）。除了图形界面外，Windows系统的开发反映了明确的市场需求。然而，在该系统上运行的应用程序编写起来很慢，并且它在性能上仍然落后于苹果公司。此外，微软还有许多竞争对手，包括名为Top View的IBM产品。

直到1990年Windows3.0问世，Windows才成为非苹果电脑领域无可争议的操作系统赢家。1990年5月，Windows3.0的发布会非常富有创意，微软斥巨资在全球范围内举办了20场盛大活动，以纽约市6000人的庆典作为这一系列活动的中心。积极的发布，加上最终具有竞争力的（即便不是最优越的）产品，以及大量的应用程序，使微软从5年的挣扎中恢复过来。然而，微软的市场胜利，不仅是因为它的资质，一家财力没有那么雄厚、不那么执着、不那么有远见的公司永远不可能存活下来，更无从谈论它能否成功。Windows系统周期性的升级（如Windows95、Windows2000以及Windows XP）为微软增加了产品特色，提升了其品牌的可靠性。20世纪90年代中期，微软还在Windows NT品牌下开发了支持网络的操作系统。这一切，使Windows一如既往地成为一个关键的战略品牌，其重要性仅次于它的母品牌微软。

与几乎所有微软产品一样，Windows拥有有助于实现差异化的品牌功能。不过，并不是所有的事情都像计划的那样进展顺利。Windows95内置了一个自信满满的"助手"鲍勃（Bob），它旨在帮助新用户浏览Windows的功能，以减轻他们在使用中的挫败感，给有可能使用"他"的品牌带来了幽默感和人性化特点。然而，核心用户群认为鲍勃是个冒昧的闯入者，"他"运行缓慢，而且让人不堪其扰。这样的印象传播甚广，导致最初所谓"助手"的功能反倒被破坏了。也许这个概念在苹果的用户中能起到更好的作用，他们可能会觉得鲍勃是麦金塔电脑外观和感觉的一部分。不过，微软不得不放弃，让助手（现在称为Office助手）易于开关，并且变得不那么冒昧，同时加快了运行速度。

个人计算机最早的"王牌应用程序"之一是电子表格。它是第一个（VisiCalc，1979年推出）证明个人计算机不只用于游戏的程序。在最初的几年里，大约1/5的苹果买家只是为了使用VisiCalc。微软意识到类似的应用程序将是一项值得开发的业务，并将刺激计算机的销售量，于是它于1982年推出了Multiplan加入这场竞争中。但几个月后，一款名为Lotus 1-2-3的竞争产品面世，它速度更快、功能更多，且便于图形输出，甚至在面对新版本的Multiplan时依旧是赢家。

微软又回到设计起点上，并根据对客户的研究和对竞争对手产品的分析设计了新产品。它的开发成果是Excel，这是一种在速度和功能上有明显优势的产品（1985年首次推出后在麦金塔电脑上使用，后来又用于PC）。微软为该产品的推广举办了大型活动，不仅在纽约举行公关活动，还开展了大量的广播宣传和平面广告活动。引进一个新品牌被认为是打破莲花公司对市场的垄断的必要举措。相比之下，Windows3.0并未遭遇劲敌，虽然在这个行业里有很多对手，但是它们都未能抢占多少市场份额。

另一个王牌应用程序是文字处理程序。复杂但实用的WordStar于1979年推出，是早期的领先品牌。WordStar在20世纪80年代中期因WordPerfect的出现而失去领先地位，相比之下，WordPerfect在性能和服务方面都对顾客非常友好。微软在1983年推出了Microsoft Word，并进行了一次大型推广，包括发行45万张演示光盘和一个12页的教程。然而，该产品并不可靠，跟WordPerfect放在一起相形见绌。直到1986年年中，微软通过Word 3.0才最终把它完善好，并开始占领市场，部分原因是对它投入了庞大的品牌建设预算。

1990年，微软推出了一套捆绑式的优惠应用程序，包括Word、Excel和演示程序PowerPoint。将当时还未占据主要市场地位的PowerPoint和另外两个已经获得成功的应用程序捆绑在一起，有助于提升其当时还不算领先的市场地位。1993年，微软推出了Office 3.0后来成了一个非常重要的应用程序。随着应用程序产品的日益增多，推广单一的品牌变得越来越不方便了，而且作为微软保护伞品牌的Office也已经成为购买微软应用程序的重要理由。随着时间的推移，由于应用程序与通用指令变得越来越无缝接轨，实现了将信息在应用程序和通用指令之间的相互转换，因而 Office 的功能日益强大了。从一开始就很清楚的一点是，在用户看来，要掌握多个程序，而且每个程序都有不同的指令和界面，这一点让他们恼火，而 Office 的推出，正好解决了这一难题。

到 2003 年，微软认为围绕 Office 品牌创建一个新类别的时机到了。于是，为了提高工作效率，新推出的 Office 2003 版本成为一套全面的、综合性的系统，它不再提供单个应用程序了。为了加强用户对这个新类别的认知，单独的应用程序品牌被更改为 Office 2003 的子品牌。不同版本的 Office 2003 包括下面一些子品牌，如 Office Word 2003、Office Excel 2003、Office PowerPoint 2003、Office Outlook 2003、Office FrontPage 2003、Office OneNote 2003、Office InforPath、Office Publisher 2003 和 Office Visio。自然而然，Office 品牌就成了主品牌。

尽管 Office 和 Windows 继续为微软带来大量的收入和利润，但微软还是在不断寻找其他市场领域来开发业务和品牌平台。它在其他新兴商业领域也产生了一些战略品牌，也就是说，品牌在未来将发挥重要作用。例如，互联网的发展促使微软开发了 MSN 品牌及其品牌系列，包括子品牌 HomeAdvisor（一个点评网站）和 Carpoint（一个巨大的网上汽车交易市场），以及被背书品牌 Hotmail（微软在 20 世纪 90 年代末收购）。MSN 还开发了一种可以轻松移动的蝴蝶视觉形象，象征着易于使用的互联网门户网站，代表着微软友好而温暖的一面。

其中一些新领域与微软品牌相距甚远。例如，微软除了作为影子背书品牌外，没有与 Xbox 产生关联。建立 Xbox 品牌是为了与索尼和任天堂（Nintendo）竞争价值 200 亿美元的游戏市场。受 X 系列游戏（以极限运动竞赛为特点）的启发，Xbox 拥有一个以年轻男性为目标的市场，既不需要也不想得到一家运行这些年轻人的父母使用的计算机的公司的正式背书。

2003 年，微软创建了六个保护伞品牌，将产品组合在一起，为共同的主要目标市场提供类似的价值主张。Office、MSN 和 Xbox 是其中三个。另一个是 Microsoft Business Solutions，这是一个保护伞品牌，代表了一系列针对中小型企业的连接应用程序和服务。子品牌包括用于客户关系管理工具的 CRM、用于报告和预算的 Analytics，以及用于业务管理解决方案的 Navision。Microsoft Business Solutions 是一项重要的微软商业计划，它为微软提供了一种与这一广泛领域对话的方式，这是几十个独立品牌都无法做到的。另外两个保护伞品牌是 Windows Server System 和 Visual，前者的主要用户是 IT 专业人员，后者则面向软件开发人员。

Windows 仍然是一个重要的平台品牌。它是 Windows 产品（如 Windows XP）、服务器相关软件（如 Windows 服务器系统）和新兴移动领域的驱动力。Windows Mobile 是微软向掌上电脑（PDA）和手机移动世界迈出的第一步。该品牌充分利用了其"大哥"的知名度和可信度，为微软在这一重要领域获得商机提供了一种途径。在开发 Windows Mobile 之前，微软正在与专门做设备的品牌（如 PocketPC 和 SmartPhone（不是微软旗下的品牌））竞争，这些品牌在混乱的品牌环境中面临一些挑战。即使是资源丰富的微软也认为在现有的 Windows 品牌下再引入一个新品牌并非最佳选择。

微软品牌组合围绕微软品牌展开，尽管该品牌被更多地用作背书品牌而不是主品牌。微软品牌本身有很多积极的方面。它被认为是软件市场的领导者，具有进取心、专业性、创新性和成功性，拥有广泛、协同的软件产品系列。它与有远见卓识的比尔·盖茨联系在一起，享誉全球。在日本，微软和 Windows 在"不能没有它"的调查中都是最强势的品牌。[1] 无论在名为"实现你的潜能"，还是在 20 世纪 90 年代名为"今天你想去哪里上班"的调查中，微软都被排在能使人成功的公司之列。

然而，微软也面临一些品牌挑战。它的产品线和品牌架构很复杂，部分原因是同时使用了微软和 Windows 两个品牌。此外，微软被看作傲慢的恶霸，不仅因为针对它开展的反垄断斗争，还因为竞争对手对它的指责以及用户在操作复杂的产品时产生的挫败感。因此，外界对微软的态度趋于两极分化。[2] 微软的品牌组合战略通常是通过创建强势的被背书品牌，创造和培养积极因素来应对挑战。

微软品牌是该产品组合中许多主要主品牌（如 Windows、Office 和

MSN）的有力背书品牌。这些被背书品牌的形象无疑受到了与微软之间关系的影响（这是众所周知的，因为产品的传统，以及品牌的图形化展示方式）。即便如此，每个品牌都有自己的品牌识别以及与客户的关系。在大多数情况下，人们会说他们使用的是Windows或MSN，而不是微软。因此，Windows和MSN品牌在一定程度上独立于微软品牌，因此在避免对微软产生负面影响的同时，也能利用其正面因素。

微软是有史以来最成功的公司之一，其品牌产品组合支持着一个锐意进取、活力十足的企业战略，该战略围绕复杂的产品系列展开。从1975年开始，微软已经成长为世界上市场资本总额最高的公司。对客户需求的洞察和企业战略是该公司建设与管理品牌平台的驱动力，品牌平台的建设和管理将一直伴随着公司的发展。

花旗集团

花旗集团是一个充满生命力的全球性组织，它是1998年由花旗公司（Citicorp）和旅行者集团（Travelers Group）合并而成的，其品牌组合结构经过不断的演变，适应了各种不同细分市场的并购业务和复杂的企业战略。[3]在合并之初，其品牌组合（见图3-1）包括花旗银行（Citibank）、旅行者保险公司（Travelers Insurance）、所罗门美邦（Salomon Smith Barney）、Primerica金融服务（Primerica Financial Services）和商业信贷（Commercial Credit）。

这次合并成为重新评估品牌组合战略的催化剂，由此还诞生了新的战略和新的标识。图3-2是一个混合组合模型，用于说明花旗金融服务产品的广度，它一共涵盖三个主要业务领域：消费者品牌（以Citi命名）、公司和机构品牌（以Citigroup命名）以及专业品牌（既不以Citi命名也不以Citigroup命名）。品牌标识带来的是视觉上的参考，表明虽然是同一个家族的一部分，但三个不同的品牌标识代表了三个不同的业务领域，吸引着不同的目标客户。

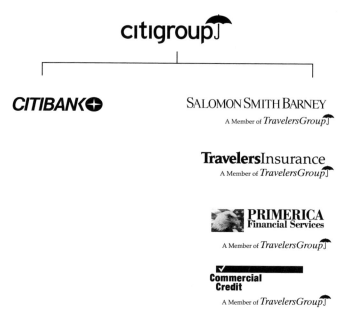

图 3-1　花旗集团品牌一览图——合并前

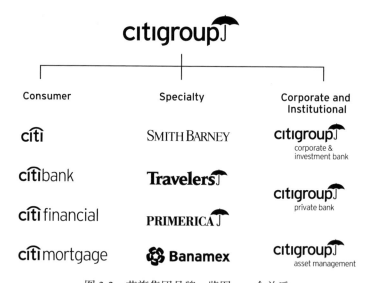

图 3-2　花旗集团品牌一览图——合并后

母公司花旗集团反映了公司的声望、财务实力、多样性和复杂性。它是由花旗集团的"Citi"和旅行者集团的"group"结合而成的。它的品牌标识是一个简单的小写的"Citigroup",加上后面的一把小红伞,这把伞来自旅行者保险。这把令人熟悉的小红伞长期与旅行者品牌联系在一起，以友好和轻松的方式（与保诚保险公司（Prudential）的岩石相比）象征着保护和安全。新品牌沿用了这一著名标识，并使人们感到旅行者家族是合并后的新组织的一部分。

通过使用相同的字体和加粗的"Citi"前缀，重新焕发生机的消费品牌使人们看到了它和母品牌的联系。此外，小红伞被艺术化为一个红色的弧形，并被并入了花旗集团标识的文字部分。花旗银行（Citibank）、花旗金融（CitiFinancial）、花旗抵押贷款（CitiMortage）、花旗保险（CitiInsurance）和大量花旗银行卡都以最终消费者为目标。

所有的金融服务公司都面临一个品牌问题，即如何将为消费者提供的服务与其他业务分离开来。例如，面向大客户的私人银行业务和投资银行业务，这些业务的目标客户可能不愿意与普通银行客户肩并肩一起办理业务。这种不情愿部分由于业务功能的不同，也有情感和自我表现方面的原因。

花旗集团解决这个问题的方法是，将带有小红伞的花旗集团品牌作为公司银行、私人银行、资产管理和投资银行业务的主品牌。因此，花旗集团在公司和机构品牌上的标识反映了企业的母品牌。

所罗门美邦、旅行者人寿及年金保险（Travelers Life and Annuity）、墨西哥国家银行（Banamex）和Primerica等各种专业品牌并不用于消费者业务或企业业务。本来的计划是将所罗门美邦品牌转移到花旗集团品牌中，然而，在一些研究分析师被指控受到投资银行方面的影响，而所罗门美邦也卷入利益冲突时，它与花旗集团之间保持一定的距离就变得非常妥当了。

旅行者分拆后，其余的保险业务不能被概括性地称为旅行者保险了，因此必须向旅行者人寿及年金保险转型。墨西哥国家银行是墨西哥最大的商业银行，在市场上拥有极高的资产价值，因此将其品牌改成花旗银行的品牌毫无意义。Primerica在北美地区拥有十几万名业务代表，它需要与其他品牌保持距离，这样才能在利基市场上交叉销售其金融服务产品，同时不必担心在销售定期人寿保险时与旅行者产品发生冲突。

在用户沟通手册中使用"花旗集团的一员"，以便让消费者认识那些名字中不包含花旗集团字样的品牌。

花旗集团的品牌组合战略为收购或启动新业务部门带来了一定的灵活性。无论组织新发展的业务还是被兼并或收购的业务，适合消费者或企业的产品都可以承担花旗品牌或花旗集团品牌的职责。同样，被兼并或收购的公司，如果拥有重要的品牌资产，就可以继续保留这种优势，作为专业品牌融入组织中去。

品牌组合战略的几个方面应该已经清楚明了了。健全的品牌组合战略可以促进企业战略的实现，并且能够提高品牌建设战略的有效性。正确的品牌组合战略能带来很大的好处，但是如果该品牌组合战略不能建立相关的、差异化的、充满活力的品牌，并且缺乏杠杆作用、协同作用和清晰度，那么它也同样会有明显的劣势。但是品牌组合战略在概念和组织结构上都很复杂，其方方面面都会令人困惑。制定合理有效的品牌组合战略从来都不是件容易的事；相反，它往往针对某个具体情况，并且总是处于动态变化中，这的确是个挑战。

本章旨在帮助那些设计、优化和管理品牌组合战略的人。品牌组合战略可以而且应该在多个层级上制定。在最高层，可以将战略集中于推动主要业务领域的战略品牌。对于花旗集团而言，这些品牌可能包括图3-2中的品牌；对于微软而言，这些品牌可能包括Office、Windows、MSN、Xbox以及其他六七个代表不同业务的战略品牌。该战略还可以专注于某个特定的战略品牌，如围绕MSN业务或花旗集团私人银行业务制定品牌组合战略。每种情况都会涉及几个战略品牌；对于MSN而言，会涉及CarPoint、Hotmail等品牌。分析的范围和层次将取决于战略家的需求和职责。

我们需要研究图1-2中提到的许多品牌组合战略的决策。其中最重要的如下。

- 什么是战略品牌，如何管理战略品牌？
- 哪些品牌应扩大或缩小其范围？
- 应增加、删除或合并哪些品牌？
- 是否应增加或删除品牌差异点？

- 应该开发品牌活力点，并以不同的方式对其进行管理吗？
- 在定义产品类别或子类别时应该进行哪些调整？
- 应该加强或削弱企业品牌吗？

考虑到品牌组合的复杂性和背景的特殊性，品牌组合管理没有千篇一律的方法。然而，通过确定一些问题，以及需要考虑的信息领域，还是能够对此提供一些指导的。这些领域将引导战略家对品牌背景的发展过程进行研究，从而确定品牌组合的方案和重点问题。可以将它们分成以下四个类别。

- 市场力量和动态
- 企业战略
- 品牌资产和品牌识别
- 品牌组合审查

每个方面都包含一个问题清单，从中可以得出有关品牌组合问题和方案的见解。它们具有启发性和代表性，但并不详尽；它们应该敞开大门接纳大量信息，而不应该设置边界或界限。我们应该寻求能够带来更多方案或重点问题的途径。此外，这些问题中的一些会引发最深刻的见解，但要预测到是哪些问题就很难了。下面我们将逐一讨论图 3-3 中的四个要素，然后讨论品牌组合战略的管理，并预览一下本书的其余内容。

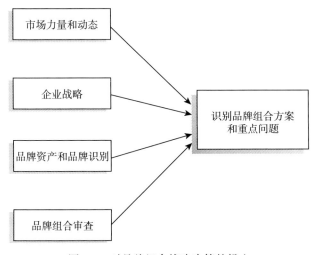

图 3-3　对品牌组合战略决策的投入

市场力量和动态

要制定企业战略、品牌战略或支持性的品牌组合战略,就要先对企业组织所服务的主要产品市场的市场力量和动态展开合理的分析。《制定商业战略》(*Developing Business Strategy*)一书对市场分析做了详细的论述。[4] 简而言之,它包括对主要产品市场的客户、竞争对手和市场趋势的分析,它所研究的品牌要么与这些市场相关,要么可能会延伸到这些市场。这将涉及以下问题。

客户

- 谁是最大的、能带来最多利润的客户?他们的忠诚度如何?他们在产品功能和情感方面想要得到什么?他们的动机和行为发生了什么变化?
- 市场是不是围绕一些变量(如利益、使用水平、应用程序、组织类型、客户忠诚度、价格敏感性、产品生命阶段、生活方式、购买驱动因素或动机)来细分的?这种细分是如何反映品牌组合战略的?
- 各部门的动机是什么?客户重视的是覆盖全球范围的延伸还是局部地区的联系?是追求系统的解决方案还是同类服务中的最佳解决方案?
- 还有哪些尚未满足的客户需求?是否有一些客户表示不满?为什么?推出下一个产品的必要条件是什么?

竞争对手

- 谁是竞争对手?它们是否会组成战略联盟?
- 主要竞争对手的优势、劣势和企业战略是什么?它们的弱点和战略造成的市场空白带来了什么商机?
- 竞争对手拥有哪些品牌资产价值?每个竞争对手的品牌组合战略是

什么？它们的品牌弱点是什么？
- 竞争对手下一步会看中什么趋势？

市场趋势

- 产品类别和子类别的发展动态是什么？
- 当前有哪些新兴的文化、人口、技术和经济趋势会对企业产生影响？
- 人们对产品类别的看法是如何发生变化的？哪些是新兴产品类别或子类别？

最终目标是促成品牌组合方案和重点问题的形成。充分了解客户、竞争对手和市场发展趋势有助于实现这一目标。当然，在此前提下提出的组合方案和重点问题将成为品牌组合战略中需要集中力量深入分析和评估的主题。

这些投入中的大多数都与品牌组合决策有一定的相关性。细分市场与品牌组合战略有着密切的关系，因为品牌通常是用来定义受细分市场驱动的产品的。花旗集团围绕消费者、私人银行客户或机构等不同细分市场定义其提供的服务。唐纳·凯伦（Donna Karan）以人的人生阶段为依据对其服装产品线进行划分：从年轻的专业人士到追求传统外观的成熟人士。在细分市场层面上，品牌组合必须清晰而有说服力，因此品牌战略必须基于对细分市场的理解力和敏感性。

品牌组合战略将包括品牌范围和品牌延伸决策，开始于分析当前潜在的产品市场选择。例如，公司做出向新的产品市场延伸的决策前，需要考虑发展前景、竞争强度、还有哪些未能满足的客户需求、客户还有哪些不满以及相关的市场趋势。显然，微软在决定开发 Microsoft Business Solutions、MSN 或 Xbox 时，就已经在关注未来业务的新兴领域了。

下一章的主题是品牌相关性问题，它将部分取决于人们对产品类别和子类别认知的变化。如果与品牌相关的产品类别或子类别正在走下坡路，或者可能被另一个类别取代，那么严重的品牌组合问题就可能会出现。

企业战略

品牌组合需要支持和反映企业战略。因此，认识企业战略、了解它在每个产品市场中的业务模型非常重要。这就引出了两个基本问题：什么是企业战略？公司及其战略品牌如何根据战略来运作？从实质上看，企业战略包括以下内容：

- **产品市场范围**——企业将在哪里参与市场竞争？哪些产品和市场将是重点，哪些将被弱化或避免？
- **企业的价值主张**——客户提供的是什么？客户为什么要购买？客户忠诚度的基础是什么？品牌差异点是什么？
- **战略资产**——创造可持续竞争优势的资产，包括品牌资产在内。哪些资产可以让企业在每个产品市场中获得成功？（战略资产可能是一个才华横溢的研发团队、一个已经成形的客户群、一种制造能力，或是一种产品设计技能，也可能是一组品牌。）

产品市场范围

企业在其中竞争的产品市场的详细情况将直接影响品牌组合战略。一家公司提供（或不提供）的产品和它寻求（或不寻求）的市场决定了企业的业务范围。应该从目前的产品市场情况开始分析。企业要在产品市场范围的动态变化中找到其战略核心。新的市场目标是什么？应该推出哪些新产品？它将遵循什么样的增长轨迹？

对品牌组合战略而言，了解企业以什么产品市场领域为目标至关重要。通常，做出这种企业决策的基本方法是找到市场机会与组织能力的重叠区域。以品牌组合的观点来看，企业组织还需要评估品牌组合的相关性。戴维（Davis）和邓恩（Dunn）将这三个因素的交叉点称为"可信度覆盖区"，并用图3-4来说明涉及的要点。[5]即使机会与能力并存，品牌也需要在新的产品市场领域中占据一席之地。这一需求意味着要建立一个新的品牌或者对子品牌或被背书品牌进行延伸，决定哪种做法最适合某个特定的产品市场区域是品牌组合战略问题的核心。

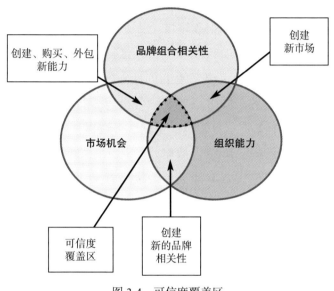

图 3-4　可信度覆盖区

企业战略范围与确定当前和未来的产品市场的优先级有关，特别是确定所服务的每个产品市场的投资水平。如图3-4所示，这一重要的业务战略决策取决于市场机会和组织能力。投资水平的不断提升意味着该公司需要一个战略品牌，正如微软决定投资Microsoft Business Solutions和其他保护伞品牌一样。为了保持竞争力，这个品牌可能还需要几个辅助性的子品牌，以创建一条完整的产品线，或形成一些品牌差异点。

企业做出从某个品牌榨取好处以保护其他资源的经营决策，同样会对品牌组合战略产生影响。如果微软决定Office系列为现金牛品牌，那么它的品牌活力点和银弹品牌的数量就会减少。此外，Office品牌系列可能会降低到描述符品牌的地位，并且只能获得少量资源。如果花旗集团决定削减零售银行业务，那么类似的收缩效应也会出现。

当不同的产品市场共享一个品牌时，在品牌组合的设计上，要让公司在最重要的竞争领域中拥有一个强势品牌。如果要让品牌冒风险的话，应该是在重要领域，而不是在无足轻重的领域。企业战略应该确保非战略性产品市场上分散型的决策者们不会滥用品牌。

本着这种精神，循序渐进地推进品牌组合开发过程可能比较有益。例如，一家全球性金融服务公司正试图让几个主要品牌与企业品牌协调一致。该企业先选出最重要的业务领域（投资银行业务），然后确定一个个品牌来支持该业务，并增加其成功机会，这样品牌组合的开发思路就会变得清晰起来。接着再确定第二重要的商业领域（私人银行业务领域），并为它建立了最佳品牌，同时还要兼顾为投资银行业务确定的品牌。此外，还要在其他两个主要业务领域中重复这个过程。最后，才能制定出一个对整个公司都有效的品牌组合战略，而且无论如何不会危及公司最重要的业务领域。任何替代方案都会带给战略意义不大的业务领域过多的重视。

价值主张

最后，产品需要同时吸引新客户和现有客户。它必须具有与客户相关，且对客户有意义的价值主张，并将之反映在品牌识别和品牌定位中。为了支持成功的战略，面向客户的价值主张应长期有效，并与竞争对手有所不同。它一般可以提供以下几个要素。

- 优良的价值主张、高品质的商店品牌，以及贴身感受（沃尔玛）。
- 卓越的产品或服务属性，如安全性（沃尔沃）或清洁力（汰渍）。
- 在色彩缤纷的门店中提供很酷的产品（盖璞（GAP））。
- 带来成熟品位和感受的豪华轿车（美洲虎）。
- 产品线范围广、产品易于查找订购、送货服务可靠（亚马逊）。
- 创新产品（3M）。

- 对某项活动或产品的共同热情（哈雷 – 戴维森）。
- 全球关系和声望（花旗集团）。

萨姆·帕米萨诺（Sam Palmisano）于2003年成为IBM新任首席执行官，他必须延续他前任取得的辉煌业绩。[6] 20世纪90年代，在郭士纳（Lou Gerstner）的领导下，IBM实现了戏剧性的转变，部分原因是他促使组织发挥协同作用，让技术为客户服务。帕米萨诺的战略基于一个新的价值主张："随需应变"。其核心思想是信息技术系统应该将客户和供应商包括在内，信息和计算机资源应该按需提供。"随需应变"最终意味着计算机系统、数据软件和网络之间无缝连接。IBM所有的业务部门都有责任传递这一价值主张。

战略资产

战略资产是品牌组合战略的基础，能带来持续性的竞争优势。资产涉及范围广泛，从建筑和选址、研发技术，到隐喻性的象征物（如米其林卡通人），再到强势品牌（如强生品牌）。战略资产支持品牌组合战略的能力部分取决于其相对于竞争对手的实力。这些资产的优势有多大？是否处在合理的位置上？企业在多大程度上可以因商标或长期投资而拥有这些资产？它们在多大程度上是以某个独一无二的组织的协同作用为基础的，是不能被其他组织所复制的？按理来讲，和那些忽略或未能实现协同作用的业务组织相比，能实现协同作用的开展多项业务的组织具有很大的优势。

品牌和子品牌，包括潜在的品牌差异点和品牌活力点，都是重要的资产。它们带来了一种方法，能将临时产品或技术优势转化为长期可持续的优势。虽然品牌特性可以被竞争对手复制，但是一个被积极管理的品牌特性就没那么容易被复制了。

品牌资产需要与价值主张联系起来。例如，作为一个全球性的、提供完整产品线的企业，其价值主张就应该包含创建或使用哪些品牌对产品进行定义，在有关产品定义的环境中树立信誉。如果将企业战略定位在高档消费市场上，那么有些品牌是不合适的，有的品牌则需要进一步强化。中低端市场战略也会对品牌组合战略产生影响，如果该组织缺乏与此战略相适应的品牌或子品牌，就必须创建或收购一个中低端品牌或子品牌。

企业战略动态需要取得动态品牌战略的支持。当微软建立 Xbox 时，它使用了一个前卫的品牌名称，并决定弱化微软"公司"品牌，以此创造了一个适合目标市场的品牌特性。Office 品牌系列由于其套件式的便利性和吸引力而具有传递协同价值的能力，因此强化 Office 品牌名是合情合理的。

经营业绩

隶属于战略品牌的业务部门的业绩可以揭示品牌组合方面的问题和选择。销售和利润变化的趋势是什么？占据了多大的市场份额？市场份额下滑，销售额却在增长，这可能是个危险的信号。各部门的业绩如何？哪些是正在良性发展的部门，哪些在走下坡路？问题的根源是什么？竞争对手的计划是什么？顾客的购买习惯、对产品类别的认知、使用产品的方式、对品牌的态度或动机发生了哪些改变？

如果诊断无误，业绩表现不佳就可能与品牌组合战略有关。例如，它可能意味着需要一些品牌差异点或品牌活力点。引进新产品和强势子品牌可能会解决相关性的问题。将某个品牌在品牌组合中的角色由战略品牌调整为现金牛品牌也是一种选择。

品牌资产和品牌识别

在任何品牌组合决策中，基本的投入都包括品牌资产和品牌识别。品牌资产会影响什么样的品牌组合战略是最佳的，甚至影响战略的可行性。例如，弱势品牌可能不适合加入品牌战略中去，也不适合扮演银弹品牌的角色，它可能需要品牌差异点或品牌活力点的协同作用。局限于某类产品的品牌可能不适合延伸，而以生活方式为基础的品牌，其延伸潜力可能无法实现。某个品牌的形象特点可能会使它成为合作品牌候选者。品牌形象将影响定义产品的规则。例如，微软的形象会影响其与品牌组合中的战略品牌的关联程度。

通过使用与产品类别相匹配的品牌结构表，我们判断有关品牌的资产价值。资产价值的结构能清楚地说明品牌实力的各个主要方面（如专栏所示），以确定该品牌的优势和劣势所在。

品牌识别往往和品牌资产一样重要。品牌的发展前景如何？品牌识别往往有 3～5 个核心要素，它们将是未来品牌愿景最重要的驱动力。它还可能涉及一个品牌精髓，即能体现该品牌大部分特征的唯一概念。[7] 如果可靠性被视为品牌的重要定位，那么与前卫、大胆的品牌识别相比，它可能更适合扮演背书品牌的角色。

品牌识别和品牌组合战略是如此紧密地交织在一起，以至于它们很难在没有彼此的情况得到确定。如果不知道品牌在品牌组合中的角色，就很难通过决定哪些关联应该增强或减弱来明确品牌识别。相反，如果不知道品牌识别，就很难安排某品牌在品牌组合中的角色，也很难知道该品牌组合战略应该向何处发展。在制定品牌组合战略时，如果其中一些品牌甚至所有的品牌识别定位都不明确，有时就必须根据一些假设和快速分析来创建一组品牌识别。这样，我们至少可以就某个品牌应该被赋予哪种角色有一些认知。

此外，品牌组合可以提高或降低品牌资产的价值，并影响实现品牌识别的能力。例如，品牌差异点和品牌活力点可以建立或提升目标品牌。子品牌可以影响主品牌，反之亦然。花旗集团决定与所罗门美邦保持距离，并在高端产品上使用花旗品牌，就是为了保护和打造花旗集团的品牌。微软总是在评估银弹品牌的地位和使用情况。

品牌组合战略应该把品牌放在正确的市场背景中——使品牌在现有的资产状况下有成功的可能。即便有大量的品牌建设资源，被置于错误的市场中的品牌也几乎没有成功的机会。只有了解品牌资产、品牌识别和品牌定位战略，才能对市场做出正确的判断。

品牌资产构成要素

- **知名度**。该品牌在市场上众所周知吗？人们在主要的细分市场上对该品牌有什么独立认识？
- **声誉**。该品牌在市场上备受推崇吗？它是否被认为是高质量的保证？
- **差异化**。该品牌是否具有差异点？有没有品牌特点？它能够传递情感或自我表现优势吗？
- **活力**。这个品牌是否具有活力？是否令人觉得乏味或平淡无奇？
- **相关性**。顾客是否重视该品牌当前的应用？该品牌还能与哪些其他产品类别或子类别产生相关性？
- **忠诚度**。客户是否忠于该品牌？有多少忠实客户？他们是谁？他们和普通客户有什么不同？这种忠诚度的基础是什么？
- **延伸能力**。无论是作为主品牌还是背书品牌，该品牌是否有延伸到其他产品的潜力？它能否成为品牌发展的平台？各产品类别共有的品牌联想是什么？

品牌组合审查

第四个投入是品牌组合审查，它提供了一种系统的方法来批判性地检查当前的品牌组合，并找出值得进一步分析和采取相应措施的问题与要点。图 3-5 中的问题为品牌组合审查提供了一个框架和议程。它们还概述了品牌组合战略的范围。每个问题都具有潜在的重要性，可能引发重要的分析和改变，但这些问题并不是详尽无遗的。随着议程的推进，将出现另外一些有用而相关的问题。

审查往往会从对品牌组合战略目标的评估开始，这通常会带来一些有益的见解，通过其他方式是得不到这些见解的。例如，其他审查问题不一定会发现缺乏清晰度的组合战略中的混淆点。

从品牌组合战略的目标开始审查意味着提出一般性问题，在随后更详细的检查中加以探讨。例如，如果判断某些品牌没有得到利用，就意味着要进一步去了解更详细的信息。然而，分析也可以按照从细节走向一般的顺序，在完成对战略的仔细检查后，再对目标进行评估。

对组合品牌的辨别是审查过程的另一个方面，如图 3-5 所示。很少有人会对品牌组合中的所有品牌进行审查。相反，它将集中审查一组较为容易管理的品牌，例如顶级战略品牌或与某一业务领域相关的品牌。然而，品牌活力点和品牌联合也不应该被忽视。此外，由其他公司拥有和管理的品牌，至少是那些对品牌资产有重要影响或决定企业成功的品牌也应该包括在审查范围内。

组合目标
• 品牌组合能否实现协同作用，品牌能否通过分组合作来支持和提升其他品牌？各个品牌在不同产品市场环境中是否协调一致？品牌建设资源是否以最优方式分配给各个品牌？未来的战略品牌和有明确战略任务的品牌是否有足够的资源来履行其职责？
• 所有品牌都得到充分利用了吗？它们可以横向或垂直延伸而不损害品牌资产吗？是否正在开发未来的增长平台？
• 品牌尤其是具有驱动作用的品牌，是否会失去相关性？它们是否适应市场动态？是否有创建新类别和子类别的机会？
• 品牌是否强势到能够履行它们的职责？它们是否有足够的能力和生命力？是否有足够的差异化？这种差异化能否持续下去？
• 品牌在面对客户时是否有足够的清晰度？产品之间是否混乱？
品牌组合
• 识别处于品牌组合或品牌组合子集中的品牌，包括子品牌、被背书品牌、品牌差异点、品牌活力点、联盟品牌和企业品牌。

图 3-5 品牌组合审查

组合中的角色
• 哪些品牌是战略品牌，即代表当前和未来重大利益或杠杆支点的品牌（关键品牌）是什么？
• 哪些品牌或子品牌扮演（或应该扮演）品牌活力点的角色？是否需要更多的品牌活力点？现有的品牌资产是否可以协同发挥作用，是否需要更新的项目或计划？是否需要品牌联盟？
• 哪些品牌活力点可能产生重大影响？如何产生影响？组织是否存在一些问题对它们构成了阻碍？
• 哪个品牌活力点应该优先考虑，哪些应该是银弹品牌？
• 是否需要侧翼品牌？为什么？是什么对品牌组合构成了威胁？现有的品牌能调整为侧翼品牌吗，还是需要新的品牌来扮演侧翼品牌的角色？
• 战略品牌、银弹品牌、品牌活力点和侧翼品牌能否都得到支持和积极管理？
• 哪些品牌应该扮演现金牛品牌？它们需要现在获得的资源吗？
品牌范围
• 驱动型品牌和子品牌是否得到了充分利用？哪些是横向品牌延伸的候选品牌？为了能更充分地利用这些品牌，是否需要子品牌或被背书品牌？
• 不管有没有子品牌或被背书品牌，是否存在垂直延伸品牌的可能性？
• 品牌能否投放到新的市场中去？
• 某些品牌是否被过度延伸了？是否有损它们的品牌形象？
定义产品的角色
在主要且具代表性的产品市场中：
• 识别哪些品牌和子品牌负有重大的驱动责任。它们有多少资产价值？它们与客户的联系有多紧密？哪些品牌群体需要得到积极管理和加大品牌建设投入？
• 找出子品牌，并将它们排列在驱动型品牌—描述性子品牌图谱上。鉴于上述评估，它们是否都获得了适当的资源和管理？有些子品牌是否应该被降为描述符？
• 现有的背书品牌是否因为其背书品牌的身份而增值或贬值？它们的品牌识别适合这个角色吗？在某些情况下，它们作为背书品牌的角色是否应该被弱化或撤除？是否需要在一些其他的情况下，增加背书品牌或更加突出背书品牌的作用？
• 背书品牌的角色是否在所有情况下都能提升背书品牌？如果不是，对品牌造成潜在损害的背书品牌是否值得存在？
• 识别品牌差异点。它们应该发挥更大或更小的作用吗？需要更多的差异点吗？哪些地方有这种需要？
• 识别合作品牌。它们构思巧妙吗？应该考虑新的合作品牌吗？哪种类型的合作伙伴可以提升品牌？
• 是否需要保护伞品牌来提供清晰度、专注度和更出色的宣传战略？

图 3-5 （续）

品牌组合架构

- 为品牌组合中的每个品牌创建一个绘有其标识的圆盘,请人们依照宇宙模型来排列这些圆盘。确定"太阳",以及围绕每个"太阳"的行星和它们的卫星。要求参与者解释其中的逻辑,并比较不同的排列结果。有哪些共同点?又有哪些不同点?

- 通过以下方式中的一种或多种描述品牌组合结构:
  - 使用逻辑描述符(如细分市场、产品类型、应用程序或销售渠道)来显示品牌分组。
  - 绘制出所有品牌树状图。
  - 使用网络图形详细说明品牌架构。

- 评估品牌组合结构(和有意义的局部结构),看它能否产生清晰度、战略性,并能明确战略方向,而不是造成复杂性、做出仓促的决策以及导致战略偏移。

- 现有品牌应该被撤除,还是让它们在现有市场中发挥更大或更小的作用?是否应该创建新的驱动型品牌或子品牌?

组合图表

- 列出品牌的视觉展示方式,包括商标和宣传资料。演示文稿是否清晰、连贯,且合乎逻辑?是否存在混乱而不连贯?每个品牌的相对重要性是否在视觉效果中得到了体现?能产生视觉冲击吗?

- 整个组合中品牌的视觉呈现是否会产生清晰度或混乱?它是否支持品牌组合结构?它是否对品牌在市场中的各个角色起到支持的作用?它是否支持品牌识别?

图 3-5 (续)

提出这些审查问题是为了挑战现有的品牌组合战略,并提出值得进一步分析和考虑的方案与问题。选择方案可能涉及改变品牌角色的优先级,或者创建完全不同的角色内容。它们有可能涉及创建新品牌或子品牌的需求或延伸现有品牌的机会。品牌差异点或品牌活力点可以被创造、完善、强化或弱化。品牌之间的关系可能会改变。关键是在分析过程中找到品牌组合的内涵。

与其试图整理出所有的品牌组合战略方案,不如更有效地确定一些会影响重大品牌组合决策的关键问题。例如,关键问题之一可能是为了打入新产品市场而做出的企业战略决策。另一个关键问题可能是确定未来最重要的业务挑战。还有一个关键问题是决定是否振兴一个品牌。但是也没有必要把品牌组合决策复杂化,企业的目标是超越它的复杂性,专注于关键问题。

管理品牌组合

管理品牌组合始于品牌管理的结构和系统。每个品牌应该由个人或一个团队负责。所有产品市场的每个品牌都应该有一个共同的品牌规划系统。规划模板应该是相同的，使用共享的输入、输出和术语。但是品牌组合管理也需要一种机制来实现组合目标，以及在给定的产品市场环境下的品牌目标。

管理品牌组合的个人或团体必须能够获得品牌知识、市场知识以及实施品牌组合决策所需的权力和资源。品牌知识是必需的，因为品牌展露的含义复杂而又难以理解。市场知识是必需的，因为许多品牌组合是面向客户的，缺乏对市场的了解，个人或团队可能会做出武断、次优的决策。最后，拥有所需的权力和资源也是至关重要的。没有这些必要条件，品牌组合管理者将无法获得设计和优化品牌组合所需的支持，因为其中大部分的前提条件和组织结构的关系都极其敏感。

管理品牌组合的人可以是首席执行官或高级运营主管。如果不是，负责人或团队需要得到CEO的明确支持。毫无疑问的是，没有组织高层管理人员的积极支持，既不能有效地解决品牌组合管理的敏感问题，也无法实施解决方案。在改善品牌组合战略方面取得进展的公司（如戴尔、雀巢、索尼、汉高、通用电气、惠普、IBM、3M、宝洁和瑞银），首席执行官都直接参与品牌组合决策以及有关方案的制订。一般，品牌管理当然是指品牌组合管理，而非有关品牌的问题，甚至不是营销问题，而是一个组织问题。如果企业高管对此没有兴趣且没有参与其中，那么实际上品牌组合目标是很难实现的。

品牌组合的进程应得到行政程序和组织结构的支持，以创建、审查和改进品牌组合战略。同时应该进行定期审查，及时发现品牌组合中出现的问题。在考虑推出一款新产品或一组产品或进行收购时，也应当对品牌组合进行审查。将一组收购过来的品牌引入品牌组合，总会引发严重的品牌组合问题。关键是要把这些问题提出来，而不是假设这些问题不存在并进入权宜的实施阶段。

有几个在组织结构上很敏感的品牌组合问题，要解决它们需要坚定的力量。以下概述了其中的一些问题。

第一个敏感问题是跨品牌和跨角色的资源分配。这涉及对分化的组织结构和文化的干扰，这些结构和文化通常为组织带来活力和约束力。然而，如果没有品牌组合层面的分析和约束，成熟的品牌和市场会不可避免地以牺牲未来战略品牌和新兴市场为代价获取多余的资源。

另一个问题关于是否增加品牌或子品牌的决策。组织总是偏好增加品牌，因而需要有明确的指导方针和约束力。管理者总是会夸大产品的前景和新颖性，他们对新产品的"母性情结"往往体现在让新产品使用一个新的品牌名称上。然而，新品牌的引进在管理、组织和财务资源方面代价极高。此外，它是累积性的，因为它代表了对未来的承诺，需要将它纳入对其他品牌的承诺的考虑中去。

为了控制品牌扩散，必须制定明确的标准，将品牌添加到品牌组合中，并将它传达给组织成员。总的来说，必须创建一个新品牌，因为现有的品牌要么处于不利状态，要么是有风险的，也因为新的产品反映了与现有产品的重大差异，并且新的业务有足够的未来前景，足以支撑对新品牌的投资。

除了明确的标准外，必须有个人或团体拥有足够的权力使这些标准在所有市场上都能坚持贯彻下去。没有哪个国家的经理有超越这个体系自由引进某个品牌的权限。许多公司都会在最高层安排一个正式代表或团体，任何新品牌的引进都必须经其批准。然而，当明确的标准被传达上去时，引进新品牌的请求通常会遭到婉拒。管理者自己可以根据标准进行评估，从而决定不提出增加新品牌的提案。

第三个品牌组合问题，也许是最敏感的，是撤除某些品牌或弱化某些品牌。组织和内部人员对品牌的重视程度非常高，品牌成为他们活动价值和地位的象征。因此，撤除一个品牌是非常危险的。此外，人们总是很容易找到体现品牌资产重要性的原因，说出为什么试图撤除它是有风险的。当然，他们手头也总是会有一个扭转不利局面的计划。要想看到对整个品牌组合和总体企业战略的观点是很难的。有时候需要做出一个武断的决策，比如联合利华淘汰75%品牌的品牌组合瘦身计划。

第四个敏感的品牌组合问题是，通过横向或垂直延伸品牌来做出商业决策，或将其作为背书品牌放到新的市场中。在许多组织中，这种决策是以分权的方式做出来的。如果某个业务部门认为某品牌可以发挥作用，那么即使利用品牌会将品牌资产置于风险之中也在所不惜。一家具有战略眼光、具备必要的市场知识，且对品牌及其识别有感所觉的企业必须能够并且愿意介入其中来保护品牌。例如，对于每一个重要的全球性品牌，雀巢公司都会派出一名高管来充当该品牌的捍卫者。此人的工作职责之一是确保品牌不会延伸到会降低其品牌资产的环境中。

第五个问题，通常不敏感，但有潜在的麻烦，是对品牌视觉展示的监管，以确保它们以协调一致的方式被展示出来，从而产生更大的影响。为此，需要将基本原则传达给所有以视觉形象展示品牌的人，用简单易懂的规则和模型告诉他们在每种情况下应该使用的正确颜色、字号和字体。应该指派专人或专门的小组负责此项任务，以确保视觉展示的协调一致。承担该任务的人不应该被视为负面人物，总是说着"不"，并被贴上"商标警察"的标签。当品牌角色可以延伸，不仅包含对标识的审查，并且在品牌建设中具有更积极的影响时，这个角色和过程会得到更加良性的发展。

戴尔通过季度会议确保其品牌视觉展示上的一致性，其中首席执行官和总裁把戴尔在全世界所用的视觉展示都放在一面大墙上。然后，他们挑出那些与品牌不相称或在某种程度上不协调一致的品牌的展示方式；这些问题往往会在下一次季度会议之前得到纠正。与此不同，每当"商标警察"发出决定，基层负责人总是会抵触或者拖延执行这一决定。

后七章概述

在接下来的七章中，我们将看到品牌组合的运作——如何利用它们来推进和实现业务战略，以及支持宏伟的品牌战略。图3-6是一个概览，它简明扼要地总结了其中各个要素。

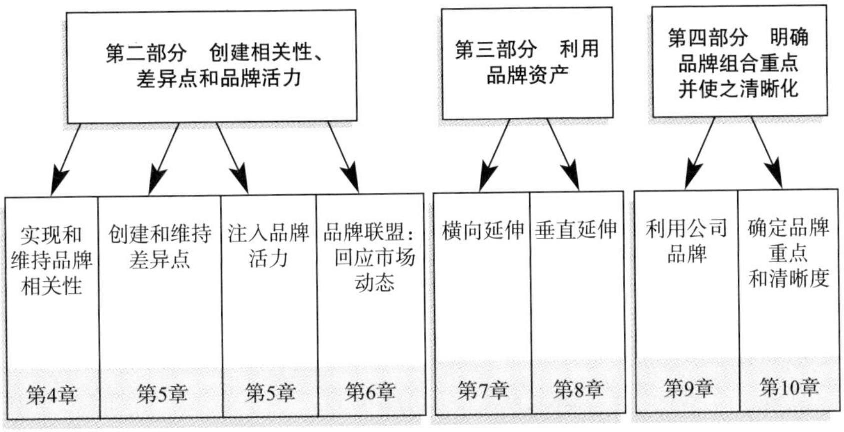

第二部分 创建相关性、差异点和品牌活力				第三部分 利用品牌资产		第四部分 明确品牌组合重点并使之清晰化	
实现和维持品牌相关性	创建和维持差异点	注入品牌活力	品牌联盟：回应市场动态	横向延伸	垂直延伸	利用公司品牌	确定品牌重点和清晰度
第4章	第5章	第5章	第6章	第7章	第8章	第9章	第10章

图 3-6 运行中的品牌组合

第二部分 创建相关性、差异点和品牌活力

第 4 章和第 5 章探讨了品牌组合战略如何通过为品牌创造相关性、差异点和活力来建设品牌资产。第 6 章讨论了品牌联盟，这是一个当组织缺乏足够的时间和能力时的选择。品牌联盟要应对市场动态或出现的一些品牌问题。

实现和维持品牌相关性。新兴的细分市场代表着未来的发展，企业要通过参与这样的市场，在动态市场中保持相关性。任何企业战略的目标都是在有吸引力的市场中展开竞争。在这些市场中，企业拥有能够创造持续性的优势。保持相关性通常意味着将业务转移到一个新的方向上，这是有潜在危险和困难的任务。品牌组合工具，如子品牌和被背书品牌，可以帮助降低这种风险。例如，花旗集团的品牌有助于使公司向机构和私人银行客户提供的服务与零售银行业务保持距离，从而使这些服务更容易被接受。

创建差异点和品牌活力。几乎所有品牌都需要更多的差异点和活力。然而，很难通过创新的产品特性来保持差异化，因为在大多数产品类别中，产品特性很容易被复制。相比之下，一个被长期积极管理的品牌差异化优势能得到更有效的保护。在传统市场上遥遥领先的品牌如约翰迪尔、AT&T、金宝汤、美国银行和IBM，对品牌活力的需求十分强烈。就连那些最重要的品牌资产，如可靠性、良好的声誉和悠久的品牌历史都成了古板乏味的代名词。品牌活力点，例如与品牌及其客户相关的品牌赞助活动，可以为品牌带来活力。

以品牌联盟应对市场动态。在这个市场瞬息万变的时代，公司时不时需要面对由变化的市场带来的相关性的挑战，有时候，迫切需要创建品牌活力点或差异点。然而，许多公司可能因缺乏资源、能力、计划或品牌而无法做出及时的反应。解决方案可能是建立一个品牌联盟，产生一个合作品牌，根据两家公司的资源和品牌优势，对市场做出及时、可靠的回应。

第三部分　利用品牌资产

大多数组织都希望得到发展，并且需要发展。途径之一是利用品牌资产进入新产品市场。第7章探讨了品牌的横向延伸，第8章研究了垂直延伸（进入高端市场或中低端市场）。

利用品牌进入新的产品市场。品牌延伸不仅需要考虑新的产品市场，还需要考虑新的品牌背景对品牌健康、品牌在产品组合中的作用以及品牌组合健康发展的影响。假设甲骨文（Oracle）公司希望在日本销售一种专门的软件产品。是否应使用甲骨文品牌？如果是这样的，该品牌在日本的意义应该和其他地方一样吗？是否应使用子品牌或被背书品牌？如此一来，甲骨文是否会被视为更为全球性的品牌？该产品是否应该与一个日本当地的知名品牌合作？如果是这样的，那么合作品牌各方应该在产品中扮演什么角色？这些品牌的命名选择对未来的企业战略会有什么影响？

参与高端市场和中低端市场。企业通常都在利润带来的压力下挣扎，因而需要涉足高端市场领域，那里有高额的利润和品牌带来的活力。但是，进入这个市场的品牌战略是什么？要在高端市场领域提升现有品牌的可靠性可能是个挑战，创建新品牌也会耗资巨大。另一个颇具吸引力的市场可能是中低端市场，因为该市场注重的是成交量而不是利润。在这种情况下，品牌面临的挑战是能否在不损害品牌资产价值的前提下参与该市场。

第四部分　明确品牌组合重点并使之清晰化

品牌组合战略的一个关键目标是实现清晰并避免混淆（和受阻）。另一个目标是将资源集中在战略品牌背后，避免把资源浪费在前途渺茫的品牌上。解决这些问题的方法之一是利用企业品牌，这是第9章的主题。第10章更全面地审视了如何实现品牌聚焦和清晰化。

利用公司品牌。公司品牌，或者更广泛地说是组织品牌，具有一些特殊的特征，使它在多数品牌组合中扮演重要的角色，并成为提供差异化、品牌重点和清晰度的工具。它代表的是公司，因而可以横跨许多产品，并成为组织范围内品牌建设工作的大本营，例如世界杯赞助商。它代表的是组织，因而可以反映一种文化、价值观，以及对客户和员工的战略，这些特征可以为产品提供差异化和清晰度。它还特别适合作为背书品牌，创造强大的组合灵活性。例如，通用电气是一个公司品牌，它被广泛地用于多个商业领域，从飞机引擎到家电，再到金融（通用金融）。

实现品牌聚焦和清晰化。一家公司尤其是一家分化经营的公司或处于创业阶段的公司，往往会增加许多品牌和子品牌。结果可能导致品牌弱化和混淆，白白浪费品牌建设的努力。这时候往往需要对每个品牌的角色进行苛刻、严格的审查，目的是合并、撤除或弱化某些品牌，以提高产品的关注度和清晰度。例如，佳能曾努力避免让它的五款相机产生混淆，这几款相机中的每款都有许多不同的变化。虽然这种复杂性对相机爱好者来说还好，但许多普通消费者还是会选择一个容易挑选和体验的品牌来购买。

| 思考题 |

1. 对一个品牌或一组品牌评价或回顾其市场、公司品牌的资产和品牌识别，以及企业战略。是否会出现品牌组合战略的问题或机会？有任何关于改进品牌组合的建议吗？

2. 开展一次品牌组合审查。它会对现有的品牌组合战略产生什么影响？

3. 制定和评估品牌组合战略的改进方式。

4. 对品牌组合管理结构和系统进行评价。

BRAND PORTFOLIO STRATEGY

第二部分

创建相关性、差异点和品牌活力

BRAND PORTFOLIO STRATEGY

第4章
品牌相关性

> 即便你已步入正轨，但如果你只是坐在那里，那么也有可能一无所获。
>
> ——威尔·罗杰斯（Will Rogers）
>
> 我意识到我的竞争对手是纸张而非电脑。
>
> ——杰夫·霍金斯（Jeff Hawkins），
> Palm Solution 创始人
>
> 预知未来的最佳方式是创造未来。
>
> ——艾伦·凯（Alan Kay），计算机科学家

微型计算机的先锋是 Digital 公司于 20 世纪 60 年代中期开发的 PDP 系列，它开辟了一个与大型计算机制造商没有相关性的新市场。几年来，PDP 系列界定了微型计算机市场，这是一个有助于巩固 Digital 公司市场领导地位的子品牌。当个人计算机在 20 世纪 80 年代初期刚刚问世时，Digital 公司坚持己见，认为它的应用范围和受众有限，而微型计算机仍然是一个增长领域。（1977 年，有人引用 Digital 公司首席执行官的话说，"任何人都没有理由希望在家里放一台计算机"。）结果，在短短的两年时间里，该公司的地位就一落千丈，从一个能吸引众多投资者、占据令人羡慕的战略主导地位的成功者，变成了一个苦苦挣扎的失败者，甚至在重要的增长领域丧失了市场相关性。微型计算机子类别的生命周期在很大程度上反映了那个时代 Digital 公司的命运。

家得宝（Home Depot）拥有大约 1500 家店铺，它通过为喜欢自己动手（DIY）体验的客户提供一系列产品和服务，创造了一个新的产品类别，这些产品和服务结合了经营五金、油漆、地板、木材、草坪和花园以及工具租赁等专业的零售商的产品。从 1978 年开始，该公司提出了一些新概念，例如仓储式商店、一站式房屋维修店，并能为客户提供广泛的建议。因此，家得宝给许多只经营部分产品的竞争对手带来了相关性的问题。20 世纪 90 年代中期，家得宝在试图让女性（她们被 Lowe's"更柔软"的感觉所吸引）、专业客户（其中一些人不愿意与房主一起购物）和寻求高端设计服务的高消费客户更容易接受自己的产品时，也遇到了一些相关性的问题。

PowerBar

几十年前，一种叫作士力架（Snickers）的糖果棒，成功地将自己定位为一种能量来源。⊖如果你精神不振，来一根士力架就能让你容光焕发。早餐棒（Breakfast bars）则创建了另一个产品类别，让那些没有时间坐下来好好享受美味早餐的人可以在路上来一根早餐棒。减肥棒（Diet bars）则可以替代零食甚至是一顿饭，它通过提供必需的维生素和矿物质来确保人们的营养摄入。另外还有格兰诺拉棒（Granola），它是一种带来"健康"的糖果棒。这四种非常相似的产品各自定义了不同的应用领域。

随后，PowerBar公司于1986年开发出最早期的产品原型，开创了能量棒产品类别。最早的时候，作为一种运动能量食品，PowerBar公司将产品投放在自行车商店以及与跑步或骑行有关的活动中。目标群体是需要通过方便而有效的方式摄取能量的运动员。六年后，受到PowerBar公司黏性能量棒产品的启发，竞争对手开发出一种具有卓越口感和质地的产品，并将它命名为Clif Bar。另一个竞争对手Balance引入了一种能量棒，它基于40/30/30（与所谓的Zone减肥法有关）的营养配方，研发出一种蛋白质、脂肪和碳水化合物的混合物。

能量棒的早期市场至少定义了两个产品子类别——味道好的能量棒和营养均衡的能量棒，但是PowerBar公司的产品和这两者都没有相关性。另外，尽管功能相似，但它和曾经的竞争对手（糖果棒、早餐棒、减肥棒和格兰诺拉棒）也没有相关性。值得注意的是，能量棒的售卖场所已经从自行车商店转移到超市，成为任何需要补充能量的顾客的主流小吃，而不仅仅销售给长跑运动员或骑自行车的人。

面对这些相关性的挑战，PowerBar公司开发了两款新产品，为此采用了背书品牌战略。Harvest Bar的味道和口感更容易被接受。ProteinPlus成为PowerBar进入高蛋白子类别的产品，与Balance定义的子类别密切相关。使用背书品牌战略是因为PowerBar的产品与其独特的口感相关联，因此使用子品牌并不可行，特别是对定位于味道和口感的Harvest Bar而言。作为一个背书品牌，PowerBar对于一个由一群小型初创企业组成的混乱市场非常有帮助，把新品牌与受人欢迎的传统和领导地位联系到了

⊖ 此部分信息摘自相关品牌的网页。感谢PowerBar公司的辛迪·瓦勒（Cindy Vallar）提供的有益评论。

一起。

　　Clif Bar 的生产商观察到，一半的购买者是女性，她们中的许多人是运动员，更多的是健身人士。他们进一步观察到女性在维生素和补品方面有独特的需求，能量棒行业尚未意识到或满足这些需求。因此，他们推出 Luna 作为女性的第一个营养（非能量）棒，采用媒体和促销活动来吸引相对活跃的女性。[1] 该营养棒口感酥脆，有柠檬（LemonZest）和印度茶（Chai Tea）等口味，含有 20 多种维生素、矿物质和营养素。目标市场是时间紧张的女性，她们想要买到一种美味而不失营养成分的能量棒，并希望能有一家公司根据她们的需求专门生产这种产品。包装袋上一个小小的、象征性的符号带来了 Clif 的背书，同时为新的能量棒开创了市场空间，使其在细分的目标市场中繁荣发展。

　　一方面是为了对 Luna 的成功做出回应，另一方面是为了扩大与该类别相关的客户群，PowerBar 公司做了一些调查研究来解释为什么女性不愿意购买自家的产品，毕竟这是一种有营养、方便又美味的食物，还能让人们在上下午工作间歇时补充能量。最后得出的结论是，它的热量太高了，让人无法想吃就吃。为此，PowerBar 公司开发了一种美味的、甚至可以让人随意食用的 Pria，它由 PowerBar 背书，而且每块含有的热量更少，旨在回应 Luna，并吸引新用户购买该类别的产品。几种能量棒如图 4-1 所示。

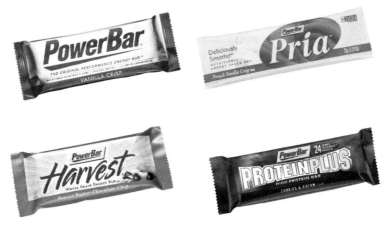

图 4-1　能量棒的世界

Balance 的品牌战略是引入一系列产品，这些产品都坚持那个已经得到充分肯定的 40/30/30 的营养配方，但味道和口感不同。其中有 Balance Plus、Balance Outdoor（没有易于融化的巧克力涂层）、Balance Gold、Balance Satisfaction 和 Balance-endorsed Oasis（这是一款专为女性设计的能量棒）。最成功的是 Balance Gold，它含有传统的糖果成分，譬如坚果和焦糖，把产品定位在接近糖果棒的品类中（它甚至有个口号叫作"像一根糖果棒"）。该能量棒甚至能将其相关性延伸到那些寻找糖果棒口味的消费者那里。很明显，这样的品牌方向有可能使 Balance 作为能量棒的定位受到威胁，但是无论如何，从日常饮食的角度来看，Balance 进入了该产品类别，而且它可能从来没有被认为处在能量棒世界的中心，因而这种风险可能是可以接受的。

能量棒类别的销售额在市场上呈爆炸式增长，从 1996 年的 1 亿多美元一路激增至 2001 年的 7 亿多美元，有着诱人的未来发展前景。挑战者围绕老年人、儿童、大豆、糖尿病和心脏友好型饮食对产品进行了多方定位，以此提出了许多子类别，更不用说口感、大小和涂层方面的各种变化了。从主要参与者和其他各方（如零食和谷类食品公司）的角度来看这一类别，会出现几个问题。在这些子类别或市场定位中，哪一个在市场规模上和竞争强度上都能够做到可持续发展？什么样的创新产品能进入新的市场？如何给这些新产品命名？是否可以利用 Harvest、Luna、Balance Gold、Satisfaction 和其他品牌？

还有一个更基本的问题是如何扩展该类别的相关性。能量棒是少数几个成功地从细分市场转变到主流市场的产品类别之一。像兰斯·阿姆斯特朗（Lance Armstrong，PowerBar 的代言人）这样的顶级运动员，为一种能提高他们运动表现的产品代言，这为产品创造了可靠性和自我表现优势，但它们对普通家庭的渗透率仍然低于 20%。大公司致力于推广运动表现的概念，使它与任何需要在白天表现出色的人相关。事实上，该行业的梦想是让人们给此类产品贴上"优秀表现型营养剂"的标签，认为它能提高他们在日常工作中的能力。显然，相关性方面的机遇和挑战依然存在。

这里有个常见的问题：某个品牌看起来非常强势，因为跟踪研究表明它维持着高度的信任感、尊重感、品质认知度，甚至是创新认知度。客户可能仍然对其表示满意，并且忠实于该品牌。然而，它的市场份额正在下滑，或许正在急剧下滑——考虑使用该品牌的客户越来越少，尤其是新客户。为什么？在许多情况下，这是因为与品牌相关联的产品类别或子类别正在消失，可能被另一个类别取代或扩充。该品牌已经变得与一个或更多重要的细分市场无关了。

如果潜在客户想要SUV，那么你有多好的面包车对他们而言根本不重要。他们可能相信你的面包车拥有最好的质量和最高的价值，会把它推荐给任何对面包车感兴趣的朋友，或者如果他们需要再购买一辆面包车的话，一定会买你的产品。但是，如果他们出于特殊需求，只对SUV感兴趣，而你的品牌是与面包车联系在一起的，那么你的品牌与他们就不相关了——即使你的品牌有一个SUV子品牌也无济于事。与面包车产生品牌联想的品牌，如果没有在SUV类别中发展出信誉，无论其引入市场的产品多好，都将与购买SUV的客户无关。

在这个瞬息万变的时代，许多品牌或子品牌在关键领域的相关性已经降低，很难找到一个不用担心保持相关性的首席执行官。随着原始用户数量增长的放缓，美国在线（AOL）面临着与经验丰富的互联网用户持续保持相关性的问题。当在复印机子品类中，市场转向选择低成本的日本复印机时，施乐公司就逐渐面临相关性的挑战。像惠普、微软和佳能这样的公司正在瓜分数字系统世界，施乐公司也在努力寻找自己的市场。同样，宝丽来（Polaroid）依附于一项最终变得无关紧要的技术，在新的数字世界中却未能找到自己的市场定位。

对于试图开拓新商业领域的品牌来说，相关性也是一个问题，例如混合动力汽车（来自丰田和其他公司）或个人摄像机（来自TiVo和其他公司）。挑战在于定义产品类别或子类别。客户到底在买什么？如果产品类别或子类别不被很好地理解，那么很难使品牌具有相关性。

事实上，几乎所有的市场都在经历这种快速变化。从计算机、航空、咨询、娱乐、高尔夫俱乐部和金融服务等行业到休闲食品、饮料、快餐和玩具行业，这样的例子比比皆是。应对这些变化是个挑战。只有在这些方面取得成功的公司才能发展组织技能，察觉其中的变化并对其做出回应，实现战略上的灵活性，从而寻求和实施品牌联盟。它涉及基本的战略管理——选择要投资的产品市场，开发具有价值主张的差异化产品，以及创造能够带来可持续竞争优势的资产。

品牌组合战略在增强甚至实现响应式战略选择方面发挥着关键作用。当需要创建一个新的产品类别或子类别，或引进一个已经存在的产品类别时，品牌、被背书品牌或子品牌需要起到带头作用。因此，利用现有品牌或开发新品牌是制定战略的关键。此外，其他品牌组合工具（如品牌差异点或合作品牌）可以协助公司完成那些通常难以定位的任务。

在下一节中，我们将介绍更广泛的相关性概念、它的衡量尺度以及驱动它的产品类别的动态。然后再用一些可替代方法来解决相关性问题带来的挑战。

什么是相关性

对于顾客而言，当遇到下面两个情况时，品牌相关性的问题就产生了。

- 顾客对某个产品类别或子类别产生需求或渴望，而该产品类别或子类别是由一些产品属性、应用、用户群或其他明显特征的组合所定义的。
- 顾客认为某个系列的品牌与该产品类别或子类别相关，而该品牌位列其中。

人们常常认为，品牌面临的唯一挑战是在某个产品类别或子类别的品牌中脱颖而出。实际上还有另外两个相关性挑战。一是确保与品牌有关的产品类别或子类别变得具有相关性或保持相关性。可能问题并不在于客户选择了错误的品牌，而在于他们选择了错误的产品类别或子类别（以及一组品牌）。尤其是对于当前或潜在的市场领导者而言，这意味着需要对产品类别或子类别以及品牌的感知和需求进行管理。

二是确保顾客想到某个产品类别和子类别的时候将该品牌作为其中的一个选项。这意味着，除了可能采取的其他定位策略外，品牌还需要针对产品类别或子类别进行定位。如果那些评估产品类别或子类别的人想不起来该品牌，那么它将没有机会被选择。

想让品牌位于顾客的考虑之列，品牌必须具备足够的知名度和业绩可信度。当某个产品类别或子类别被提及时，这个品牌必须被人想到。想让顾客考虑购买某款产品，它还应该满足最起码的性能要求。小型汽车市场上有个典型的例子，丰田卡罗拉和雪佛兰 Prism 有相同的设计，多年来一直由同一家工厂制造。Prism 直到停产前都比卡罗拉的折扣力度更大，销售量却不及卡罗拉的 1/4，因为质量上的差距已经引发了相关性的问题。

为了更好地理解相关性和产品类别或子类别的概念，我们可以试着考虑一个简单的品牌—顾客交互模型（见图 4-2），其中顾客做出选择包括五个阶段。第一，顾客需要受到某个问题、某种需求或机会的促进而产生动机，例如购买汽车的需求。第二，顾客选择某个与该问题或机会相关的产品类别或子类别，例如他可能决定购买豪华版运动轿车，而不是跑车或 SUV。第三，顾客接下来需要确定列入考虑范围的品牌（例如奥迪、宝马、雷克萨斯和凯迪拉克）。除非该品牌在第二阶段和第三阶段都能幸存下来以进入最终的考虑范围，否则它并不存在相关性。

剩下的两个阶段确定了品牌偏好。第四，也许是经过一番评估之后，顾客从考虑范围中选择一个品牌。第五，产品或服务被使用，由此产生的使用经验可能会影响下一个购买循环。

接下来是关于相关性的第二阶段和第三阶段。如果某个品牌包含在某个特定产品类别或子类别的考虑范围内，并且该类别或子类别是顾客做出决策的重点，则该品牌是具有相关性的。两个条件都是必要的。如果其中的任何一个是缺失的，那么品牌就缺乏相关性，再多的差异、态度或关系都将无济于事。

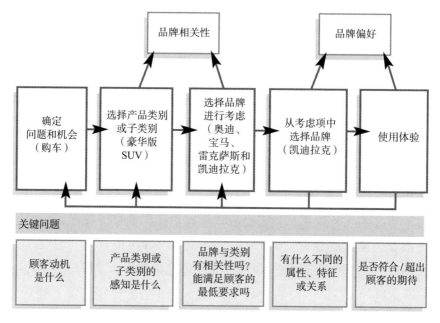

图 4-2 品牌—顾客交互模型

大多数品牌管理的重点是考虑在一系列的品牌中实现差异化。这么做，通常是为了赢得顾客的偏好和喜爱，然后就有可能驱动顾客选择这个品牌。当然，面对产品独特性降低、媒体混乱和利润空间的压缩，实现差异化变得越来越困难。这项任务越来越要求有足够的智慧和资源来完成，许多公司实际上缺乏其中之一，甚至两者都缺乏。

如果没有相关性，差异化和偏好就没有任何价值。最终导致的悲剧是，花费了宝贵的资源，在创造差异化方面取得了卓越的成就，却因为相关性问题而使这种努力付诸东流。就像某品牌，其目标是获得巨大的信誉市场，但以"劳斯莱斯式的结果"（品牌高度分化，买者却寥寥无几）而告终。

如图 4-2 所示，差异化和使用体验也有助于增强相关性。某个品牌想要被顾客放在心上，它不仅要被认为是服务于产品类别或子类别的，还必须具有最低程度的可视性、可信度和品质认知度。如果一个品牌具有令人信服的品牌主张、强大的个性和积极的客户关系，那么它将更有可能通过最低标准，并且更有可能与产品类别或子类别产生相关性。

衡量相关性

与品牌相关的产品类别和与产品类别相关的品牌是两个不同的概念。实际上，了解什么样的产品类别与品牌相关，从战略上讲并不十分重要，尽管它确实告诉了我们品牌的当前形象是什么，以及改变品牌当前形象需要克服什么障碍。例如，通过了解索尼的形象与电视机、消费电子产品、游戏，以及电影和音乐的联系，可以更好地理解索尼及其管理层的形象。

更重要的战略关联——能够驱动相关性的关联，是知道哪些品牌与产品类别或子类别相关。这些是通过相关性测试的品牌。如果考虑购买摄像机的顾客把索尼作为一个选择，那么不管顾客认为索尼还生产什么其他产品，它就是与摄像机有相关性。事实上，从一个想要与多个产品类别或子类别相关的品牌上能发现这样一个事实，当品牌名称是刺激因素时，有些顾客可能无法回忆起与之相关的所有产品。不过这并不重要，因为只有那些提起产品类别或子类别就能让人想起来的品牌才决定市场力量。

相关性的衡量需要从定义明确的产品类别或子类别开始。采用某个特定的标签（如能量棒或微型计算机）是很有用的。如果没有为大家所接受的标签，则需要对产品进行详细描述（如女性脱毛产品）。衡量相关性的基本方式是在没有提示的情况下思考：你认为什么品牌与某个产品类别或子类别有相关性？说明某品牌是否在顾客考虑之列的更强有力的指标是，在考虑购买某个产品类别或子类别下的商品时，你会考虑哪些品牌？

简单识别，即确定一个名单上的哪些品牌与一个产品类别或子类别相关，该衡量标准往往作用不大。有时候人们听说过一些品牌，可这些品牌在相关性评分表上得分太低，以至于在考虑产品类别或子类别时并不会想到这些品牌。这些具有高认可度和低回报率的品牌被称为"墓地"品牌。假设某组织者要求某个顾客群体说出一些小型汽车的名字，随后还向他们出示一份有 20 个品牌的清单，要求顾客说出哪些品牌被他们认为是小型汽车制造商的品牌。如果道奇（Dodge）认可度很高，但很少有人在之前的回忆中提到道奇，那么道奇将被归类为墓地品牌。当一个品牌被列为墓地品牌时，它必须通过翻天覆地的变化才能重振活力，因为围绕一个长期以来一直为顾客所熟悉的品牌制造新闻实非易事。由此可见，创造一个新品牌通常比将一个品牌从墓地品牌的深渊中拯救出来更容易。避免让一个品牌成为墓地品牌是极为重要的。

Techtel 高科技跟踪数据库说明了基于相关性的衡量方式如何产生战略性的见解。20 世纪 90 年代，英特尔希望与"快速""强大"和"行业标准处理器"等属性相关联。后来的跟踪数据显示，Intel Inside 在这一标准下运行良好，但没有帮助英特尔与互联网应用程序产生相关性。尽管超过 55% 的受访者认为 IBM 与电子商务等术语密切相关，但英特尔（12%）和戴尔在这一指标上均较低。英特尔和戴尔的问题在于，很少有客户认为它们与新兴产品类别相关。随着时间的推移，两家公司都做出了响应，英特尔的做法是将 Intel Inside 品牌延伸到"机箱之外"，戴尔则对其服务器线路进行了扩容，特别是在高端市场。

驱动相关性的产品类别动态

过去，市场定义明确，竞争对手不但少，而且墨守成规，只要有可见性和差异化就会使一家企业获得成功。然而，今天的市场同时包含正在兴起和正在衰退的产品类别或子类别，从而使相关性成了一个战略问题。为了应对瞬息万变的市场，我们首先要了解一些驱动因素，包括动态的产品类别和子类别（很难找到不符合要求的竞争环境，无论零食业、金融服务业，还是信息系统行业）。是什么力量或事件导致了产品类别或子类别的上升或下滑？下面是一些例子，如图 4-3 所示。

第一，可以对产品或服务进行扩充，把有助于定义新子类别的新产品或服务范围包括进来。例如，土星和雷克萨斯改变了客户与汽车经销商互动的方式，在有些人看来，创建了新的产品子类别会使它与大多数其他品牌的相关性降低。在这种情况下，通用汽车（土星）和丰田（雷克萨斯）都使用新的品牌名称来支持新的经销方式，这在一定程度上定义了新的产品子类别。帕罗西汀（Paxil）抗抑郁药采用限量发售的方式，通过使用 PaxilCR 品牌，创建了产品子类别。家用型宴会烤炉（Banquet Homestyle

Bakes）作为烹饪用具中的稳定产品成功上架（和贝蒂妙厨的自助汉堡机（Hamburger Helper）摆放在一起），甚至通过把肉食烹饪包作为其中的一部分，创建了一个新的子类别。

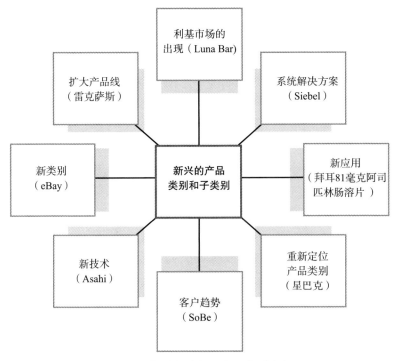

图4-3　推动相关性的产品类别动态

新包装可以定义一个子类别，就像几十年前L'Eggs在袜子行业做的那样。"边吃边走"的潮流导致优诺（Yoplait）引入了被背书品牌Go-Gurt。这是一种装在20多厘米长的管状彩色包装里的酸奶，旨在为顾客提供便携性（就像他们的广告说的，"丢掉勺子"）、诱人的口味（蓝色爆浆莓果味和入口即化西瓜味），并给孩子们带来乐趣（还有什么比挤出来食物更好玩呢）。Go-Gurt可谓优诺的"本垒打"，它把达能（Dannon）远远甩在后面，后者几十年来一直落后于优诺。[2] 一个持续增长的新的子类别产生了，而达能与之毫不相关。

第二，产品类别或子类别可以被分为几个细分市场。接下来的问题就是积极管理，并尽可能驱动新的细分市场。在能量棒市场，Protein

Plus、Balance 和 Luna 都是为定义细分市场而开发的。在快餐市场上，有 Panera Bread Pan 等快餐休闲品牌。我们的任务是预测何时会出现细分市场，评估其持久力，以及公司在该细分市场中的竞争能力。

第三，产品应用范围可以从产品构件、系统应用扩展到承包应用——实质上是聚合成超类别，这恰好是将类别分解为子类别的逆向做法。消费者现在可以购买先锋家庭影院，这意味着零部件制造商的相关性比过去低。20 世纪 90 年代末，Siebel 率先创建了基于 Internet 的客户关系管理（CRM），将客户忠诚度计划、客户获取、呼叫中心、客户服务、客户联系、销售团队自动化和电子商务等一系列应用领域汇集在一起。[3] Siebel 取得了令人瞩目的成就，它故事中的一部分就是关于它如何成为 CRM 领域最具相关性的公司的。随着人们越来越多地把重点放在对数据的挖掘、分析和更高水平的整合上，Siebel 面临的挑战是如何顺应趋势来管理 CRM 品牌。

创建系统解决方案的方法很有吸引力，因为它有可能实现更高的利润，创建更长久、更深入的客户关系，并且可以避免商品化的危险。但有一项研究表明有 75% 的此类尝试都付诸东流了。[4] 原因之一是，这些公司会把产品捆绑在一起或是提供附加产品，而不是为客户提供真正的系统解决方案。它们不但缺乏真正的定制服务和产品集成服务，而且没有深入了解客户及它们面临的挑战。失败的另一个原因是它们低估了销售解决方案的难度——它在成本、时间、知识和销售团队的使用方面与产品构件的销售有着明显不同。

第四，一个新颖独特的应用的出现，可以确定哪些产品具有相关性。当压缩干粮成为一个明确的次级市场时，谷物公司看到了产品销售额的明显增长。[5] 米饼零食（Rice Krispie Treats）是第一批此类产品，但随后又出现了其他一些（如蜂蜜坚果麦片棒（Honey Nut Cheerios Bars）和可可泡芙棒（Cocoa Puffs Bars）），它们利用了谷物领域的味觉联想和顾客忠诚度。拜耳（Bayer）公司的阿司匹林开发了一个全新的市场——定期服用婴儿阿司匹林可以防止心脏病发作，拜耳 81 毫克阿司匹林肠溶片让那些担心定期服用阿司匹林对胃产生影响的人放心。

第五，产品类别可以重新定位。星巴克重新定位了零售咖啡的体验，将当地分店定义为一个人每天必去的第三个地方（仅次于家和办公室）。[6] 这种体验包括香气、工作间隙的休息、承担得起的奢华、社交的感觉，以及品味美味咖啡的自我表现的优势。英国福特银河（Galaxy）公司将其小型客车定位为宽敞舒适的乘坐体验，就像乘坐飞机头等舱旅行一样，因此更适合忙碌的高管。

第六，客户趋势可以推动新的产品类别或子类别出现。对健康的追求、草药和天然补充剂的使用，双重趋势催生了一种新的健康饮料类别（HRB），它现在包含许多子类别，如强化茶、水果饮料、大豆饮料和各种饮用水。这类产品的先驱和领导者是 SoBe（百事旗下的饮料），该公司于 1996 年用 SoBe3G（包括人参、银杏、瓜拉那果）红茶开辟了新的市场，它现在拥有广泛的产品线，包括茶叶、果汁和能量饮料。购买视频和 DVD 电影的趋势威胁到百视达的相关性，使百视达心不甘情不愿地被丢进了这一销售领域。

第七，像一次性剃须刀、笔记本电脑或混合动力汽车这样的新技术可以推动人们对产品类别或子类别的认知。朝日啤酒（Asahi Super Dry Beer）通过创建一个干啤子类别，打破了日本啤酒市场的竞争格局，这种啤酒的口味与淡啤酒截然不同。结果，几十年来一致占据主导地位、拥有 60% 市场份额的麒麟啤酒（Kirin），突然对许多顾客来说不再相关了。朝日啤酒的市场地位（1986 年朝日超级干啤上市时只占 8% 的市场份额）急剧上升，在 1998 年取得了领先的市场地位。[7] 朝日超级干啤上市后不久，麒麟试图以麒麟干啤做出回应，但考虑到其庞大的品牌遗产，其核心和品牌力量实际上并没有投入到这项努力中。麒麟被认为是一个试图妨碍他人创新的"恶霸"，而且它在干啤领域缺乏可信度。

阿迪达斯开发了一种叫作 Clima 的技术，通过将汗水从皮肤上吸走来保持身体干燥。这样，阿迪达斯定义了一个新的子类别，并将这一技术应用于各种鞋和服装，用的是以下有关联的子品牌：ClimaLite、ClimaWarm、ClimaShell 和 ClimaCool。阿迪达斯面临的挑战是打造 Clima 品牌，与拥有类似特性的耐克 Dri-FIT 竞争。它的目标是在新的子类别市场中成为赢家,即使无法拥有这个新的子类别,它也会不惜一切代价阻止竞争对手成为赢家。

最后,完全可能发明一个全新的产品类别。eBay 创建了一个在线拍卖类别,由此催生了一大批模仿者,但是鉴于 eBay 取得的运营业绩和用户数量,竞争对手很难与之匹敌。互联网领域也出现了搜索引擎类别的发展。谷歌(Google)最初只是一个小小的参与者,当其他参与者都在努力成为门户网站的时候,它专注于成为最好的搜索引擎,后来逐步成了业内的佼佼者。Tivo 开创了个人使用录像机的先河,改变了一些人看电视的方式。

创建和维持相关性的策略

企业在保持相关性的能力方面各不相同(见图 4-4),靠左边的是非常普遍的趋势忽略型公司,它们不知道市场趋势是什么或者忽视市场趋势,等到回过神来的时候才发现自己的品牌已经与重要的细分市场不再相关了。中间的被称为趋势回应型公司,它们密切跟踪趋势和类别的演变,并采取行动积极响应,以便让它们的产品继续走在时代的前沿并保持相关性。位于图右端的是能真正推动潮流的公司,即趋势驱动型公司。这些趋势是定义类别的基础,即趋势驱动因素。这些公司领先于潮流,因为它们本身就是驱动力的一部分,积极参与了产品类别的定义或重新定义。

公司对市场趋势的回应	觉察不到市场趋势	发现市场趋势和新兴的产品类别及子类别并对之做出回应	推动市场趋势,创建/影响产品类别和子类别
公司与市场的关系	趋势忽略型公司	趋势回应型公司	趋势驱动型公司

图 4-4 相关性回应策略一览

趋势忽略型公司

有一种趋势忽略型公司,它的思维模式是"埋头做自己的事",没有去了解市场趋势的动力。这种公司专注于自己的模式，并自以为是地认为追逐表面上的潮流是对宝贵资源的浪费。福特在20世纪20年代有个经典案例："只要是黑色的就行"。这类公司需要确保令人失望的增长情况和财务压力不会导致成本削减，从而影响到客户体验。

另一种趋势忽略型公司虽然能看到市场趋势，但认为这种趋势只不过是过眼云烟。回想一下，当年Digital公司由于忽视个人计算机的普及，以至于在微型计算机世界里停留的时间太久而以失败告终。这种市场趋势忽略型公司的管理者需要更好地预测竞争对手的能力，并定期进行自我检讨，看看自己是否太过自负了。

最后一种趋势忽略型公司是那些能够识别、评估和响应市场动态，但不太擅长此道的公司。这种公司的特点往往是外部传感系统不足、高管不以客户为导向、内部组织缺乏灵活性。许多公司的灾难性故事都可以追溯到这些组织上的局限性。假如这种趋势忽略型公司能够投资相关的项目以提高应对市场趋势的能力，那它们就能受益匪浅。

趋势回应型公司和趋势驱动型公司代表了对动态市场的两种战略性反应，这两种反应与趋势忽略型公司的反应截然不同。趋势驱动型公司要求市场时机和公司资源都到位。大多数公司都是趋势回应型公司，做到这一点已并非易事。

趋势回应型公司

趋势回应型公司要做好两件事情。首先是识别和评估趋势。要发现趋势并使之显现出来并不容易，精通此道的公司往往具有某些特征。一般来说，它们有一种以外部为导向、以市场为中心的文化，有一个可以捕捉和提取情报的信息系统，有关注市场动态的高层管理人员以及能够采取行动的稳健的商业策略师。对趋势进行评估可能比识别它们更困难。哪些趋势是真实且实在的？哪些是一时的狂热？考虑到组织的优势和劣势，哪些是组织面临的真正威胁或机遇？

其次是对产品进行改良、重新定位或重新命名，使它在市场动态下更具相关性。这项任务并不容易。任何重新定位或重新命名都必须尊重品牌原有的传统，并与品牌和组织履行承诺的能力相匹配。改进后的品牌要与竞争对手形成一个差异点，从而产生自己对产品类别或子类别独特的看法。为了进一步探讨可能出现的问题和选择，本书将使用健康快餐这个子类别作为讨论的背景。

如图 4-5 所示，快餐业逐渐发展出了一个健康快餐的子类别。麦当劳、温迪（Wendy's）、汉堡王（Burger King）、必胜客（Pizza Hut）、圆桌比萨（Round Table Pizza）、塔可钟（Taco Bell）、肯德基等（以大椭圆形为代表）所提供服务的市场可以称为传统快餐类别。选择这些产品的顾客看重的是让人心情愉悦、有亲切感、方便、经济实惠的产品。与大椭圆相交的小椭圆可以称为健康快餐子类别。比较受欢迎的品牌有赛百味（Subway）、Souper Salad 和甜番茄（Sweet Tomato），顾客既看重快餐的特性，又很在意饮食健康。该子类别是由一种更健康的生活和饮食趋势驱动的，这一趋势在社会中得到了证实，如人们对儿童肥胖问题的关注、学校午餐食谱发生的变化、人们对营养计划的兴趣、有机食品的发展、健康食品零售商的成功，以及对诸如慧俪轻体（Weight Watchers）、Atkins 和 Zone 减肥食谱的关注。

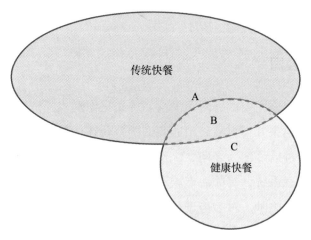

图 4-5　新出现的子类别

请注意，现在整个快餐市场规模更大，因为健康快餐市场的扩大吸引了以前认为快餐食品与他们不相关的顾客。这对快餐市场目前的经营者来说是个机会。还要注意的是，新的健康快餐食品细分市场正从原来的快餐市场拉走一部分顾客，并掏走他们口袋里的钱。这种威胁来势汹汹，对此无动于衷可能会导致市场衰退，尤其是当新类别的增长将取代过时类别的时候。

麦当劳和其他公司面临的相关性挑战是，如何评价新的子类别对现有市场的威胁程度（图 4-5 中的 B 区）、它所代表的机遇（图 4-5 中的 C 区），以及它的结构和动态变化，并在此基础上做出响应。这个评价始于一些简单的数据：市场的规模和增长情况、它的组成情况，以及主要的经营者。然而，更深入的分析将涉及新兴子类别背后的驱动力、它所吸引的细分市场，以及它能拥有的具有一定规模的利基市场。

该市场中现有的经营者可以做出各种战略性反应。它们可以继续坚持做它们一直在做的事情，致力于追求来自处于 A 区的核心客户群的利润和忠诚度，提高产品质量、客户体验以及品牌活力。该战略并不会优先考虑业绩的增长。事实上，该战略可以伴之以某种程度的规模缩小，以适应经过调整后的市场，同时还伴随着提高效率和降低成本的活动。另外四种回应方式能更积极地应对这一挑战。

第一种回应方式是改变当前的品牌形象，让那些寻求健康快餐食品的人接受当前的菜单。例如，麦当劳研发出一种薯条的制作方法，能大量减少薯条中的"坏"脂肪，并提供水果酸奶冻，还提供已经停产多年的豪华瘦身汉堡（McLean's Deluxe）。汉堡王有素食汉堡（BK Veggie Burger）；温迪有几种皮塔饼品牌产品，包括一种被叫作 Veggie Pita 的三明治；塔可钟的顾客可以通过"Fresco 风格"自行选择配料，大大地减少其产品中的脂肪。

这种策略就像让一艘远洋轮掉头——有很大的惯性。实际情况是，麦当劳及其直接竞争对手在"健康食品"领域缺乏品牌信誉。它们与其主要食品，如巨无霸汉堡、猪柳蛋堡和欢乐餐的联系太过紧密，这些都是功能性很强的品牌，与健康饮食无关。当品牌试图改变形象或适应一个新的形象时，原来的品牌优势就会成为负担。想要吸引那些已经被多个竞争性产品吸引，并且不太可能去麦当劳寻求健康食品的 B 类人群，是非常困难的。此外，当基本菜单发生变化时，A 区顾客的忠诚度可能会受到威胁。回想一下当初的"新可乐"(New Coke)，它引起了忠实客户群的强烈反对，以至于可口可乐公司万分窘迫地把传统可口可乐"请"了回来。

第二种回应方式是创建健康食品的子品牌，使之卓越非凡且具吸引力，甚至成为处于 C 区细分市场顾客的最终选择。这就要求公司利用自己的强势品牌来推出一款卓越的产品。例如，温迪的 Garden Sensation Salads 系列（包括 Mandarin Chicken 和 Taco Supremo 沙拉）有吸引顾客的潜力，甚至会吸引位于 C 区的顾客。这样的品牌不仅为细分市场 B 和 C 带来了相关性，还保护了原有的品牌，让它不会受到新举措的影响。我们要击出一个"本垒打"，创建一个新的品牌产品或产品线，并且要有震撼力和进一步的举措，毕竟市场是一个满布荆棘的地方。

实施该方案可能很困难，因为创建新的本垒打产品并不容易。麦当劳的许多新产品，从 McLean Deluxe 到 Grilled Chicken Flatbread，再到 Salad Shakers（由于容器包装太紧，难以放入调料）都未能得到市场的认可。[8] 事实上，麦当劳对数百个设想进行了尝试，最后的重磅产品是 1983 年推出的麦乐鸡。[9] 想要引入更健康的食品，对麦当劳来说尤为艰难，因为这类食品得不到麦当劳主要顾客的支持。而且，就算出现了更为健康的麦当劳餐点，它的顾客也可能已经在 C 区了，他们是不会去关心麦当劳又推出了什么新餐点的。

第三种回应方式是与在该领域具有信誉的品牌合作，为顾客提供更健康的食物。添加合作品牌相对于创建一个新品牌要轻松得多，因为新品牌有时不太可行，成本很高，而且需要投入大量的时间。例如，通过提供"纯天然" Newman 自制调料，麦当劳已经带动了一系列高级沙拉的销售。合作品牌通过引起顾客的兴趣，使他们接受和信任新产品，以此刺激销售额的提高。Applebee's 是一个休闲餐饮品牌，类似于快餐店，它联合慧俪轻体共同开发了一系列低热量的开胃菜、主菜和甜点。慧俪轻体品牌及其相关的积分制度，不仅吸引了饮食疗程中现有的会员和已结束饮食疗程的会员，还为菜单中餐点的可信度背书。

合作品牌是一个强大的工具，它可以对相关性问题做出快速有效的反应。然而，要找到合适的合作品牌，签署独家协议，开发出合适的、能够应对新兴子类别的合作品牌产品，管理两个组织之间的关系并不容易，这两个组织的需求和优先考虑的问题可能会随着时间的推移而变化。此外，最终的结果可能是，顾客发展出与合作品牌的关系，而合作品牌又部分地受到另一个组织的支配，并且这种合作关系能否长期存在也不确定。

第四种回应方式是创建或购买一个新项目，形成一个新的品牌平台。温迪旗下有墨西哥连锁店 Baja Fresh，麦当劳则投资了 Boston Market、Pret A Manger 三明治连锁店以及销售玉米卷饼的 Chipotle 连锁店。使用该方式的公司认识到，要让一个新子类别成功，需要找到一个在市场上有一定地位的品牌，该品牌用以表明相关性、有价值主张，并且不需要对合作品牌做出妥协。该品牌能与客户产生共鸣，在混乱的市场上从竞争对手中脱颖而出，而且具有一定的规模使该业务具有重要性。然而，要找到满足这些条件的品牌是非常困难的。麦当劳希望找到一个足以发展出上千个门店的品牌，否则就不足以影响其门店数量，也不能代表公司的运营能力，更无法利用其规模经济优势。

当然，现实情况比图 4-5 所显示的要复杂得多，围绕健康快餐子类别的许多组成部分，要察觉和评估其中的趋势，是个巨大的挑战。例如，在推出健康汉堡包和炸薯条产品的市场上，经营者通过供应蔬菜或大豆做成的汉堡包和烤薯条，直接与麦当劳和汉堡王竞争。在健康型三明治市场中，赛百味带来了与汉堡王连锁餐厅类似的同类产品，而 Cosí 和 Panera Bread 等提供"快速方便"食物的高档三明治餐厅也开发出了自己的热门产品。这里有日本和泰国等异国风味的食品，还有其他各种新的形式，如自助式的 Fresh Choice and Sweet Tomatoes 和 Boston Market 提供的烤鸡肉。像麦当劳这样的一家知名快餐公司，它需要将整个子类别分解开来，以确定将要应对的威胁、开拓细分市场的机会以及为重要的顾客群提供服务的合适地点。

趋势回应型公司要完成其任务确实具有挑战性，但也是可行的。贝尔（Bells）公司最初一直保持着相关性，部分原因在于它参与了无线和宽带通信行业。一些时尚品牌，如 Tommy Hilfiger，在紧跟潮流方面表现得非常敏捷。芭比娃娃（Barbie）的形象一直在与时俱进：1965 年她是一名宇航员；1973 年她成了一名外科医生；1992 年她摇身一变，成了总统候选人；2001 年她又出现在了视频节目《胡桃夹子中的芭比娃娃》中。富士（Fuji）胶片很快适应了数码时代，凭借其使用于数码相机的超级 CCD 图像传感器（第四代数码相机于 2003 年推出）和数款数码产品（如数码相片打印机）成为行业领导者。

L.L.Bean 是缅因州户外运动者信赖的一个品牌，已经根据市场动态的变化进行了重新定位。该品牌的传统（狩猎、捕鱼和野营）与最大、最重要的细分市场没什么相关性。它面临的挑战是把重点重新放在户外运动方面的传统上，使之与徒步旅行者、山地自行车手、越野滑雪者和水上运动爱好者（L.L.Bean 现代市场的核心）相关。L.L.Bean 一贯的传统是以顺其自然的方式发展，因此它保持了自己独特的户外运动特点。

趋势驱动型公司

趋势驱动型公司是实际参与创建新类别或子类别的组织。很少有公司有机会成为趋势驱动者，或者具备成为趋势驱动者的能力，即便具备这种能力的公司也只有为数不多的几个机会。时机必须恰当。有时候过早创建产品类别可能遭到失败，这或许是因为基础技术尚未成熟，或许是因为市场规模尚未达到推动市场趋势的临界点。几年前人们见证了 Apple Newton 创建 PDA 类别以失败告终，Palm 却在短短几年后获得了成功。

作为趋势驱动者的公司要么是非常强大的参与者，要么具备这种潜力。无论处于哪种情况，它都需要手握真正的武器，例如创造出像干啤这样的突破性产品，它使朝日啤酒得以定义一个新的子类别。此外，该公司必须积极管理顾客对新产品类别或子类别的认知，并在新领域中以其品牌占据主导地位，将先行者优势转化为可持续的地位。所有这些不仅要求有相应的资源、识别出扩大了的品牌建设任务，还需要具备品牌建设方面的竞争力。

20 世纪 90 年代中后期，许多公司正试图与互联网和新兴的商业网络世界建立联系，而 IBM 凭借其在电子商务领域中的地位成了一个趋势驱动者。网络计算机、信息高速公路或电子商务这几个术语从来没有受到过重视，但 IBM 创造的电子商务类别确实起到了推动作用。它在 1996 年年底推出电子商务后，最终花费了超过 50 亿美元来打造电子商务这一"标签"，并将其所有业务部门与电子商务的背景联系起来。几乎所有计算机行业的大公司都对 IBM 能够定义新的类别并从本质上拥有它而感到非常沮丧。2003 年，正如上一章所提到的，IBM 开始努力创建另一个子类别，即随需应变的电子商务，这意味着该公司将开发一个包含供应商、客户和合作伙伴的 IT 系统，并按需提供信息和计算机资源。IBM 随后又开发了相应的产品和服务，以满足这些客户的需求。采取类似战略的竞争对手连保持相关性都很难。

成为一家趋势驱动型公司的机会不多，能够抓住这种机会的公司也不多。朝日啤酒是趋势驱动型公司，其他的还有 eBay、耐克、丰田（配备混合动力车）、星巴克、家得宝、PowerBar、盖璞、健康之选、SoBe、Siebel 和木星，它们都是趋势驱动型公司。嘉信理财也是一个例子。

嘉信理财：趋势驱动者

嘉信理财是一家能定义产品类别或子类别的公司，曾数次成为趋势驱动者。[10] 20 世纪 70 年代，嘉信理财是贴现票据经纪人行业的早期参与者，这使提供全面服务的经纪公司与重要的细分市场不太相关。20 世纪 80 年代，嘉信理财用最先进的计算机系统、可靠的执行力和服务以及卓越的报告工具重新定位了自己。通过这种方式，嘉信理财弱化了竞争对手与许多客户的相关性，而当时，它在贴现票据经纪人行业里的许多竞争对手还停留在价格竞争的层面上。

1992 年，嘉信理财再次扩大了产品类别的界限，增加了一种购买和管理共同基金的工具。该工具是名为 OneSource® 的子品牌（见图 4-6），它为嘉信理财的客户提供了各种各样的共同基金，且无须支付交易费。嘉信理财省去了客户搜索多家公司寻找共同基金和进行跨公司分析的麻烦，方便地将数据打包到其共同基金综合列表中。随着时间的推移，新的战略地位不断发展，嘉信理财为共同基金的买家提供了更多的支持。结果形成了一个新的产品子类别，在这个子类别中，许多大型金融服务公司都只有很低的相关性。

图 4-6　OneSource 的广告

1997 年，在多次努力为客户提供基于计算机的交易选择后，嘉信理财专注于互联网和计算机交易，甚至冒着损失通过电话服务获得佣金收入的风险。结果，它成为最早获得认可的证券交易电子公司之一，并在此过程中再次定义了一个新的类别，在这个类别中，嘉信理财是主导品牌。

2000 年后，嘉信理财再次采取行动创建了一个新的类别，成为一家提供全方位服务的公司——它提供的建议是客观的、简单的，更重要的是，这种建议不是由佣金驱动的。这么做源于嘉信理财的愿景——"为我们的客户提供世界上最有用、最合乎道德规范的金融服务"。它为个人投资者、高净值投资者、机构投资者和独立财务顾问提供了众多创新的品牌化产品和服务，这些产品和服务支持着公司的新定位，其中包括嘉信理财私人客户（为富裕的投资者提供的咨询服务）、嘉信理财顾问网络（向客户推荐收费的独立顾问服务）、StreetSmart Pro（让活跃的交易者直接进入市场）以及嘉信理财资产评估系统（针对 3000 多只公开交易的股票的客观评估系统）。

从嘉信理财的经历中我们可以得出几点看法。第一，企业的战略往往是逐渐发展的，并非某个决策的结果。当然，嘉信理财不断扩张的战略地位是随着时间推移形成的，而不是一个精心设计、预先计划好的战略。每一步本身都是演化过程的产物，有时最终会以分水岭式的决策结束。例如，在"OneSource"之前，嘉信理财在"共同基金市场"品牌下活动，并且在决定投身于互联网之前就已经有计算机辅助的交易了。

第二，通过增加维度来改变一个产品类别，并不一定会使现有的维度变得无关紧要。嘉信理财最初的战略定位维度没有被取消，甚至没有被弱化，反而被强化了，因而品牌变得更加丰富和深入，而非不同以往。该公司忠于其传统，它并没有随着品牌范围的扩大而有所改变。

第三，任何试图在没有子品牌支持的情况下（例如 OneSource 或嘉信理财资产评估系统）创建新产品类别或子类别的公司都会面临艰难的品牌推广任务。当一个主品牌为了表示对市场趋势做出战略响应而被调整时，它就失去了未来调整的灵活性。在狭小的水域里把一条大船翻过来的机会只有寥寥几次，依靠子品牌能使主品牌保持更大的灵活性，避免陷入困境。

第四，如果没有资源和创新的支持，没有长期的积极管理，任何先发优势就是短暂的。嘉信理财 OneSource 是竞争对手的一个移动目标：随着时间的推移，基金的数目在增长，公司创造出了一种帮助客户筛选基金的方法，并引入了嘉信理财精选列表（Schwab Select List），这是一个按类别预先筛选好的共同基金的简明列表。竞争对手面临的不仅仅是静态的 OneSource 概念。

第五，具有讽刺意味的是，随着市场的变化，品牌带来的优势也会催生出弱点：品牌地位太过强大，以至于很难做出调整。因此，嘉信理财品牌的每一次演变都必须认识到它这么做的初衷是什么。向全方位服务公司的发展是最艰难的演变之一，追根溯源，它本来就是一家只提供有限服务的公司。PowerBar 公司也面临着同样的问题，因为它本质上非常独特，除了作为背书品牌外，它不能被用在其他地方。怡泉汤力汽水（Schweppes Tonic）也是如此，它在欧洲一直被定位为成人软饮料，在美国市场上却作为混合饮料获得了强势地位。因此，它没有进入快速增长的美国成人饮料市场，尽管在欧洲怡泉汤力汽水与该市场高度相关。

给产品类别及子类别设置标签

产品类别或子类别标签（如电子商务、能量棒或干啤）在出现时类似于一个品牌，因而可以对它的联想进行积极管理。因此，一家公司，特别是趋势驱动型公司，可以并且应该寻求创建、培育和保护相应的类别或子类别标签。即使是趋势回应型公司也可以对该类别产生影响力，从中获益。当然，某个类别或子类别标签的出现会受到许多因素的影响。另外，参与其中的公司拥有的权力也是有限的。

另一层含义是，该产品类别本身的名字或标签可以是任何品牌的重要定义者，因而能影响品牌形象。想想品牌标签的影响力，如企业资源规划（ERP）、桌面出版、快餐、混合动力汽车、服务器、无线、ATM 或高蛋白能量棒。例如，想想把一个产品类别的品牌名称从私人银行业务（可能意味着保密甚至逃税）向财富管理（更像是有效、积极的资产管理）转变后的效果。创建一个具有积极关联的标签有助于那些试图建立一个产品类别的公司实现其目标。了解标签的重要性对于趋势回应型公司也很重要，它们需要找到与新兴产品类别或子类别产生关联的途径。

特别是对趋势回应型公司来说，关键的任务是识别相关的概念和它们的标签，并实时跟踪它们，并试图预测哪个标签将取得突破而成为行业标准。像交互式运算或分布式运算这样的分类标签从来没有出现过，但是微型计算机，一个不那么具有描述性的术语，不知何故受到了关注。IBM 一直在与网络计算机应用的概念做斗争，直到它在电子商务方面取得了成功。如果公司有可能推动一种趋势，那么所使用的类别标签就显得尤为重要。在出现正确的标签之前，带有错误标签的正确概念可能处于休眠状态。

使用描述性子品牌是一种试图实现相关性的直接方式，尽管它可能以牺牲差异性为代价。吉列女士系列产品，包括 Gillette for Women Venus（脱毛系列）、Gillette for Women Sensor、Gillette for Women SensorExcel 和 Gillette for Women Agility，名字中的"for Women"这个部分直接使其在相对新的产品子类别中获得了相关性。事实上，它跨越了一系列产品，提高了吉列的可信度和与这一子类别的相关性。IBM 电子服务器同样使用子品牌来创建新的服务器子类别。

消费者行为研究员米塔·苏佳（Mita Sujan）通过实验证明了标签对相关性的重要作用。她通过五个维度来描述一个 35mm 反射式照相机和一个 110mm 的照相机，包括快门速度、光圈变化范围和胶卷的安装。对消费者而言，标有 35mm 的照相机代表较高的质量，即使把两台照相机的描述符颠倒过来还是一样，也向消费者发出了其摄像头质量更高的信号。可见，标签有超越翔实的品牌信息的力量。[11]

一些品牌，如舒洁（纸巾）、胡佛（Hoover）德国真空吸尘器、A1（牛排酱）、Tesa（奥地利的一种胶带⊖）和施乐（复印机）既能代表产品类别又能代表品牌。这些品牌可以更好地控制类别标签，因此可以通过使其成为

⊖ 资料显示是德国的胶带。——译者注

竞争对手难以瞄准的移动目标来积极管理。它们也不必担心如何创建与该类别的联系。即使新类别与该类别有着紧密的联系，它们与该类别的紧密联系也会限制它们适应新类别的能力。

即使新类别或子类别仍在推动相关性，或者由于标签（如系统或解决方案）太模糊而无法为客户提供一个确定的术语，在这种情况下，很难出现一个一致认可的名字。当标签没有出现时，实际上产品类别的定位可能更为强势，因为竞争对手可能很难瞄准这样一个模糊的目标。如果能阻止竞争对手与该类别建立联系，竞争对手的相关性地位就会受到影响。例如，当嘉信理财创建高端票据折扣经纪公司和免收佣金的全方位服务公司时，竞争对手找不到一个明确的支撑点来做出回应。

定义业务的品牌

公司面临的挑战往往是如何通过某个相关产品创建一个新的子类别或与一个新的子类别产生联系，这种产品既能创造联系，又能提供差异点。所谓定义业务的品牌，就是一个用来定义企业的品牌，它可能会对此有所帮助。

定义业务的品牌可以是一个产品品牌、一个品牌计划或者一个品牌化的创新活动。在任何情况下，它都是为了对业务进行定位并对相关性产生影响。耐克的 All Conditions Gear 是一个保护伞品牌，它提供了耐克户外运动服装，还利用了耐克的品牌联想。另一个是微软的 Microsoft Business Solutions，它能满足中小企业的需求。一个品牌计划的例子是美国运通（American Express）的开放式小型企业网络，它允许小企业主与他人分享经验和问题，找到商品和资源，通过选定的供应商来节约成本，以及参加美国运通信用卡奖励计划。它为美国运通定义了与关键细分市场相关的业务。品牌化的创新活动，譬如 IBM 随需应变的电子商务从客户需求的角度定义了一项业务。

一个定义业务的品牌想要发挥作用，要有实际内容对其提供支持。它需要证据来证明公司确实在这项业务中有所作为。证据应该成为该品牌计划的一部分，以确保公司与定义业务的品牌相联系。最坏的情况是创造出一个沙盒虚拟技术，任由他人随意复制或改写。

战略问题

以下的几个战略问题可以帮助你评估潜在的或新的产品类别或子类别。

1. 就规模和竞争强度而言，这个机会是否值得抓住

考虑到能量棒市场的碎片化，产品面向 20 多个细分市场：妇女、儿童、减肥者等。PowerBar 公司和其他公司需要做出一个经济决策，即决定哪些细分市场在规模、增长和盈利能力方面是值得投入的。规模和增长在很大程度上取决于子类别是否涉及一个能够吸引足够广泛客户群的价值主张，而这反过来又取决于能够提供何种产品。

盈利能力在很大程度上取决于竞争对手的数量、战略和承诺。除非找到可持续的优势，否则最大的战略失误往往是低估了竞争对手的数量和质量，导致产能过剩。当然，只是为了避免留给竞争对手一个踏板，防止它有机会延伸到市场中从而占据重要的位置，即便非常小的细分市场也是值得占领的。因此，作为一种防御手段，处于领导地位的品牌可能需要进入一些小的细分市场。

2. 是真正的市场趋势，还是一时的时尚

认为某些电子商务市场代表真实的市场趋势的错误想法会导致一些灾难性的战略决策。其中一个观点来自彼得·德鲁克，他认为变革是人们做的事情，而时尚是人们谈论的事情。[12] 这意味着市场趋势既需要实质内容，又得有数据支持，而不是来自想象。

例如，一站式金融服务的概念在 20 世纪 80 年代初引起了广泛讨论，保险公司、银行、经纪公司、信用卡公司和其他公司之间兼并的举措令人瞩目。但是这些尝试都失败了，因为客户不需要一站式金融服务，也因为

交叉销售的组织阻力很大，如银行或信用卡业务经理不希望保险代表拜访他们的客户。郭士纳在讲述他在 IBM 和美国运通公司的职业生涯的书中指出，"经过 20 年的讨论，没有真正的金融超市……还有许多金融服务公司正在将它们的保险和资金管理业务分离出去"。[13] 20 年后，一站式金融服务的概念又一次推动着一些公司的战略决策。新产品、技术、组织结构和品牌战略能否使这个概念具有可行性，或者它只是一个不会消亡的有瑕疵的想法，结论不得而知。

3. 公司是否有能力开发竞争所需的资产和技能

如果缺乏这些能力，相应的战略可能会惨遭失败。为了对戴尔和捷威（Gateway）的成功做出回应，包括 IBM 和惠普在内的一大批公司试图成为个人计算机领域中采用直销模式的经营者。但它们要么经营困难，要么遭到失败，因为它们不仅缺乏制造和物流能力，而且缺乏在那样的市场环境中成功经营所需的组织文化和品牌优势。提供全面服务的零售商在折扣零售中一直举步维艰，因为它们缺乏相应的成本结构和文化。

4. 公司是否拥有所需的品牌资产

现有品牌能否利用子品牌来获得可信度？能否从现有品牌当前的形象和传统模式提炼出一些东西，以便与新产品类别或子类别产生联系？如果不行，能否购买或开发一个新的品牌（也许由现有品牌背书）？通常需要一个品牌甚至一组品牌，才能成功进入一个新产品类别或子类别。

想想思乐宝（Snapple），它试图适应新的健康活力饮料市场，但它的品牌与现有产品类别联系太紧密。作为应对措施，思乐宝在新的 Elements 品牌下开发出一个新的浓缩果汁系列（Atomic、Diet Air 和 Diet Ice），都由思乐宝品牌背书。此外，思乐宝还开发了 Lizard 品牌下的能量饮料系列和 Powerline 品牌下的能量水果饮料系列，它们都独立于思乐宝品牌之外。思乐宝的经验表明，当子品牌尚未充分发展时，可以使用被背书品牌和新品牌来寻求相关性。

保持相关性，还是"我行我素"

在企业战略和品牌战略中，有一种天然的紧张关系，一方面集中于"我行我素"的做法，并且随着时间的推移仍然提供连贯一致的信息，另一方面要积极调整品牌，创造或保持相关性。[14]

前一种方法是说要把重点集中在你擅长的事情上，并随着时间的推移努力改进它。不要被可能获得短期成功的市场趋势或竞争对手的举措所动摇，要有耐心并投入资源改进流程和产品。传递信息时尽可能保持连贯一致，不要延伸品牌界限。事实上，许多最强大的品牌，如哈雷（Harley）、苹果和西南航空（Southwest），在很长一段时间内都保持着惊人的一致性。

后一种说法表示，要对环境的变化敏感，并具有适应不断变化的市场的灵活性。要有企业家精神，不仅愿意适应，而且愿意领先一步；让品牌得以延伸，并适应行业动态；不要陷入失败的境地。随着时间的推移，耐克、奔驰和卡夫等强势品牌已经展现出这种适应能力。

这两个战略方向之间的紧张关系不一定是不健康的。公司面临的挑战是通过同时身处这两个阵营来缓解紧张局势，品牌组合在这方面会有很大帮助。一家公司可以坚持我行我素，但要利用子品牌和被背书品牌去做足够的延伸，以保持或创造在动态市场中的相关性。品牌差异点和品牌活力点有助于提高新产品类别和子类别的可信度。以相关性为目标，再加上一个强大的品牌组合，公司没必要远离组织的主要业务优势。这样既能维持战略重点，又能让企业适应市场环境的变化。

在有被背书品牌和子品牌，但现有的品牌组合仍然表现不足时，品牌组合战略能起到指导作用。当需要新的组织资产和技能时，联盟和合作品牌是一种选择。最终的品牌创新活动将是创建新的品牌，甚至是新的品牌平台。大家可以想象一下没有多克斯和施莱特斯的李维斯、没有雷克萨斯的丰田，或是没有土星的 GM。如果耐克拥有第二个或第三个品牌平台，它会变得更强大、更灵活吗？

| 思考题 |

1. 你在市场上看到了什么趋势？想一想客户动机、竞争对手战略和计划、技术发展以及产品和行业之外力量的变化。考察一下客户的生活方式和使用产品的环境，以及他们购买产品或服务的动机。

2. 你所在行业的产品子类别是什么？是什么定义了这些子类别？哪些子类别正在出现、成长、成熟或衰退？在每个子类别中，哪家公司是主要的竞争对手？竞争对手的可持续优势是什么？

3. 确定你所在行业和相关行业的一些趋势驱动因素。它们是如何做到的呢？它们的优势能否持续？对于趋势驱动型公司而言，哪些努力是徒劳的？为什么它们没有成功？

4. 考察一个动态发展的行业，例如功能型饮料行业。什么是新的产品子类别？谁在驱动着它们？谁会成为最后的赢家？为什么？

BRAND PORTFOLIO STRATEGY

第 5 章
为品牌注入活力和差异点

> 你不想只被看成佼佼者中的佼佼者。你想成为你所从事的行业中的那个唯一。
> ——杰瑞·加西亚(Jerry Garcia),"感恩而死"乐队
>
> 想象未来比分析过往更重要。我敢说,现如今的公司并非受限于资源,而是受限于想象力。
> ——C.K.普拉哈拉德(C. K. Prahalad),密歇根大学
>
> 当你用不平凡的方式去做平凡的事情的时候,你就会受到世界的关注。
> ——乔治·华盛顿·卡沃尔(George Washington Carver)

索　尼

索尼是世界上最强大的品牌之一。自 1995 年以来，哈里斯民意调查（Harris Poll）每年都会请美国人说出他们认为最棒的三个产品或服务品牌。到 2002 年，索尼已连续三年名列榜首；在 7 年的调查中，索尼从未跌出过前三名。[1]

它是日本最强势的品牌。日经商业出版公司（Nikkei Business Publications）发起了一项对消费者的年度调查，该调查把 15 项指标分成 5 个维度，对大约 1200 个品牌进行了评估。结果显示，索尼在 2001 年和 2003 年以极大的优势成为消费者心目中的顶级品牌，正如第 2 章提到的，在 2002 年，它基本上与迪士尼平分秋色，后者得益于围绕其新主题公园开展的大规模宣传。索尼在创新维度上的分数远远高于任何其他品牌。2003 年，索尼在百强中有三个子品牌（VAIO、PlayStation 2 和 Sony Plaza——销售体现西方生活方式商品的零售连锁店）。2002 年，当这项调查延伸到企业客户时，索尼仅次于本田，2003 年，它在"活力"维度上得到了最高分。

索尼品牌优势背后的重要原因之一是对品牌识别（价值联想）的严格把关。指引索尼的是首席执行官出井伸之（Nobuyuki Idei）先生于 20 世纪 90 年代中期提出的"数码梦想小孩"的愿景。从这个词来看，"数码"代表了引领音频、视频和信息技术融合的动力。"梦想"指的是一项惊人的技术，无论对开发工程师还是对客户来说都是曾经的一个梦。索尼法国公司曾有一句口号："你能梦到的，就是我们能实现的"，这句话体现出了索尼的创新精神。"小孩"旨在将索尼品牌与年轻人的乐趣和活力联系起来。我们每个人的内心都有很多孩子气，索尼希望其品牌拥有这种精神。据说每个索尼人都记得他们小时候的梦想。

在这个品牌识别的指导下,索尼的品牌组合支持着品牌、打造着品牌,并帮助品牌进军各种产品市场。该品牌组合,特别是产品范围以及对子品牌和被背书品牌的使用,在多个方面帮助索尼获得了品牌活力并实现了差异化。

索尼的品牌范围

索尼品牌有一个很宽的产品类别,严格说来,其中的许多类别都是索尼发明的。这些类别包括消费电子产品、音乐、电子游戏、电影、剧院,甚至保险和银行业(在日本)。其中的大部分类别都给索尼带来了很大的知名度,增强和拓宽了索尼的远景规划。出井伸之曾猜测,索尼广泛地渗透进入如此多的产品领域是其品牌获得成功的关键。[2]

宽广的品牌范围有助于品牌产生活力和差异点。索尼的活力来自它与主要的技术创新、新型娱乐工具或娱乐活动的频繁联系。因为有如此多的活力源,所以它更容易给品牌注入源源不断的活力。

品牌范围的广度也会给品牌带来差异点,没有其他品牌可以宣称拥有这样的广度。数字整合的重点在于管理数字之家(包括娱乐中心)和过着一种数字化的生活,这意味着索尼的广度能带来品牌相关性。

索尼子品牌和被背书品牌家族

索尼品牌组合也因其强大的子品牌和被背书品牌家族而具备活力和差异点。多家日本公司,包括东芝、三菱和佳能,都依赖唯一的品牌。在这些公司中,企业品牌几乎承担了所有的品牌建设工作,而品牌组合中的其他品牌几乎没有资产价值。索尼则是一个例外,因为它已经开发出了几十个强势品牌,每个品牌都只专注于一个产品领域,并拥有重要的功能优势。在知名度和影响力方面,有些品牌比别的品牌更具优势,但这些品牌都不仅仅是描述符品牌。

如图 5-1 所示,这些品牌包括 Walkman(随身听)、AIBO(个人娱乐机器人)、Trinitron 和 Wega (电视)、汽车音频 (移动娱乐)、PlayStation (游戏)、CILÉ (掌上 PDA)、VAIO (笔记本电脑)、Cybershot (数码相机) 和 Handycam (摄像机)。它们都是索尼品牌的品牌活力点。其中的一些品牌,如 Handycam 和 Walkman,帮助定义了一个与索尼相关的产品类别,用第 4 章中提到的术语说,就是使索尼成了一家趋势驱动型公司。其他品牌,像 PlayStation 和 VAIO,都是从无到有,后来成了非常强势的品牌。

图 5-1 索尼的一些品牌

PlayStation 掌上游戏机系列于 1994 年在日本推出,并于 1996 年被引入美国。2001 年,PlayStation 系列在全球庞大的游戏机市场中占有近 60% 的份额,为索尼提供了一半的利润。[3] 有趣的是,最初它被命名为索尼 PlayStation,利用索尼品牌名称来打开局面。然而,随着时间的推移,索尼的背书作用逐渐减弱,直到它几乎消失而成为影子背书品牌。如果没有与索尼这样一个成熟而强大的品牌建立联系,PlayStation 品牌可能变得更加前卫,更接近其目标客户。

VAIO 也是一个大赢家。2001 年,根据 Techtel (一家追踪高科技品牌的公司) 开展的调查,有两款便携式笔记本电脑具有显著的差异性和资产价值——PowerBook 和 VAIO。这两个品牌都比该产品类别的两个早期领导者 IBM 的 ThinkPad (由于 IBM 减产并减少了对品牌建设的支持而衰退) 和东芝笔记本强大得多。

索尼以其产品组合中的品牌获得了其作为创新者的活力和声誉。索尼营销主管 T. 斯科特·爱德华 (T. Scott Edwards) 指出:"索尼的价值主张是创新。创新的一部分是不断地向客户提供新闻，我们主要是通过推出新产品来做到这一点。"⁴ 品牌组合中的品牌不仅仅是为了制造关于新产品的新闻，尽管这一点很重要。另一位索尼公司的高管丹尼斯·约恩（Denise Yohn）解释说："索尼公司从来没有为品牌做过真正的营销计划。我们通过子品牌谈论索尼。我们正努力使这些子品牌更能表达人们的情感、体现人们的生活方式，以特殊类型的客户为导向，而不是以产品为导向。例如，Walkman 品牌的导向正在发生变化，从便携式音频转变为 Y 一代的生活方式品牌。"⁵

关于子品牌作用的一些资料来自电通（Dentsu）广告公司于 2001 年在日本开展的特殊研究。该机构找了一些日本民众，询问他们在多大程度上同意这两项声明，即"该品牌有助于索尼的形象"和"我会选择它，因为它是索尼的产品或服务"。结果如图 5-2 所示。

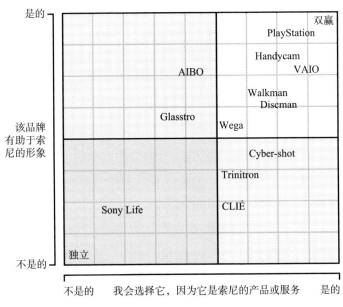

图 5-2　索尼品牌 / 子品牌的影响力

数据显示索尼品牌与其子品牌之间存在着巨大的相互影响力。索尼旗下的子品牌，诸如 PlayStation（实际上是一个被背书品牌）、Handycam、VAIO、Walkman 和 Discman 显示出强大的相互影响力。它们支持索尼的形象，但索尼的品牌也使这些品牌更具吸引力。然而，这种影响既不总是对称的也不总是强大的。AIBO（也是一个被背书品牌）对索尼做出了很大的贡献，但它对索尼的依赖度较低。相比之下，特丽珑（Trinitron）和CLIÉ则利用了索尼品牌的优势，但对索尼帮助较小。索尼人寿（一家人寿保险公司）是日本市场上的品牌，它不符合索尼的形象或识别，被认为与索尼品牌脱节，因为它既没有给索尼品牌带来帮助，也没有得益于该品牌。

图5-2背后的一个关键点是，图中显示的每一个品牌都与索尼密切相关。这种联系在一定程度上与产品的创新有关。索尼在每个子品牌下的关键的创新阶段都起到了作用，提高了该创新产品的可信度，并加强了索尼和子品牌之间的联系。即使索尼扮演的是影子背书品牌的角色，就像它与PlayStation之间的关系，这种关系也是众所周知的。其他技术品牌有时候也有比较强势的子品牌，但它们与母品牌的关系很弱。

这些子品牌或被背书品牌为索尼注入了活力，防止了与某个产品领域相关的创新性在市场上消失。如果该创新产品与索尼的某个子品牌或被背书品牌相关联，那么它会对市场和索尼品牌产生更大的影响。事实上，因为其中大多数子品牌/被背书品牌代表了创新的本质——创建新类别，所以品牌得到进一步提升是种自然而然的结果。具有讽刺意味的是，这些品牌都过于强大，以至于该类别下的任何创新都可能归功于索尼品牌，即使它来自竞争对手。如果索尼的创新没有和Handycam或其他品牌联系起来，它就将成为一个模糊而通用的概念。

索尼的许多子品牌和被背书品牌都有潜在的品牌差异点，如技术品牌，这有助于它们获得市场地位。例如，MICROMV技术提高了Handycam的视频质量，而超稳定拍摄功能（Super Steady Shot Picture Stabilization）使照相变得更容易，记忆棒媒介（Memory Stick Media）使用户可以直接从相机通过电子邮件发送照片。i.LINK数字接口使VAIO电脑更易于使用。Dualshock模拟控制器有助于区分PlayStation 2，索尼的一些专利游戏（如轰动一时的《侠盗猎车手：罪恶都市》（Grand Theft Auto: Vice City））也是如此。这些品牌，特别为忠实客户或产品爱好者提供了实现索尼梦想的工具。

索尼品牌还附带了一些品牌计划作为品牌差异点。在 DreamLink 项目中，会员每周都会收到索尼世界新闻的通知、新产品的特别优惠，并获得抽奖活动的机会，如格莱美奖（The Grammys）的门票。会员还可以获得 DreamLink 积分，凭借这些积分他们可以去兑换索尼光盘和其他产品。这个忠诚度计划利用了索尼品牌世界的宽广度，对忠实的客户而言，这是索尼公司的重要差异点。

品牌延伸

当索尼这样的品牌的发展势头很强劲、组织机构高度分化、其业务经理具有高度的自主权的时候，它就有可能对品牌进行积极延伸。通过研究索尼品牌发展过程中的三个例子可以看出，这种延伸既会产生风险又能带来回报。

当索尼从 Loews 手中收购了一家连锁影院后，公司立即采用了索尼品牌，因为影院属于娱乐业，索尼从事的是跟娱乐业有关的业务。然而，大多数影院不是太普通就是太破旧，没有高档的音频和图像功能。索尼改正了这一错误，把自己的品牌名称从所有这些影院中拿掉，只保留了那些在硬件设施和技术水平上符合索尼标准的影院——这些影院将成为索尼创新和技术的展示品，并成为品牌活力点。但不管怎么说，它已经犯下了一个品牌命名的错误。

索尼还利用其品牌的声望和实力在日本开办了一系列金融服务公司，包括索尼人寿、索尼保险、索尼金融和索尼银行。尽管银行服务和金融业务与保险业务不同，但总体而言，这些企业与"数码梦想小孩"这一愿景几乎没有联系，并且有可能将索尼变成另一家大型日本企业集团。使用其他品牌或至少采用被背书品牌战略将索尼品牌与这个新的市场区分开来，似乎无须思考的事。

假设金融服务是索尼的一项战略业务（正如多年来通用电气金融一直是通用电气的战略业务那样），那么看似简单的品牌战略判断就变得更加复杂。此外，金融服务业务增长迅速，利润丰厚。事实上，在 2003 年财年，尽管金融服务所获收入不到索尼收入的 7%，但它占利润的 12.5%。[6] 因此，从企业战略理论上看，在金融服务行业使用索尼品牌的风险是索尼可以承受的。此外，由于没有使用索尼的商标，因而这些品牌和索尼品牌之间还是有一定距离的。而且，索尼是用片假名书写的，片假名是用于表示西方文字的日语表达方式（而索尼银行是用英语书写"索尼"一词的）。

　　第三个例子与品牌的垂直延伸有关。多年来，索尼一直将其品牌用在质量范围很广的产品上，而没有主动避免它与子品牌、被背书品牌或中低档品牌产生关联（尽管索尼旗下的中低端品牌爱华（Aiwa）正开始得到更广泛的应用）。例如，随身听的售价从不到 20 美元到 350 美元不等。垂直延伸的两个基本原理可以解释这一现象，但未能使观察者确信该问题能得到妥善解决。首先，在中低价位上索尼品牌仍然是重视产品质量的客户的选择；能拿来和 25 美元的 Walkman 做比较的是 15 美元的卡西欧（Casio）产品，而不是索尼的高端产品。其次，索尼也尝试过使用中低端的子品牌，但是索尼的名号如此强大，以至于它盖过了这些子品牌，限制了它们保护索尼品牌的潜力。我们将在第 8 章中讨论与垂直品牌延伸有关的复杂问题。

分配品牌建设资源：索尼 vs. 产品品牌

　　索尼品牌家族的力量代表着一种非常有竞争力的资产，也带来了一个两难的问题：应该在每个品牌和母品牌背后投入多少品牌建设费和管理成本？面对同样的问题，IBM 选择强化主品牌，强调 IBM 的协同组织可以为客户做些什么。郭士纳在 1992 年接管 IBM 时的第一个决定是将品牌建设资源从占据 IBM 品牌的 10% 提高到 50%，这需要对产品营销团队进行一番痛苦的调整。当索尼品牌得到品牌建设计划的支持时，它的子品牌和被背书品牌也可以支配预算，积累资产价值，并在壮大索尼品牌方面发挥关键作用。

形成品牌差异点和活力点

对于大多数品牌来说，竞争环境艰难到了残酷的地步。多数公司都面临着产能过剩、巨大的价格压力和利润的不断下降。一个接一个产品类别逐渐成熟，变得了无生气、令人厌倦。处于领先地位的品牌出现了疲软。产品数量的增加往往并没有带来对产品真正的改进，反而造成了混乱，让顾客最终失去兴趣。在他们看来，大多数品牌本质上是一样的，没有什么新闻价值，没有什么差别，当然也就没有什么活力。

在这种情况下，合理的品牌目标是创造差异点和活力点。所有的品牌和背景都不相同，但明显的是，很少有品牌在这两方面都达到饱和状态。本章将讨论品牌差异化因素和品牌激励因素在帮助创建和维护强势品牌方面的作用。本章的重点将放在由公司拥有和管理的品牌上。另一种情况是品牌差异化因素和激励因素由另一家公司控制，这是第6章中关于品牌联盟要讨论的主题。

品牌差异点

Y&R 品牌资产评估（Brand Asset Valuator，BAV）研究是每两三年进行一次的品牌资产全球调查。它记录了差异点在打造品牌强势地位方面发挥的作用。BAV 覆盖 30 多个国家、13 000 个品牌（其中有 450 个全球性品牌）和 50 多个衡量标准。BAV 重复进行该项研究，这使品牌能随着时间的推移进行前后比较，也可以让它们与其他品牌进行比较。

该研究的衡量标准可以分为四个关键维度：**差异性**（感知上的独特性）、**相关性**（个体适用性）、**尊重**（感知到的质量和受欢迎程度的提高）和**知识**（知道与理解）。利用数据库研究品牌的动态变化，会发现差异性起着关键作用。获得成功的新品牌总是离不开差异性在其中扮演的重要角色。事实上，品牌生命早期的健康模式是：差异性高于相关性、相关性高于尊重、尊重高于知识。成熟的品牌往往因失去差异性而衰退，即使它在其他三个衡量标准上的表现依然强势，还是会逐渐衰退。用在 BAV 研究发展中起到重要作用的品牌大师斯图尔特·阿吉里斯（Stuart Agris）的话来说，"差异性是品牌列车上的引擎……如果引擎停下来了，列车也会停止运行。"[7]

差异性的重要性背后有许多逻辑。如果一个品牌不能发展出差异点或保持其差异性，那么所有的品牌对消费者来说都是一模一样的，这时候价格就会成为主导性的决策因素。此外，如果没有差异性，就几乎没有品牌承诺的基础，发展和保持忠实的客户群也会变得非常困难，而这一点是所有品牌及其相关业务的核心。

形成差异点是一项挑战。要开发出在客户眼中真正与众不同的、能带来有价值的利益的新产品、功能、服务或活动是一件极其困难的事。更糟糕的是，刚刚形成一个差异点，野心勃勃的竞争对手很快就会复制它。于是，提升产品的作用就被削弱了。解决办法是将之品牌化。虽然某个特殊的差异点可以被复制，品牌却不可以，品牌是可以被拥有的。正如其他品牌一样，"品牌差异点"可以通过积极的管理来创造客户心中的持久差异点。

品牌差异点是一种品牌化的特征、成分、服务或活动，它为品牌产品创造了一个差异点，对客户有意义，值得企业在较长时间内进行积极管理。

例如，威斯汀（Westin）酒店在 1999 年发明了一种名为天梦之床（Heavenly Bed）的产品，它包含一个特别定制的（由西蒙斯设计）、装有 900 个弹簧的床垫，适合 3 种不同气候下使用的舒适型羽绒毯，一条蓬松的羽绒被，3 条质量上乘的床单和 5 个鹅绒枕。想在酒店这个竞争者云集的产品类别中找出差异点是个巨大的挑战，而天梦之床正是在这里形成了一个品牌差异点。

并不只是把一个名字放在一个产品特性上就算形成品牌差异点了。该定义意味着它需要满足相当苛刻的标准。尤其是，品牌差异点对客户来说必须是有意义的。当顾客购买或使用产品或服务的时候，它必须既有相关性又有重要性，只有这样才足以影响顾客。天梦之床之所以有意义，是因为它对床品做了一番实质性的改进，这代表了酒店客房的核心目的——为客户带来良好的睡眠。它在市场上的接受度表明它对客户是有意义的。在它被推向市场的第一年，以天梦之床为特色的酒店在客户满意度方面提高了5%，客户对酒店的清洁度、房间的装饰和酒店设施维护保养方面的好感度有了明显的提升，入住率也有了明显的上升。

品牌差异点也必须得到长时间的积极管理，并且理应得到品牌建设方面的投入。天梦之床通过一系列积极且不断完善的品牌建设项目获得了这种待遇，现已作为威斯汀酒店的特色产品，开始向客户销售了。大量的购买者无疑为威斯汀酒店及其床品带来了一些口碑。人们不但可以在天梦产品在线目录上订购床上用品，还可以订购它的配件。此外，这个概念也被延伸到天梦之浴（Heavenly Bath），它是威斯汀酒店定制的双喷头淋浴器。该淋浴器及其配件被加到天梦产品在线目录中，此目录甚至还包括一个结婚礼物清单。

品牌差异点需要与目标产品相联系，发挥其定义产品的作用。威斯汀酒店面临的挑战是如何与天梦之床联系起来，这样顾客就能回想起哪个酒店有这个特色，而不会产生混淆，甚至把它与另一家连锁酒店联系到一起。

在某些情况下，品牌差异点不仅带来差异性，还带来相关性。例如，相当一部分计算机购买者只会考虑那些标有"Intel Inside"的计算机。同样，天梦之床也提高了床质量的重要性，以至于对某些客户来说，它会影响相关性。

如图5-3和定义所示，品牌差异点是会影响产品的一个特征、成分、服务或活动。下面我们将逐一对这些可能性进行分析。

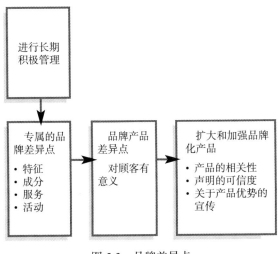

图5-3　品牌差异点

品牌特征

　　品牌特征通常用一种形象的方式来表明产品的优越性能，并提供一种可以长时间拥有这种优势的工具。为了完成这一使命，它必须对客户是有价值的、真正与众不同的，并与品牌化的产品产生关联。

　　在汽车行业中，随着车型的激增，品牌特征成为实现差异化的关键。宝马 iDrive 是一款仪表板电脑，它可以控制车内的所有设备，包括手机和导航系统，旨在让司机集中注意力，使驾驶过程更安全，同时缓解司机在驾驶过程中的压力。通用汽车率先推出 OnStar 系统，该系统自动向道路救援机构提供安全气囊的使用情况、被盗车辆的位置信息、紧急服务、远程车门解锁功能、远诊断和礼宾服务。

　　品牌特征可以通过反映组织的历史传统和承诺来实现差异化。自 20 世纪 90 年代初 Krispy Kreme 甜甜圈开始零售以来，它获得了令人难以置信的称赞和销量的增长。早些时候，富有创业精神的 Krispy Kreme 零售商在橱窗上贴上了"热光"（hot light）的牌子；只要出现这个牌子，过路人就会知道热甜甜圈已经做好了。对于那些在早上 5:30 排队购买刚做出来的热甜甜圈的忠实顾客来说，这个标志像是一座灯塔。它也是该产品的象征，其关键元素是其新鲜度。作为品牌承诺和公司文化的一部分，该标志已经过重新设计和发展了。

　　特别是对高科技公司而言，品牌特征能使客户产生创新的联想。如上所述，索尼拥有许多不同的品牌特征，尤其是对相关客户而言。例如，MICROMV 技术（数码相机）、Dualshock 模拟控制器（PlayStation 2）、i.LINK 数字接口（VAIO）和超级夜景（Handycam）。所有这些都有可能成为品牌差异点。通用电气的 Mammography 采用了 SharpIQ 网格系统来提高性能。与索尼的功能一样，它也代表着一个差异点，而这一点正是能切中要害、让客户感兴趣的关键点。

　　多年来，欧乐 B 已经为自己创建了一个"更多牙医使用"的牙刷的品牌地位。该公司通过品牌特征使其创新可见。例如，它的指示刷毛在刷子磨损时会改变颜色，因此受到了好评。作为牙刷品牌的市场领导者，欧乐 B

优选牙斑去除牙刷（Advantage Plaque Remover）有两个品牌特征能有助于传递其差异点：刷子前端的 Power Tip 刷毛有助于清洁口腔中难以触及的地方；Action Cup 刷头设计更贴合牙齿和牙龈轮廓。

品牌成分

另一种观点是给某个产品成分（组成部分或技术）打上品牌。即使客户不了解这种成分是如何起作用的，它的品牌也可以为这种明示或暗示提供可信度。当然，品牌背后有实质内容的支持，该品牌才能发挥长期作用；无法传递实质内容的品牌注定会失败。想要充分了解品牌化的产品成分的潜力，就想一想这种情况：如果在不提及特能（Techron）品牌的前提下，雪佛龙要很费力地去解释为什么它的汽油与不一样。因此，特能就成了一种宣传手段。客户可能不知道特能是如何起作用的，但他们确实知道它是有意义的，而且雪佛龙已经充分考虑了用某种成分来为其打上品牌。

佳能使用其 Digic（数字成像集成电路）作为其数码相机的品牌差异点，该产品可以提高信号处理的质量并延长电池的使用寿命。[8] 由于数码相机的买家对购买的商品除了像素之外几乎一无所知，Digic 的品牌名称可以被浓缩为这样一句佳能广告语："数字化技术革新了摄像技术，我们革新了数字化技术。"

许多汽车型号都对其组件进行品牌命名，这么做有助于宣传差异点。例如，凯迪拉克 Deville 装有北极星引擎，它不但实现了超长里程数和平稳行驶，而且能与方向盘、刹车和牵引系统相互作用，提高了汽车的性能。值得注意的是，北极星引擎是一个一直移动的目标，因为它一直在改进。北极星品牌能对凯迪拉克起到作用的原因是，它解释了为什么凯迪拉克能得到车主的好评。车主（以及其他人）需要说出他们对该车型高度满意的理由，北极星便成了该理由的一部分。正是出于这个原因，车主（和其他人）更容易对凯迪拉克做出高度评价。

品牌服务

在成熟的产品类别中区分品牌的经典方法是添加服务内容。品牌服务和对其长时间的积极管理，可以创造出一个重要的品牌差异点。

以汰渍洗衣粉为例，它对大多数用户来说是一种参与度不高的洗涤剂产品。一项名为汰渍污渍侦探（Tide Stain Detective）的品牌服务允许客户前往汰渍网站，就他们遇到的除渍问题获取一些建议。该服务为汰渍带来了可信度和差异化。通过将自己标榜为除污渍权威，汰渍作为清洁剂的可信度便能得到提升。此外，随着时间的推移，宝洁公司通过对这项服务的积极管理和改进，使越来越多的客户接触该项服务，从而不断延伸并扩大其影响力。

品牌化服务可以帮助宣传一系列的产品特性，从而有助于提升差异化的地位。在信用卡领域，美国运通公司以其美国运通白金级管理员（American Express Platinum Concierge）服务作为高端产品的标杆，通过该服务，持卡人可以在一天当中的任何时候通过一名管理员预订、查找难以找到的物品，或处理任何其他请求。

服务组织的形象问题可以通过对服务的组成部分进行包装或对该服务组成部分重新命名来解决。例如，健康维护组织（HMO）被现有和潜在的客户视为一个强调效率和缺乏同情心的非个人官方机构。导致这种形象产生的一部分原因是其半自动预约系统（而不是由医生的秘书进行预约），另一部分原因是同一天来看病的人由医疗组里当天坐诊的某位医生（而不是经常给病人看病的医生）提供就诊服务的机制。

解决该问题的一种方法是将 HMO 当天预约系统命名为"紧急护理"（Urgent Care），该名字强调反应及时（"我们随时为您服务"）的品牌识别，有助于将负面信号重新定位为正面属性。

同样，患有心脏病的老年人定期复查的服务项目可以被冠以"爱心"俱乐部（HeartClub）之类的名称，它能反映出该群体受到的关怀和支持；还可以用一对令人愉悦的心形字符来表示对该项目的支持和情感。这些品牌，或是其他品牌都能作为差异化因素，用以改善 HMO 的品牌识别。

品牌服务有助于重新定义业务，使那些缺乏提供该服务意愿或能力的竞争对手失去相关性。例如，当所有人都在销售某个产品时，提供系统解决方案的公司（如为产品增加订购和运输服务）可能会改变客户想要购买的产品。因此，如第 9 章所述，UPS 从一家包裹递送公司起步，逐渐成了在 UPS 供应链解决方案的保护伞品牌下提供一系列服务的公司。这些品牌差异化因素有可能创造出一些与竞争对手没有相关性的产品类别。

品牌活动

一些品牌活动可以带来差异化的基础，使公司与忠实的客户群建立更令人满意，甚至更紧密的关系。例如，哈雷 – 戴维森（Harley-Davidson）不仅是一个品牌，它还是一种体验，是一个由多个品牌项目支持的团体。哈雷 – 戴维森骑行计划通过给定起点和终点以及期望的停靠点，为骑行者创建一个骑行计划最后会输出一张详细的地图，供用户保存下来与朋友共享。哈雷 – 戴维森摄影中心会提供一个张贴难忘的旅行快照的地方。朋友们可以访问该网站，重温经历，成为该团体的一员。

我们再看一下帮宝适，它是一种努力创造和维持差异点的包装型消费品。帮宝适网站有几个不同的品牌活动（不包括帮宝适忠诚度福利计划）来区分它的产品。帮宝适万通抽奖活动（Pampers Vantastic Sweepstakes）让顾客有机会赢得一辆装满尿布的克莱斯勒小型货车。帮宝适育儿研究所提供世界儿童护理、健康和发展专家的权威建议；它还提供定制的电子邮件育儿时事通信，同时还是减少婴儿猝死综合征活动的品牌驱动力。可能正是因为这个研究所，帮宝适网站在 2001 年被评为第二大最受欢迎的婴儿护理网站，每个月都有大约 100 万名访客，是好奇（Huggies）公司的数倍。重要的是，访问帮宝适网站并能接触这些品牌计划的人购买帮宝适的可能性提高了 30%。[9]

卡夫厨房（Kraft Kitchen）是最受欢迎的食品品牌之一，它利用自己的网站作为传播品牌差异化计划的工具。诸如"晚餐吃什么""身边的晚餐""妈妈的智慧"和"甜蜜的思想"等活动提升了品牌，并使该品牌从众多参与度很低的活动中脱颖而出。

忠诚度计划为许多类别的差异化增加了新的基础。美国航空公司在20多年前开创的航空项目如今有了很多活力和持续差异化的来源。前程万里特惠计划（United Mileage Plus）推出星空联盟（Star Alliance，客户可以通过该计划搭乘13家航空公司的班机）、升级计划、一系列促销活动以及包括酒店、租车公司和餐馆在内的一系列合作伙伴。品牌忠诚度计划已成为酒店业实现差异化的关键途径，希尔顿荣誉贵宾计划（Hilton Honors）也成为希尔顿酒店的关键资产之一。挑战是在忠诚度计划日益成熟且竞争对手也在开展类似活动的情况下，如何不断创新和建立忠诚度计划品牌。

品牌化命名的价值

一个有价值的产品特征、成分、服务或活动，无论其是否被品牌化命名，都有助于给产品带来差异化。那为什么要给它命名呢？有几个原因，最主要的几个原因与一个品牌在任何环境中的基本价值有关。品牌能增强可信度、加强客户的记忆、有助于宣传，并能为可持续竞争优势提供基础。

第一，如上所述，品牌可以增强其承诺的可信度，表明某个产品带来的利益值得品牌化，这么做是有意义的。斯巴鲁（Subaru）长期以来一直强调四轮驱动，现在许多汽车品牌都具备该功能。然而，奥迪拥有品牌化的版本Quattro，这使其具有其他品牌所缺乏的可信度和相关性。就是说，奥迪不但有四轮驱动技术，还有Quattro品牌。

有人曾对品牌化的产品属性做过一次著名的研究，结果表明品牌具有提高可信度的能力。三位杰出的学者发现，品牌属性的加入（如在羽绒服中加入"阿尔卑斯级"填充物，在意大利面食中加入"真正的米兰口味"和在光盘播放器中加入"某某工作室出品"）大大地影响了消费者对高端品牌的偏好。由于品牌化的属性，受访者会认为价格上扬是有正当理由的。值得注意的是，即使向受访者暗示该属性与他们的选择是无关的，这种影响也不会消失。[10]

第二，品牌名称可以使顾客更容易记住产品的特征、成分、服务或活动。

记住一个品牌的名字要比记住一个品牌差异的具体原因要容易得多。因此，像"爱心"俱乐部或帮宝适育儿协会这样的品牌可以传递原本难以记忆的复杂信息，这样将差异点与母品牌联系起来就会变得容易很多。

第三，品牌使宣传更加高效可行。例如，一个新的产品特性可能对它的设计者很重要，但目标受众可能对它极度缺乏兴趣。即使正式提出了宣传方案，听起来也像到处都是的吹捧广告，因此缺乏可信度。但像 Action Cup 这样的名字能提供一种方法，能将几个细节特性中的一个具体化，使之变得易于理解和记忆。

第四，拥有一个品牌相当于选择了对它进行积极管理，这也为可持续竞争优势创造了基础。竞争对手可以复制产品特征、成分、服务或活动，但如果它已被品牌化，那么它还需要克服品牌的力量。如前所述，有时一个强大的品牌特征会因为创新而获得他人的赞誉，因为该特征与品牌之间的关联非常强。例如，音响行业的技术进步都会被归功于杜比，不管它是由哪家公司率先发明的。

亚马逊开发了一个强大的功能——根据顾客的购买历史和购买类似产品的其他顾客的购买历史来判断顾客的兴趣，然后根据顾客的兴趣向顾客推荐图书或其他物品，但是这家公司从来没有将它品牌化。说白了，该功能就只是被看作一种普通的功能，人们认为电子商务网站本来就该具备这种功能。如果亚马逊给它打上品牌，然后积极地管理这个品牌，随着时间的推移改进这个功能，它将成为一个持久的差异点，直至今日它都是一个宝贵的差异点。与之相反，亚马逊公司白白错过了一个千载难逢的机会。好在该公司在一键通（One-Click）上没有犯同样的错误，它是一项品牌服务，在一个已经混乱不堪的市场中对定义亚马逊起着关键作用。

品牌活力点

对于大多数品牌来说，激发更多的活力是非常有必要的。成功的品牌看起来好像都更有活力。当我们去参观一个零售购物区，或是去观察一些成功的商铺的时候，会发现那里会有有趣的、吸引人的、充满活力的购物者、音乐、陈列方式和店面。相比之下，其他商店则显得枯燥乏味。

世界有名的传统品牌（如AT&T、约翰迪尔、西尔斯百货、布鲁克斯兄弟（Brooks Brothers）、东芝和品食乐）都拥有极好的品牌形象。它们通常被描述成值得信赖的、诚实的、可靠的、亲民的、具有创新性的品牌。但是它们经常会给人一种过时、脱节和无聊的印象——这种印象会影响它们在某些细分市场上的相关性。令人吃惊的是，这样的品牌形象却频频出现在人们面前。结论是这些品牌迫切需要注入能量和活力。对于一个处在重要位置上的、尚未得到充分发展的细分市场来说尤其如此，它们是未来商业的命脉。

当品牌缺乏活力时，它在市场中通常处于一个被称为"墓地"的地方，这是我们在第4章中引入的一个概念。所谓墓地品牌就是在不被提醒的情况下顾客不怎么会想得起来，但是只要被提醒就会很容易想起来的品牌。避免成为墓地品牌的一个方法是保持足够的活力。

行之有效的品牌活力点

当人们不仅对这个品牌，而且对产品类别都不感兴趣的时候，你如何为一个品牌注入活力？解决方案可能是使用另一个品牌，该品牌本身不是产品的一部分，但它充满了活力，可以将它作为"品牌活力点"给主品牌或子品牌注入活力。

品牌活力点是一种品牌化的产品、促销手段、赞助活动、标识、品牌活动或其他通过联合目标品牌显著增强和激励目标品牌的实体。品牌活力点及其与目标品牌的关联要在很长的一段时间内得到积极管理。

在本章中，重点是公司自有的品牌活力点。关于品牌联盟的第6章中介绍了品牌活力点由另一个组织（包括名人代言人、国家或地区以及其他人所有的赞助活动）所有的案例。

一个有效的品牌活力点的例子是亨氏（Heinz）EZ Squirt番茄酱，亨氏公司于2000年年末推出该产品，它让一个年迈疲惫的老品牌和产品类别重新焕发出了活力。55%的番茄酱是由孩子消费的，他们告诉亨氏，现有的瓶子很难用，而且要是用五颜六色的瓶子会更有趣。作为回应，EZ Squirt 推出了时尚紫和爆炸绿等颜色，并配有一个专供儿童使用的容器，该容器能让番茄酱少量而缓慢地流出。因此，孩子可以发挥他们的创造力用番茄酱画画。

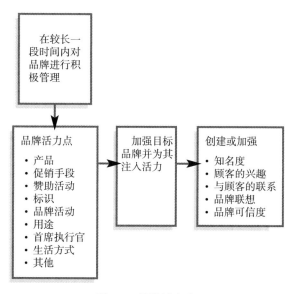

图 5-4　品牌活力点

如图 5-4 和定义所示，品牌活力点可以是各种品牌实体中的任何一种。它还应该有几个特点，我们将在下面讨论。

第一，品牌活力点应该充满活力。无论它被描述成下面的哪种状态，它都应该发挥作用。

- 新的或旧的、过时的。
- 年轻的或成熟的、年长的。
- 有趣的或枯燥的。
- 动态的或静态的、一成不变的。
- 现代的或传统的。
- 自信的或被动的。
- 相关的或独立的。

当然，亨氏 EZ Squirt 是新的、有趣的、相关的产品，它把年轻的消费群体作为目标市场。

第二，即使（不同于品牌差异点）品牌活力点不是主品牌产品的一部分，它也必须与主品牌相关联。这个制造相关性的任务可能很困难，而且代价高昂。作为美国品牌中最著名的形象之一的劲量兔子（Energizer Bunny），尽管它在很长一段时间内的曝光率都很高，但仍有一些人将它与霸王（Duracell）而非永备（Eveready）联系在一起。

创建品牌联想有几种途径。其中一种是使用子品牌，如麦当劳儿童之家（Ronald McDonald's House），该品牌名称能体现它与主品牌之间的联系。第二种方法是选择一个与品牌相关的计划或活动，从而更容易建立相互之间的联系。例如，一个关于婴儿产品的品牌活动，几乎不需要费力就可以与嘉宝（Gerber）产生关联。第三种方法就是长时间投入大量资源来建立联系。如果品牌活力点被视为一次性活动，而不是一个可以被长期利用的实体，那么这种联系就难以建立。

第三，品牌活力点应该显著提升目标品牌。如果该品牌活力点带来的活力被误导到错误的方向上或分散掉，那么仅仅拥有活力和与主品牌的关联是不够的。品牌形象的改变或销售量的激增通常是衡量成功的最佳标准。EZ Squirt 通过多项指标对亨氏番茄酱产生了"本垒打"的作用，在第一年就为亨氏带来了 13% 的销售量增长，并带动亨氏其他类别的产品，实现了超过 4% 的销售额增长。此外，它不仅引起了媒体的极大关注，也引起了家长们的极大关注，他们对装在彩色瓶子里的番茄酱要么感到厌恶，要么感到惊奇。

请注意，为了寻找或创造活力，不能损害品牌识别。品牌活力点不应让客户对品牌联想或品牌参与感到不舒服。西南航空、维珍、苹果、激浪或 Abercrombie & Fitch 等处于劣势、败中求胜的品牌可以做出一些标新立异的事情来创造兴趣和活力。对于那些"高端"品牌来说，情况则完全不同了。它们事先就要把许多选择排除在外，虽然品牌活力点仍然可以比母品牌更具冲击力（而这一点正是品牌活力点的优势）。

第四，如果该品牌活力点是公司自有的，那它将产生更强、更持久的影响。这就是拥有品牌活力点的好处。自有意味着竞争对手很难模仿它，更为有利的是，它的生命周期很长。总的来说，创造一个有效的品牌活力点既困难又昂贵，如果它能反复使用，从经济效益上考虑，它会变得更有吸引力。有关品牌联盟的第 6 章将讨论所有权归其他公司所有的品牌活力点。

回顾一下品牌差异点和品牌活力点之间的差异可能会有所帮助。品牌差异点必须直接或间接地与产品或服务有关，它具有定义产品的作用。例如，品牌特征或成分（如天梦之床）是产品提供的功能优势的一部分。相比之下，品牌活力点涉及范围更广的品牌活动，这些活动在功能上都不属于产品的一部分，即使它们与产品有关。因此，品牌活力点不具有定义产品的功能，只具有品牌组合的功能。

品牌活力点有许多类型。一些最有用的包括产品、促销手段、赞助活动、标识、品牌活动、用途、首席执行官，甚至是某种生活方式。

新的品牌化产品

创造"关于品牌"活力的黄金标准是新产品的流动，这些产品值得被品牌化，因为它们有足够的不同之处，并会随着时间的推移带动销售量，从而证明投入品牌化成本是合理的。例如，EZ Squirt 品牌显然达到了亨氏的这一标准。与目标品牌相关联的新产品品牌、子品牌或被背书品牌是品牌和公司的最终表现形式，也是客户关系的核心。此外，它为未来的销售和收入奠定了基础。某款振奋人心的新产品往往就是一个品牌活力点，它可能也有资格扮演银弹品牌的角色。

新产品的品牌力量在汽车领域最为明显。想想 1998 年推出的新款甲壳虫是如何为大众公司带来了巨大的利益，同时还将富有现代感的设计与狂热的甲壳虫传统联系在一起的。该新产品的推出给整个大众汽车品牌带来了销量的复苏。作为几十年前人们最早能买得起的经济实惠的跑车之一，240Z 为日产（当时的 Datsun）品牌带来了巨大的活力。日产目前计划重新生产 Z 系列，着眼于振兴其现有品牌。考虑以下案例：

- Miata 如何为马自达（Mazda）树立了口碑。
- 复古的 PT 漫步者车型如何增加车主对克莱斯勒的兴趣，它如此新颖，还能将公司和客户与克莱斯勒的传统联系起来。
- TT 跑车如何为奥迪带来了设计感、跑车的活力和感觉。

一些拥有强势子品牌的新产品为其主品牌注入活力，包括以下案例：

- 博世 Wave 收音机售价超过 300 美元，但其性能远远优于其他收音机，为博世带来品牌活力，还起到了提升品牌的作用。
- 苹果 iPod 是一款能够存储 1000 首歌曲的便携式数字音乐播放器，在销售上取得了巨大的成功，也增强了苹果品牌的影响力。
- 耐克的 Presto 运动鞋具有多功能、独特的设计，穿着舒适。这款鞋有 13 种颜色可供选择，因而引发了一系列品牌建设活动，并延伸到了耐克的时尚领域。该产品在青少年目标顾客中大受欢迎，为耐克品牌在该顾客群中创造了活力。
- 佳洁士通过收购 Dr.Johns Spinbrush（一种一次性的电动牙刷）并立即将其名称改为 Crest Spinbrush，提升了品牌活力。[11] 佳洁士品牌成立的第一年，它以 2:1 的比例在销售量上超越了其竞争对手高露洁，使佳洁士在其产品范围中具有了某些新闻价值，并提高了其作为领先的口腔健康品牌的知名度和可信度。
- 激浪以其富含咖啡因、有露水味道的激浪 Code Red，把城市居民、女性和非裔美国人吸引到该品牌上来，从而获得了品牌活力和日益扩大的客户群。[12]

通常，品牌在某个细分市场特别是比较年轻的消费者中体现出它的活力。封面女郎（Cover Girl）就面临着这样一个问题，这个品牌已经显得过于老旧了，它在青少年市场中更是缺乏吸引力。[13] 2002 年年初，它却成了第三大"最酷的青少年品牌"（仅次于耐克和 Abercrombie & Fitch）。原因是它的一些产品带来了活力，如 Outlast（一款全天候持久唇彩），还有轻盈水润的 Aquasmooth（一款在使用过程中会变成液体的粉底）。这些创新产品给封面女郎带来了新的、酷的外观和感觉。

由于客户群的老龄化,丰田公司感到了经营上的困难,这是几个汽车品牌共同面临的问题。丰田汽车驾驶者的平均年龄是 44 岁,这个数字已经超过了本田和尼桑的驾驶者(均为 41 岁),而且驾驶者的年龄还在上升。为了解决这个问题,丰田在 2003 年推出了面向年轻驾驶者的 Scion。[14] 最初的车型是小型货车和 5 门掀背车,每种车型都针对目标市场进行了简单、时髦的设计。

品牌促销活动

几十年来,卡夫公司的 Oscar Mayer 法兰克福香肠车一直在给一个非常平淡无趣的类别带来品牌活力。有 8 辆形如巨大的 Oscar Mayer 法兰克福香肠的车在美国境内巡回演出,车牌上有恰如其分的字眼(如"热狗")。它们常常出现在活动和派对上,配合公司一年一度的歌唱比赛,寻找一个孩子来唱 Oscar Mayer 的招牌广告歌。法兰克福香肠车已被证明可以提高产品销量,它也经常活跃在网络上,带人们去参观奥斯卡城、奥斯卡博物馆、奥斯卡市场和市政厅等地方。法兰克福香肠车与产品类别的关联也将其与"奥斯卡"联系了起来。

品牌赞助活动

阿迪达斯街球挑战赛是以阿迪达斯命名的周末品牌活动,在当地以 3 人篮球循环赛为活动核心,包括罚球比赛、街舞、涂鸦活动和极限运动表演,所有这些活动都伴有嘻哈风格的乐队的表演。这个挑战赛举办地点总是目标客户最喜欢出现的地点——集会。通过其品牌和配套标志以及阿迪达斯赞助的帽子和夹克与阿迪达斯建立了联系。它使阿迪达斯品牌在其历史的关键时刻得到新生。在 1992 年第一次开始尝试该活动后的 5 年里,共有超过 50 万人参加了该比赛,在柏林举行的决赛吸引了 3200 名参赛者和 40 000 名观众。来自 30 多个国家和地区的代表进入了在米兰举行的世界决赛。这项挑战延伸到了以足球为基础的阿迪达斯猎鹰争霸赛（后来更名为 DFB-阿迪达斯杯）和户外运动（山地自行车、漂流等）阿迪达斯冒险挑战赛。

令人难忘的品牌象征物

有些品牌有幸拥有强大的品牌象征物，如品食乐公司的面团宝宝、Maytag 的修理工或米其林人。它们可以积极管理和利用这些象征物，使其成为有力的品牌活力点。这样的象征物甚至可以给最平凡的品牌赋予品牌个性。它们还可以用来表示产品属性。例如，面团宝宝意味着快乐而富有幽默感，它象征着新鲜和卓越的质量。Maytag 的修理工意味着悠闲和自信，象征着 Maytag 的可靠性。米其林人意味着坚强而积极，象征着安全性。

品牌象征物可以有自己的生命。它通常比产品更容易和产品产生相关性。百威啤酒广告里的变色龙弗兰克（Frank）和蜥蜴路易（Louie）有一群追随者，他们会去百威的网站重新观看广告，他们甚至会在网站上买衬衫和洋娃娃，并发送电子贺卡。这些广告形象与百威啤酒有着紧密的联系，因为它们是百威广告的明星。

品牌活动

品牌活动，犹如在企业员工中开展的活动，可以成为有效的品牌活力点。我们可以看一下雅芳防乳腺癌运动（Avon Breast Cancer Crusade），它涵盖了一系列以雅芳的品牌开展的品牌活动，包括研究、早期诊断、临床护理、支持服务和教育。该计划以得不到充分医疗服务的妇女为重点，具有实质性和重要意义，其中一项措施是在 10 年内筹集 2.5 亿美元。它赋予这家"女性用品公司"更高的目标和诚挚的爱心。还有麦当劳儿童之家，该活动旨在为有严重疾病的孩子的家庭提供住房。它不仅做了实质性的工作，还为建立麦当劳与儿童及家庭之间的联系做出了贡献。

品牌用途

如果能为品牌找到一个新的用途，就可以重新激活整个产品类别。如果将该用途品牌化，并与母品牌相关联，就能扩大品牌影响力。安哥斯特拉苦艾酒（Angostura Bitter）是一个拥有 160 年历史的品牌，其产品主要被用于调制曼哈顿鸡尾酒，这家公司决定从 Charger（由苏打水、苦艾酒和酸橙组成）作为起点，推出非酒精饮料。[15] 这促使 Canada Dry 公司为了推销这款产品还在气泡酒的瓶颈上挂上一小袋苦艾酒并附上一份调制说明。其他饮料如加勒比海（由蔓越莓汁、菠萝汁和苦艾酒调制成）也随之出现。

品牌化的首席执行官

一些公司把首席执行官品牌化了，他们能够看到并放大品牌带来的活力，或创造出可转移到品牌的活力。当客户和投资者认为克莱斯勒公司将倒闭时，李·艾柯卡（Lee Ioccoca）表现出了信心和能力，从而挽救了克莱斯勒。威廉·克莱·福特（William Clay Ford）试图让驾车者放心，福特生产的汽车不存在安全问题，其中一个原因是他强化了福特家族的传统和承诺。理查德·布兰森（Richard Branson）的古怪特技（有些涉及热气球）是维珍品牌活力和个性的很大一部分。赫布·克莱赫（Herb Kelleher）以西南航空鲜明多彩的文化表现，使其品牌独具特色。史蒂夫·乔布斯和比尔·盖茨凭借其卓越的思想领导能力，分别给苹果和微软注入了活力。

首席执行官"品牌"有许多长处。他们与品牌有联系，可以接触其他品牌代言人和品牌建设活动接触不到的媒体。然而，他们能激发品牌活力部分基于他们的公众形象、声誉和个性。因此，只有少数首席执行官能够扮演该角色。作为普通人，他们也会受到负面宣传，在这种情况下，他们的知名度可能会起到反作用。此外，他们最终会离任，这可能会留下一个令人不安的品牌空白。

给某种生活方式打上品牌

许多品牌试图不以某种生活方式给自己定位,美国电话电报公司是为数不多的自己给生活方式打上品牌的企业。mLIfe 是以手机为中心的移动生活方式的终极选择。它从来不会让你感到无聊,因为你可以打电话或上网、玩游戏、获得运动成绩,甚至购物。mLIfe 让你用自己的电话或无声的交流来表达你自己。mLIfe 永远不会让你迷路,因为美国电话电报公司会知道你在哪里。此外,当 mLIfe 品牌在 2002 年超级碗(Super Bowl)期间推出时,当天 mLIfe 网站的点击次数超过 680 000(前一天为 30 000),并且有 5% 的访问者在该网站上注册了。

进行品牌命名的价值

多数上述活动都可以在没有品牌的情况下完成,但是有了品牌使实现活力目标和拥有活动的所有权变得更加容易。正如在关于品牌差异化的讨论中指出的,品牌使公司更容易传达一个原本很复杂的概念,并将这个概念与母品牌联系起来。这也使客户更容易记住一个重要的差异点。但是,不要随便给任何东西贴上一个品牌。拥有一个品牌本身并不能成为一个有效的品牌活力点。但是,如果一个有价值的、能够得到投资资源的品牌活力点被品牌化了,那么它就能得到更加有效的利用。

管理品牌差异点和品牌活力点

重点是要知道品牌差异点和品牌活力点的概念并不能成为不加区别地增加品牌的理由。两者都能强有力地推动品牌建设,但请记住这两者的定义。品牌差异点的使用者需要创造一个有意义的、有影响力的差异点,并且应该证明对它进行积极管理的合理性。如果通不过这项测试,那它就不适合扮演品牌差异点的角色,这时候就要为这个品牌的存在找到别的理由了。品牌活力点必须能显著提升品牌,也应该找到对其进行积极管理的理由。如果不符合这个条件，那它可能无法胜任品牌活力点这一角色。

识别品牌差异点和品牌活力点并不容易，也就是说，现有的品牌差异点和品牌活力点多于实际需要的数量。回答以下问题可能会带来一些帮助：

- 什么是品牌识别和品牌定位？该品牌如何与客户产生共鸣？如何将它与竞争对手区别开来？为什么？如何去证明？
- 是否存在可以被品牌化的现有的产品特征或服务？被捆绑在一起或延伸出去的话，它们的潜力会得到提升吗？
- 细分市场如何？对于每个细分市场，客户正在寻求的现有利益和新出现的利益是什么？哪些可能的品牌差异点会影响客户的购买决策和忠诚度？
- 哪些对客户很重要的趣味活动与品牌有一定关系？如何将品牌与这些品牌活动和趣味活动联系起来？该品牌可以开发出和拥有哪些品牌活力点？
- 公司之外是否还存在其他品牌差异点和品牌活力点来源？它们如何与品牌联系起来？

品牌差异点和品牌活力点必须要与目标品牌联系起来。如果它们是通过子品牌联系起来的（如阿迪达斯街球挑战赛或亨氏 EZ Squirt 番茄酱），任务就可能很容易完成。否则，这种联系可能需要投入资源并进行管理才能实现。最悲哀的莫过于开发出一个强大的品牌差异化优势，却发现大部分特征都和竞争对手的品牌联系在一起了。

从战略的长远角度来看，品牌差异点和品牌活力点应该拥有相对长的寿命，否则品牌建设的成本必须在短时间内摊销才能使其变得有价值。它们还需要被积极管理，以便能够在一段时间内成功发挥作用。有些品牌差异点和品牌活力点可能需要它们自己的开发计划，以保持扮演指定角色所需的力量。例如，如果一项品牌服务保持不变，那么竞争对手将会复制它，品牌的力量最终将被削弱。然而，如果品牌服务因为不断进步而成为一个移动的目标，那么它将更难被市场中和。

如果一个品牌缺乏品牌差异点，并且开发一个品牌太贵或需要花太多时间，那么可以选择从别的公司"借"一个或"租"一个。这项任务涉及品牌联盟。我们将在下一章讨论这种联盟的潜力、风险和管理。

设置优先级：银弹品牌

在某些情况下，会有许多品牌活力点和几个品牌差异点。如果是这样的，就需要确定优先级。确定优先级应该基于两个标准，如图5-5所示。第一是对目标品牌的影响——就定义而言，你应该寻找有意义、有影响力的品牌差异点和品牌活力点，以显著提升品牌。第二是建立和支持品牌或品牌联系所需的资源。影响不大但能以很低的成本实施和管理的品牌可能很有吸引力。

确定优先级通常需要分段完成。例如，在索尼的案例中，PlayStation的尖端图形技术将为索尼品牌在青少年市场上带来最大的潜力；Handycam则将为它在那些重视回忆的家庭市场上带来更大的潜力；VAIO则可能对那些关注质量的商人来说更为重要。

最高优先级的品牌差异点或品牌活力点被授予银弹品牌的地位。在一系列品牌差异点或品牌活力点中，银弹品牌将具有较强的战略影响力，并确保获得高水平的品牌管理资源。对于任何目标品牌来说，通常最多只能有一两个银弹品牌，而许多品牌连一个都没有。

在建立相关性、差异性和活力方面，具有银弹品牌地位的品牌通常具有优势。然而，这并不意味着创建或指定一个品牌充当银弹品牌是有帮助的。事实上，这很容易造成浪费、错觉和分散。一个银弹品牌背后需要有实质性的东西和战略视角，还要有随着时间的推移对它进行投资的意愿。

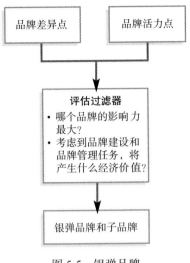

图 5-5 银弹品牌

| 思考题 |

1. 想一想你的主品牌。它们有多不同？它们有任何品牌差异点吗？是否有功能、成分、服务或活动可以被包装起来，并对其进行品牌命名？如果有，你会建议用多少品牌建设预算来支持这些品牌？

2. 想一想你的主品牌。用活力等级来给它们评分。哪个品牌得分高？为什么？对于那些需要注入更多活力的品牌，建议创建品牌活力点。从活力方面评估你当前的品牌活力点，它们是否与品牌相称？它们归属于谁？它们是否与目标品牌有联系？

BRAND PORTFOLIO STRATEGY

第 6 章
评估战略性资产：品牌联盟

> 如果你够不到发痒的地方，就和别人做个交易，让他来帮助你抓痒。
> ——马修·格里姆（Matthew Grimm），《品牌周刊》(*Brandweek*) 作者
>
> 在没风的地方就用力划桨吧！
> ——葡萄牙谚语
>
> 独自旅行的人可以随时出发，而与他人同行就要等对方准备好才能出发。
> ——亨利·戴维·梭罗，《瓦尔登湖》

福特探险者艾迪鲍尔版

艾迪鲍尔于 1920 年在西雅图开设了第一家专卖店,它注重质量,并开创了退款保障的先河,直至今日公司还保留着这两种做法。⊖在最初的 50 年里,该品牌专注于户外活动,为重要的探险活动和休闲户外人士生产服装产品。该公司也是一个创新者。它有一项创新发明,生产出了有史以来第一件鹅绒隔热服装,并于 1936 年将之推上市场,这项发明被称为天际线(Skyliner)。几年后,在第二次世界大战期间,超过 5 万件这样的鲍尔飞行夹克为战争做出了贡献,并成为那个时代的标志之一。

1970 年后,该公司开始积极扩大其在西雅图的零售业务,到 2000 年,其商店增加到 500 多家。品牌的关注点也被延伸到了男女休闲服装。然而,艾迪鲍尔公司并没有抛弃其生产户外产品的传统。它的广告以户外场景的照片为特色,描述了它生产的服装能适应各种自然环境的能力。与美国森林公司(American Forest)的合作以及"增加 1 美元,种下 1 棵树"的零售计划最终让该公司种下了数百万棵新树。该公司推行的"建设绿色城市"植树之旅活动为城市种下了许多树木。2000 年,艾迪鲍尔与《国家地理》杂志合作赞助了一部关于刘易斯和克拉克的电影以及一个关于探险的全国公共广播的系列节目。

1983 年,艾迪鲍尔将其品牌授权给福特,创建福特探索者艾迪鲍尔版本(见图 6-1)。这种非凡的合作关系持续了 20 年,这款车已经售出了 100 多万辆。以福特探索者为背景,这款合作品牌的汽车得到了艾迪鲍尔时尚和舒适的保证。福特探索者与众不同的是,当 SUV 市场上的品牌激

⊖ 这部分信息源自 Eddie Bauer and Ford websites,2003;Steve Gelsi," A Marryin' Mood," *Brandweek*, September 2, 1994, pp. 24-28.

增、产品一片混乱时,它的内饰因受到了艾迪鲍尔的影响而有所不同。这种合作关系为福特和艾迪鲍尔带来了巨大的利益。

探索者艾迪鲍尔版

十多年来探索者艾迪鲍尔版一直定义着 SUV。2003 年,外部商标包括亚利桑那米色车身下部处理和一个缎面镍罩格栅及铸铝车轮。豪华双色真皮座椅营造了一个温暖的内部感觉,您可以使用标准的 290 瓦的发烧友(Audiophile)6 碟 CD 音响系统。6 向电动可调节加热前排座椅带有驾驶员侧记忆功能,以及带动力的可调节加速器和带记忆功能的制动踏板,使前排座椅非常舒适。事实上,探索者艾迪鲍尔版拥有宽敞的车内空间、可供选择的 7 人座和时尚靓丽的外表,对每个人来说都是一个非常舒适的选择。

图 6-1 福特探索者艾迪鲍尔版

通过与艾迪鲍尔合作,福特与户外细分市场,户外活动协会、户外活跃人士,生产舒适、高质量产品,具有品位和格调鉴别力的联系了起来。福特还得到在艾迪鲍尔商品目录中独家曝光的机会,该目录的发行量超过 1 亿份。由于该款汽车独具舒适性和时尚风格,因而上述联系使福特不仅能提供功能优势,还能提供自我表现优势。

艾迪鲍尔从广告、宣传、展厅体验,以及(最重要的是)福特探索者车主与朋友的互动中获得了令人难以置信的曝光率。此外,与 SUV 的关联强化了人们的户外传统和休闲生活方式,这是艾迪鲍尔品牌的核心。事实上，这种合作伙伴关系创造了一个可持续的双赢计划，这就是为什么它能够经受住时间的考验、汽车市场的起起落落和顾客口味的变化。

艾迪鲍尔品牌承担的风险是有限的。首先，福特探索者在合作品牌中扮演的是主品牌的角色，客户购买的是福特探索者，艾迪鲍尔品牌的质量、品位和风格都反映在车内。其次，该车与艾迪鲍尔品牌相关联的部分相对容易达到艾迪鲍尔的标准。

20世纪90年代，艾迪鲍尔通过一系列合作品牌条目来利用和扩大它的品牌联想。1997年，莱恩家居用品公司以艾迪鲍尔生活方式（Eddie Bauer Lifestyles by Lane）为品牌创建了一系列躺椅和睡眠沙发，受到了市场的欢迎。该系列现已扩大，甚至还包括一个"儿童"系列。1998年，捷安特推出艾迪鲍尔自行车。2000年，签名眼镜（Signature Eyewear）推出艾迪鲍尔功能型太阳眼镜。2001年，艾迪鲍尔与美国娱乐产品公司（American Recreation Products）联手推出一系列露营装备。2003年，天行道行李箱公司（Skyway Luggage）创立了一个新的行李箱系列。在此过程中，艾迪鲍尔品牌提升了它的知名度并增强了品牌联想。此外，该品牌变得更加广泛，更像是一个生活化的品牌，这有助于延伸其品牌边界。

延伸品牌也有风险，部分原因是品牌处于领先地位，而且一些延伸品牌的做法确实将品牌扩展到了舒适区之外。鉴于这些风险，各种产品的设计和生产在休闲生活中提供品牌所追求的质量、品位和风格变得至关重要。任何偏离都会危及品牌资产。

大多数公司都在这样动态多变的环境中竞争，在这种环境中，公司很难保持其相关性、差异性和活力。几乎每个市场都在因新的技术、产品的应用、客户品位的变化，以及竞争对手的举措而不断发生变化。

这种苛刻的环境带来了重大的内部挑战，要加快新产品的开发，这些产品需要一些"本垒打"才能从失败者中胜出。企业需要开发新的业务能力和品牌资产，以创建和支持新产品，以及适应现有产品的变化。企业需要在成熟的产品领域中找到区分和激励现有产品的途径。品牌建设需要变得更加高效并且有效，因为面对利润下滑，公司已不能容忍那些平庸和低效的努力。

伴随这些挑战的是资源、时间和组织能力方面的严格限制。研发、生产、品牌和品牌建设方面需要新的资源，同时现有业务需要资源来保持活力和提高效率。就第3章介绍的可信度覆盖区而言，公司可能存在品牌相关性或竞争力方面的差距，或者两者都存在。这些资源将从哪里来，尤其是当市场环境迫使利润缩水的时候？在威胁占据上风或在机会消失前，如何快速完成所有的这一切？时间是朋友的时代已经过去了。机会之窗通常很窄。

此外，即使有无限的时间和资源，也不清楚去迎接其中的一些挑战是否可行。例如，对于某些组织来说，并不总是有可能创建一个新的可信的品牌产品。开发有效的品牌建设项目，打破混乱也很难把握。解决组织能力差距可能需要大量的资源，或者更糟的是，可能会危及现有的业务。想和做是完全不同的事情。

克服资源、时间和能力限制的方法是探索品牌联盟。*品牌联盟包括两个或两个以上的公司，它们将自己的品牌联系在一起，以创造卓越的市场产品，或参与有效的战略性或战术性品牌建设计划。*其他公司或实体拥有自己公司缺乏的能力或资产；通过联合，可能会出现新产品和品牌建设活动，否则这一切是做不到的。通过品牌联盟立刻实现相关性、可信度、差异性并充满活力，至少在理论上是可行的。

可以想象，福特本可以开发自己的品牌，而不是使用与艾迪鲍尔合作的品牌，例如创造福特探索者莱泽里德汽车。两个问题立即变得显而易见。首先，尽管福特有其现有的品牌建设需求，但很难找到足够的预算来创建莱泽里德品牌，并为其注入满足目标市场所需的自我表现优势。其次，即使有无限的资源，这种努力也不一定可行，可能由于耗费了太长的时间而不值得。相比之下，艾迪鲍尔品牌具有即时意识、期望和自我表现的优势。与艾迪鲍尔品牌合作的品牌的名字就能立即为福特提供了一个独特的入口，这实际上是它不可能单独开发的。

同样，迪士尼在其主题公园中开设麦当劳餐厅，而不是开发自己的菜单和食品零售渠道，麦当劳使用迪士尼里的人物和电影形象，使自己的促销更有效。温迪赞助了 ESPN 的一个推广活动，参与者可以访问温迪或 ESPN 网站，并赢得一次 ESPN 之家的旅行活动，在那里他们可以客串热播体育节目的主播。所有这些品牌联盟都有可能提高联盟计划的成本效益并扩大其影响。

大多数人认为品牌组合仅限于自有品牌。开放的观念则认为外部品牌联盟也可以是品牌组合的一部分。尽管联盟品牌由另一个组织控制和管理，但它们能否被选为联盟品牌、它们在组合中的角色以及它们与品牌组合中其他品牌的联系都需要得到积极的管理。

品牌联盟可以采用多种方式。本书探讨的四种类型将有助于说明品牌联盟的潜力和问题。第一种联盟类型涉及合作主品牌，因为这两个品牌在产品或计划中都扮演主品牌角色。第二种外部品牌差异点的联盟，利用竞争对手无法得到的外部品牌提供差异点。第三种涉及外部品牌活力点，品牌活动或特性将通过它来提升目标品牌。第四种是战术性品牌联盟。在逐一描述它们之后，我们将提出与管理品牌联盟相关的问题。

合作主品牌

在主品牌开展合作的情况下，品牌合作双方同时扮演主品牌角色，这两个品牌都很重要，在产品中都起着主要的驱动作用。例如，索尼爱立信（Sony Ericsson）是一家合资企业，它将爱立信在电信技术领域的声誉与索尼对个人创造力和自我表现的热切追求结合起来。该品牌联盟的首批产品包括一款移动电话和一款通信移动摄像机（CommuniCam Mobile Camera），它利用的是索尼在这方面的可信度。如果没有合作品牌，索尼和爱立信想要单枪匹马地在市场领导者诺基亚面前创造客户价值是很困难的。

就金融影响方面而言，信用卡领域是最重要的、以采用合作主品牌方式进行品牌联盟的领域之一。该领域的先锋是美国航空公司（American

Airlines AAdvantage）。它在 1986 年与花旗银行维萨卡（本身是花旗集团和维萨的合作品牌）发展成为合作品牌，向使用信用卡购物的顾客赠送常客飞行里程，该信用卡的发行量超过了 250 万张，使用者占 AAdvantage 积分计划参与者的 5％以上。除了让常客获得飞行奖励之外，这张卡本质上是对基本的飞行常客计划的补充。从那以后，许多模仿者集聚在信用卡合作品牌领域，把该领域弄得混乱不堪，在这种局面下，它们面临的挑战是如何打造合作品牌的资产价值。

合作主品牌可以是强大的战略性工具，它有几个潜在的优势，如下所述。

创建相关的差异化产品

合作品牌有潜力创造具有差异点的产品，但前提是它们的品牌联想是互补的而不是多余的。重点是要让创造出来的产品优于任何一方独自开发出来的产品。

亚马逊和玩具反斗城（Toys "R" Us）开发了一个合作主品牌产品，该产品拥有两个互补的品牌。亚马逊已经证明了它在互联网零售方面的信誉，它在提供易用、刺激的在线体验和可靠、快速的服务方面享有当之无愧的声誉。它还为网络购物者提供了巨大的客户群。玩具反斗城在零售业享有盛誉，这是一套包括经典玩具和更多新玩具在内的高质量产品。

合作主品牌的成果可以拿来与两家公司在 1999 年节日期间各自单干的结果做比较。当时玩具反斗城在美国的互联网交付系统崩溃了，导致愤怒的顾客对该品牌掩饰不住的失望，其品牌形象也因此严重受损。与此同时，亚马逊以不太专业的方式进军玩具业的尝试让公司整整少售出了价值 3900 万美元的玩具。于是，一个在两个关键方面都很突出的合作品牌因为品牌联盟而产生了，它们缺一不可，想在合理的时间内得到一个好的结果更是无从谈起了。从销售量和利润率来看，结果都很不错。

当合作品牌之间存在真正的协同效应，各方都有强大的品牌联想，而且双方能互补时,品牌合作的影响力可能会远远超出预期。柯达的一项研究显示,对于一款虚构的娱乐设备,20%的潜在客户说他们会因为看到柯达的名字而购买该产品,20%的人会因为看到索尼的名字而购买,但是80%的人因为这两个名字而购买该产品。[1]这意味着这两个名字的组合代表了一种进步,该研究说明,品牌合作带来的优势是其中任何一个品牌单独行动都无法企及的。

一个成功的合作主品牌必须从各个品牌方中找到可见的客户利益,它们一起代表了一个差异点。如果不存在利益,那么仅仅拥有相似的客户或品牌联想是不够的。例如,费雪和麦当劳共同为儿童推出了一系列游戏食品和玩具厨房器具。[2]麦当劳品牌在费雪品牌提供的客户利益之外并没有带来任何其他的客户利益。事实上,它还有可能降低产品在玩具领域的可信度。

延伸品牌

合作主品牌也可能带来更大的延伸自由——就像把两条橡皮筋连接在一起,会比一条橡皮筋拉得更长。因此,合作主品牌代表了一种进入新产品市场的方式,这是创建新品牌或延伸现有品牌的替代方式。当然,创建一个新品牌往往代价过高或根本不可行。品牌延伸可能会使品牌超越其产品界限。在品牌合作的情况下,可以将风险降到最低,因为每个品牌都可以忠于其传统和形象。亚马逊和玩具反斗城都无须在其品牌联合过程中做出让步;合作品牌使品牌的各个方面都得到增强。

博朗和欧乐 B 都发现对电动牙刷进行品牌延伸是一种过度延伸,把博朗和欧乐 B 牙刷放在一起建立一个合作品牌却很合适。博朗在打造可靠的电动个人护理设备方面建立了信誉,很大程度上基于其在剃须刀领域的成熟背景。欧乐 B 在牙齿护理方面建立了信誉,因为它得到了牙医的强势背书。它们结合在一起,在两个关键维度上都能占据主导地位。

减少品牌建设投资

合作主品牌可以利用现有的品牌资产，以便减少用于支持新品牌的投资。例如，通用磨坊的优诺酸奶使用 Trix 品牌推出了 Trix 优诺酸奶，这是一种面向儿童的产品。除了已经投资在 Trix 谷物上的 1200 万～1500 万美元之外，新产品没有额外的电视广告支出。该公司利用的是 Trix 谷物在顾客心中的知名度以及它在儿童心目中的地位。但是，如果优诺试图针对儿童消费者开发一个新的品牌，那么成本就会高得惊人。

唐思都乐（Dunkin' Donuts）、芭斯罗缤（Baskin Robbins）和途哥（Togo）品牌在共享设备领域中的结合创造了品牌和运营的协同效应，预计每个品牌的销售额都能增长 50%。[3] 每个品牌都对客户有吸引力，从而为其他品牌带来了知名度。此外，由于这三个品牌的日常使用模式不同，因此设备和人员可以得到更有效的使用。相比之下，把一个意大利品牌和一个墨西哥品牌组合起来的尝试却失败了，因为客户同时会被两个概念所吸引，造成两个品牌的服务和业务互相竞争，从而都下滑了。

防御作用

合作主品牌之间的联盟具有战略上的防御作用。如果竞争对手根据市场趋势做出反应，即将找到一个具有战略意义的重要位置，那么在没有经过长时间的测试和战略调整的情况下，快速做出一个具有很高成功可能性的反应是至关重要的。例如，竞争对手曾试图在健康谷物食品领域定位，这是一个重要的、有发展前景的领域，但是很难突破。家乐氏和其他谷物食品公司不停地失败。然而，家乐氏获得了健康之选品牌的特许权，从而立刻获得了可信度，拥有了一个相对健康并且口感良好的形象。这样的举动占据了一个滩头阵地来阻止竞争对手，也阻止了竞争对手和健康之选开展合作。

合作主品牌涉及的三种品牌

合作主品牌包括三个品牌，两个主品牌（如亚马逊和玩具反斗城）和该合作品牌（如亚马逊上的玩具反斗城）。这两个主品牌对合作品牌的影响当然很重要。合作品牌想要成功，在很大程度上取决于进行合作的两个品牌方在市场上的品牌联想和可信度。

西蒙宁（Simonin）和鲁思（Ruth）的一项研究在经验上证明了这种关系，他们在平面广告中将一个汽车品牌（福特、丰田、大众或现代）与一个微处理器品牌（摩托罗拉、富士通、西门子或三星）联合起来，并测试了人们对合作品牌产品的反应。[4] 他们后来用西北航空公司和维萨公司做了这个测试，并以迪士尼和零售商作为对照。研究人员发现，合作伙伴的品牌确实会影响顾客对合作品牌的反应。他们还发现，两个合作伙伴品牌中更强大、更为人所知的品牌将产生更大的影响，两个品牌的契合度也会影响顾客对合作品牌的判断。

此外，在任何品牌联盟中，不仅得看"我方"能为"你方"做什么，也得看我们的合作能为"我方"和"我方"的形象做什么。因此，在评估合作品牌时，重要的是要考虑合作伙伴一方的品牌和合作品牌对合作伙伴另一方的品牌的影响。最好的情况是参与合作的品牌和合作品牌能对加强品牌形象带来一些品牌联想。

西蒙宁和鲁思的研究还表明，对合作品牌的认知会影响合作伙伴各方品牌的联想。然而，不太知名的合作方品牌会相比知名度较高的合作方品牌受到更大的影响。人们对它的态度也更容易受到影响。在极端情况下，一个客户完全不认识的品牌将受到合作品牌和合作方品牌的显著影响。

如果合作品牌合作良好，那么福特探索者艾迪鲍尔版在造型、功能和感觉方面应该能增强艾迪鲍尔品牌。此外，福特探索者（对福特的影响要小一些）的品牌联想也可能影响艾迪鲍尔品牌。因此，与福特探索者相关的任何负面宣传，即使它可能与造型设计无关，也可能影响艾迪鲍尔品牌。如果一个合作方品牌在感知质量和声望方面"高于"或"低于"另一个合作方品牌，那么一个品牌对另一个品牌产生影响的可能性就会比较大。在这种情况下，两个品牌不能门当户对的话可能就会有风险。

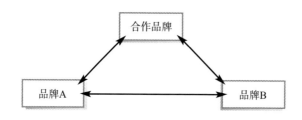

外部品牌差异点

正如上一章强调的，品牌差异点是一种创建差异性的方法，即使是在参与度和兴趣较低的成熟的产品类别中也是如此。它有助于宣传，并使差异明显，如果对它进行长期的适当管理，可以为顾客选择、忠实度和竞争优势奠定基础。问题在于，很难找到适合品牌的特征、成分、服务或活动，以及需要的品牌建设和品牌管理工作。创建和建设一个品牌是昂贵的，而且往往根本不可行。把它与目标品牌联系起来也是一项不平凡的任务。

另一种选择是使用来自另一家公司的品牌，这个品牌已经有吸引力、可信度和强大的品牌联想作为品牌差异性因素。因为它来自组织外部，所以它可以被称为外部品牌差异点。假设可以找到这样一个品牌，那么就能把问题简化为建立一个品牌联盟并将它与目标品牌联系起来，这比创建一个新品牌更可行和经济。

外部品牌差异点可以是品牌特征、服务、计划或成分。最常见的是品牌成分。例如，德雷尔公司与火星公司达成协议，允许它使用Twix、M&Ms和士力架糖果作为冰激凌口味的基础。

要想成为外部品牌差异点，就要让竞争对手无法使用它。因此，所有竞争对手都可以使用的品牌，如杜比音响系统（Dolby System）、戈尔特斯（Gore-Tex）、莱卡、特氟龙（Teflon）、利乐（TetraPak）、THX、

Woolmark、Intel Inside 和通用汽车引擎都不适合成为品牌差异点。必须有一个独家合作的排他性关系或表面上看起来有这种关系。好时糖浆等独家配料品牌可能会为其合作伙伴贝蒂妙厨蛋糕混合物提供可持续的差异点。在蛋糕这个成熟且竞争激烈的市场中，有三个强大但差异较小的品牌，只有好时的品牌成分带来了一些区别。然而，这种差异性只有在邓肯海因斯（Duncan Hines）和品食乐这样的竞争对手无法获得好时的品牌成分时才存在。

让外部品牌差异点具有排他性的一种方法是创建一份长期合同，规定竞争对手无法获得该合同。捷安特自行车确信没有其他自行车公司可以获得与艾迪鲍尔品牌合作的机会，因为这是它与艾迪鲍尔协议的一部分。

还有其他方法可以在表面上营造出几乎同样有效的独家合作的效果。一种方法是利用先发优势和大量的合作品牌建设来占据主导地位，以至于其他人要么不愿意采取类似的策略，要么缺乏对客户的足够了解。另一种方法是创造、拥有，或独家获得一种互补的成分或技术，再把双方组合起来形成差异点，并且可能拥有该组合。还有一个方法是选择对竞争对手没有吸引力的合作品牌。例如，中低端品牌可能会使用高级的成分品牌作为品牌差异点。拥有高端或超高端品牌的竞争对手可能不会发现与同样高档的成分品牌相关联是有用的，即使它拥有与之联盟的机会。

为了理解如何有效地创造和利用外部品牌差异点，了解一下各方的动机是很有帮助的。

品牌差异点在合作品牌中的动机

成分品牌有几个与主品牌公司合作的动机，每个动机的重要性都取决于市场环境。除了创造能发挥协同作用的合作品牌产品以吸引客户之外，它还希望：

- **获得知名度并强化品牌联想**。成为外部品牌差异点就有可能在品牌建设方面起到巨大的作用。KC Masterpiece 烧烤酱凭借作为乐事（Lay's）薯片的配料而获得了它作为产品类别领导者的知名度和信誉。

- **与客户建立关系，获得长期收入**。当一家公司致力于推广一个外部品牌差异点时，它也致力于购买和使用该品牌。当普兰草坪拖拉机（Poulan Lawn Tractors）强调它由百力通（Briggs & Stratton）发动机提供动力时，就相当于是在向客户介绍其产品。因此，普兰不太可能去其他公司采购发动机。
- **带来许可收入**。把自己的品牌授权给别的公司作为品牌差异点，对于像阳光少女（Sun-Maid）这样的品牌来说是一个重要的收入来源。阳光少女品牌的葡萄干比其公司供应的葡萄干更有价值。

主品牌利用外部品牌差异点的动机

使用外部品牌差异点的动机通常是为了更高效、更有效、更及时地获得相关性和差异化。

品牌差异点的基本作用是在某个突出方面为品牌带来优势。当这个方面的排他性水平较高时，这种优势可能是可持续的。因此，士力架口味的冰激凌可以在士力架爱好者中赢得相当多的追随者，而该冰激凌品牌也由此得到了一个差异点。

要成为一个有效的差异点，配料品牌需要以对客户有意义并能够对客户的选择和忠诚度产生影响的东西来扩充或支持产品。KC Masterpiece 品牌被应用于零食行业时，显然为使用该品牌的产品增添了一种美味和独特的风味。相比之下，必胜客多力多滋（Pizza Hut Doritos）和塔可钟多力多滋（Taco Bell Doritos）失败了，因为它们没有带来可以利用的风味或与客户的联系。

品牌差异点还能通过让声誉较差的品牌进入客户的考虑范围来创建品牌相关性。普兰草坪拖拉机的价格比它竞争对手的产品便宜，名气也没有竞争对手大。为了改变自己在客户心目中质量较差的名声，它明确宣传自己的设备采用的是百力通公司生产的发动机。既然百力通的发动机被认为是质量上乘的，那自然就暗示着普兰公司所生产的设备的其他部件也是质量上乘的，因为没有人会把百力通和质量较差的设备联系到一起。与此相反，市场上知名度较高的竞争对手，如约翰迪尔品牌和工匠（Craftsman）品牌，早就被认为有质量过硬的部件，因而它们没有使用百力通发动机的理由。这种做法是为了告诉我们，客户需要得到零部件质量的保证，但是这很可能降低产品本身的重要性。

只有当品牌差异点的声誉超过主品牌时，主品牌的感知质量才会受到品牌差异点的影响。对包装好的饼干中的巧克力碎和烹饪设备中的不粘涂层所做的一些私人研究表明，品牌化的组件是有价值的，并且有助于提高主品牌的感知质量，除非它们被放置在已经有很强形象的品牌上。例如，品牌巧克力对纳贝斯克有所帮助，但对非凡农庄（Pepperidge Farm）这个超高档的品牌没有带来任何帮助（大概是因为消费者认为非凡农庄本来就只使用最好的原料）。

鉴于潜在的有影响力的成分品牌的存在，必须把品牌差异点的定位和它在品牌长期战略中的重要性确定下来。答案取决于其提供有意义的差异点或相关性的能力，以及保持独家关系的可能性。从一个极端来说，这个品牌能够驱动产品的定位；从另一个极端来说，它可能只是一个显而易见的属性，在定位战略中居于次要地位。例如，雷克萨斯汽车公司及其网站上提到了马克莱文森（Mark Levinson）音响系统被安装在雷克萨斯汽车中，以便给高保真音响发烧友留下深刻印象，但对大多数的客户而言这并不是一个突出的特点。

租赁还是自有

当一个品牌差异点足以成为对一个产品进行感知或评价的因素时，它就有资格得到一个品牌名称，这时候往往会有两个选择。就像在第 5 章里提到的，第一个选择是自己拥有和控制该品牌。如果自有品牌的差异性优势因其独特的价值或公司在背后投资而获得吸引力和资产价值，那么企业就有可能利用这种资产价值来支持某个可持续的差异点。

另一种选择，也是本章的重点，是将另一家公司的既定品牌作为外部品牌差异点，对产品进行合作品牌推广。结果是把现有的品牌联想和两家公司的信誉度结合起来。当然，合作品牌是否继续下去将取决于两家公司是否继续拥有实施合作品牌的动机和组织能力。

应该"租赁"一个成熟的品牌吗？该决定将部分取决于这个知名的外部品牌的差异化优势，以及创建一个内部替代方案的可行性。对于亨氏来说，租赁是解决问题的办法，该公司在试图用自己的"辣酱"品牌销售辣酱时遇到了困难。与塔巴斯哥（Tabasco）品牌合作的亨氏番茄酱 Kick'rs 却卖得很好。塔巴斯哥品牌传达了产品的本质，并赋予产品可信度和差异化。

非独家所有的成分品牌

许多著名而强大的成分品牌（如 Intel Inside、微软的 Windows、杜比和 Gore Tex）都不是独家授权的，许多竞争对手都可以使用它们。事实上，拥有这些品牌的公司的目标是让所有竞争对手都签订合同使用这些品牌。问题在于，这样一来，成分品牌的差异化力量会被削弱或消除。在极端情况下，客户会主动寻找品牌化的成分，合作方的品牌却沦为一种毫不起眼的"大路货"。

随后，问题就变成了为什么会有人愿意与非独家品牌合作。这里一共有三个原因。第一，由于技术和相关专利，可能必须使用某个成分品牌。这正是杜比在许多情况下营造出来的局面，微软也是如此。各个合作品牌之间进行合作是因为它们没有选择。成分品牌在本质上垄断了关键成分，这是每个品牌战略家的梦想。

尽管垄断地位令人羡慕，但它也可能使合伙关系变得不平等、专断。被迫参与的合伙人可能会想方设法摆脱这种权力结构，这可能会使合伙关系变得不健康、不堪一击。合作伙伴可以寻找其他方法，甚至因受到成分品牌的市场力量的刺激而采用法律途径来解决问题。因此，确保合作关系的良性发展，并为品牌合作伙伴创造权力结构之外的激励措施，会给强有力的成分品牌带来相当高的长期价值。

第二，正如我们从第1章的英特尔案例中看到的，主品牌接受非独家成分品牌是有经济原因的。只要Intel Inside标识出现在产品和广告上，英特尔就会提供6%的折扣，以支付合作伙伴不高于50%的广告费。在竞争激烈的低利润业务中，这确实令人信服。

第三，如果像英特尔或杜比这样的成分品牌已经建立了可观的资产价值，忽略它们的产品可能会让自己处于明显的劣势地位。一个被忽略的成分品牌，如果它被充分建立，可能会导致客户把主品牌剔除到他们的考虑范围之外。回想一下，多年来，Intel Inside品牌的优势导致带有Intel Inside标识的计算机价格上涨10%。

如果一个成分品牌是个非独家品牌，还可以选择对它进行个人标注——也就是说，允许用户开发自己的名称。通用汽车开发了OnStar导航、通信和安全系统，允许驾车者知道他们自己在哪里，让他们得到方向的指引，并在遇到麻烦时获得帮助。这项创新为凯迪拉克和通用汽车家族的其他品牌提供了一个差异点。在向雷克萨斯授予该创新产品的特许使用权时，通用汽车允许该公司将它重新命名为雷克萨斯链接（Lexus Link），从而削弱了OnStar品牌的差异化力量。从品牌推广的角度来看，这似乎是一个大错，但品牌不是在真空中运作的。事实上，如果该个人标注的条件谈不拢，雷克萨斯就不会采用这种创新产品。此外，通用汽车已经做出了一个经济决策，将OnStar作为行业标准，为了实现这一目标，有必要把特许使用权授予像雷克萨斯这样的品牌。

对于通用电气来说，租赁的方式并不理想。通用电气曾在其高档冰箱中使用 Culligan 品牌的水过滤系统。Culligan 是净水器产品中的顶级品牌，看起来似乎是一个理想的合作伙伴，这也得到了很好的验证。不过，通用电气还为厨房配备了一套独立的水过滤器系统，该产品采用的是通用电气旗下的 SmartWater 品牌。事实证明，与 SmartWater 品牌相比，Culligan 品牌在冰箱领域里并没有带来足够的边际效益，因此它被放弃了。

德赛（Desai）和凯勒（Keller）的一项研究显示了一个已建立的品牌差异点的力量。[5] 在实验中，他们比较了一个知名的成分品牌（Dayquil 的 Lifesaver）和一个用自己的品牌命名的成分品牌（ClearCold 的 Lifesaver）对延伸概念的反应。知名品牌在产品线延伸和品牌延伸两个方面都具有优势，部分是由于它在品牌延伸方面的可信度。当然，这是一个在实验室里进行的测试，如果给它加上一个令人信服的故事，配上出色的执行力，ClearCold 最终也会被顾客接受。

外部品牌活力点

正如上一章强调的，品牌活力点可以用来创造活力、知名度、兴趣、联想、情感和自我表现优势，尤其是在参与度和兴趣较低的成熟产品类别中。组织内部就有很多品牌活力点，包括产品（奥迪TT）、促销手段（奥斯卡迈尔维纳手机（The Oscar Mayer Wienermobiles））、内部赞助活动（阿迪达斯街球挑战）、品牌活动（雅芳防乳腺癌运动）、标识（面团宝宝）、首席执行官（比尔·盖茨），甚至生活方式（mLIfe）。当一个品牌的活力值太低、在竞争激烈的市场环境中寸步难行时，这些都是建立或振兴该品牌的有力手段。

正如上一章明确指出的，与目标细分市场产生共鸣并能提升目标品牌的品牌差异点很难找到，开发成本也很高。建立和管理一个内部品牌活力点不仅成本高昂，而且需要很长时间。事实上，在一个竞争对手拥有强势品牌和活跃的品牌活力点的市场上，这根本不可行。

寻找和管理内部品牌活力点时遇到的问题促使企业寻找组织外部的品牌。实际上，组织外部有无数的品牌，这些品牌拥有强大的实力，与客户的生活方式息息相关，拥有能提升品牌的必要的品牌联想，尚未与竞争对手合作，可以与目标品牌产生联系。通过一些约束条件和创造力，企业可以锁定候选品牌。接下来的挑战就在于如何建立和管理一个合作品牌联盟。

外部品牌活力点有多种来源。然而，在每种情况下，最有效的提升方式都有共性。它们是品牌活力的来源，能吸引顾客、引人注目、有品牌联想，并提供产生品牌联想的途径。其中最重要的是赞助活动、品牌代言人、产品、品牌象征物，以及国家或地区，下面将对此分别讨论。

赞助活动

对赞助活动管理得当，甚至可以改造一个品牌。试想一下像机油这样一种非常实用的产品，其中有个备受尊崇的品牌叫作胜牌（Valvoline），这样一个品牌通常很难具备兴趣点和活力，更不用说成为一个人生活的重要部分了。很少有人会产生阅读机油广告的想法，许多人认为机油是种大同小异的产品。然而，通过赞助活动，胜牌登上了全美运动汽车竞赛协会（NASCAR）的舞台，于是关于这个品牌的一切都发生了变化。

胜牌赞助的赛车项目包括多个方面。它不仅是全美赛车联合会的赞助商，还拥有全美赛车联合会的赛车队。胜牌的官网是赛车爱好者访问的目的地，访问者可以获得 NASCAR 比赛和其他比赛道的日程，并了解最近比赛的结果（包括图片和采访）。《车库的门背后》这个栏目会提供业内人士的信息和分析。访问者可以访问胜牌赛车队，了解该队目前的活动和最近的成绩。此外，还可以发送胜牌赛车贺卡，购买胜家赛车装备，下载胜牌赛车屏幕保护程序，并登录赛后点评（TrackTalk）网站，获得赛车比赛信息的更新。胜牌因此变得与赛车体验紧密相关，而不仅仅是一个汽车上的标志。

胜牌的核心市场是由这样一些顾客组成的：他们会自己更换机油，非常热衷于跟汽车有关的一切，全身心地投入到 NASCAR 的各个赛事中去。

胜牌赛车项目有可能在几个方面影响这个群体。在最基本的层面上，它为胜牌作为机油技术领导者带来了可信度和相关性。如果它不够出类拔萃，顶级车队就不会使用它，汽车的表现对引擎性能的依赖太大了。但是还有一些更微妙的可能性。通过选择胜牌，客户可以获得自我表现的利益，因为这是该品牌与顶级车手和车队保持相关性的方式。研究表明，这种关联会为品牌带来回报。1998年，一项研究表明，47%的美国公众对观看NASCAR的比赛感兴趣。在另一项研究中，60%的NASCAR车迷表示他们信赖赞助商的产品（相比之下，只有30%的美国职业橄榄球大联盟（NFL）球迷信赖其赞助商的产品），当一家公司成为赞助商时，超过40%的车迷会改用这家赞助商的产品。[6]

赞助活动可以给品牌带来终极的相关性，将品牌提升到一个令人接受甚至是领导者的位置上。一家试图打入欧洲市场但没有成功的软件公司在几个月内成了公认的领导者，当时它赞助了最顶尖的三大自行车赛队之一。三星最早只是一个韩国的普通品牌，后来一跃成为美国市场上真正的参与者，这是因为它赞助了奥运会。这种赞助比产品广告更能传达品牌信息。对数据的跟踪证实，精心构思和管理的赞助活动可以有所作为。认为维萨在信用卡方面占据优势地位的客户从奥运会前的15%上升到了奥运会期间的30%和一个月后的20%——这种巨大的转变通常会带来非常稳定的客户态度。[7]

赞助活动最重要的一个问题是，如何将它与品牌联系起来，事实上，对所有外部品牌活力点来说都是如此。恒美广告（DDB Needham）的赞助商观察（Sponsor Watch）显示，赞助活动发生混淆是很普遍的事。[8]根据1984年以来对奥运会的102个官方赞助商的跟踪，只有约一半赞助商的知名度提高了至少15%，比那些非赞助商竞争对手的知名度高了至少10%（这算不上是一个苛刻的标准）。那些能成功地把赞助活动和品牌联系起来的公司（如维萨和三星），围绕赞助活动开展了一系列的品牌驱动活动，包括促销、宣传活动、网站内容、时事通信和长期广告。胜牌的全美汽车竞赛项目就是一个典范。赞助活动的潜力是不会自动实现的。

使用赞助活动的一些指导原则包括：

- **覆盖面**。赞助是否覆盖了目标客户？覆盖面是不是太窄了？考虑一下那些没能参与活动的客户，而不仅仅是那些能直接接触赞助活动的人。
- **参与**。查看目标客户的兴趣和活动。如果赞助涉及客户的兴趣和活动，品牌就有机会成为客户生活方式的一部分或与客户生活的一个重要部分相关联的品牌。比如，胜牌赞助 NASCAR 的各项赛事，以及当地的汽车代理商赞助大学生橄榄球比赛。
- **联想**。了解目标。赞助商应该提升品牌识别中的哪些要素？然后主动寻找一个有恰当品牌联想的赞助品牌。
- **项目潜力**。有没有办法像胜牌那样利用赞助活动？是否有可能与赞助活动建立长期的品牌关系？

品牌代言人

一个品牌可能缺乏活力，现代的、品牌化的、充满活力的以及有趣的人物却很多。别克一直在努力保持相关性，因为它的车主已经成为所有汽车品牌中年龄最大的群体，甚至在 2001 年超过了凯迪拉克和林肯。[9] 即便别克算不上一个很酷的品牌，它也想被那些转而选购日本或欧洲车的车主，或是那些视年轻的成功人士为参照对象的车主所接受。尽管如此，扭转别克这样的品牌面临的局面，尤其是在年轻买家的目标市场，通过产品或广告几乎是不可能实现的。1999 年泰格·伍兹与别克签约并建立了长期的合作关系，此后他一直使用别克包，并且不断出现在商业广告中，支持别克举办的促销活动，并参加别克锦标赛。与泰格·伍兹的合作以及他对别克的背书使得别克 Rendezvous 卡车等新产品更加可信，车主的平均年龄也慢慢下降了。

那么对于任何名人形象代言人来说，如果这是一个更大计划的一部分，那么他与品牌的联系以及由此产生的利用关系将更加有效。别克与泰格·伍兹的合作关系可以追溯到 1958 年别克公开赛成立时，它对高尔夫运动的积极参与，就连现在，别克都还赞助了四项巡回赛。此外，还有别克业余争夺赛（前身为奥尔兹莫比尔汽车争夺赛），这项业余赛事始于 20

世纪80年代中期，吸引了超过10万名参赛者，并在奥兰多举行了一场引人注目的决赛。泰格·伍兹是名誉主席。它的网站链接到别克专卖店，销售别克高尔夫球包、别克标签运动服和老虎耐克球。因此，泰格·伍兹是品牌组合的核心，这个品牌组合涉及高尔夫锦标赛和支持活动、网站以及其他计划。

选择并聘请代言人是打造战略品牌活力点的关键第一步，有许多需要考虑的因素。品牌代言人（为品牌背书的人）应该：

- 具有吸引力。
  - 在目标受众中有知名度（知名度不高将限制品牌影响力）。
  - 吸引人、受人喜欢（单纯的喜欢不仅能够，而且确实会把受众的注意力转移到被背书品牌上）。
  - 真诚（是否会给人这样一种感觉：代言人是为了报酬而做的代言，对产品缺乏真诚的信赖）。
  - 新人，未过度曝光（作为代言人，过度曝光会降低影响力）。
- 有合理的品牌联想。
  - 强化品牌的品牌识别目标。
  - 打造与品牌本身的自然联系。
  - 灌输信心，即积极的联想能被充分利用，负面的联想能得到控制。
- 有潜在的长期关系。
  - 能建立长期关系。
  - 代言带来的品牌联想能历久弥新，而不是昙花一现。
  - 不太可能产生负面联想的代言人。
- 有围绕代言人创建品牌计划的可能。
- 具有成本效益和可用性（泰格·伍兹在5年内花了别克2500万美元，但真正的成本是围绕代言人开展活动的花销）。

产品

亨氏EZ Squirt或苹果公司的iMac这样的新产品，不太适合作为外部品牌活力点，不过也有例外。塔吉特百货利用品牌建筑师迈克尔·格雷夫斯（Michael Graves）为他们创造了一系列产品，从床上用品到游戏再到家居用品。他们还让南加州的流行设计师莫西莫·詹努利（Mossimo Giannulli）设计了一系列服装和鞋子。因此，格雷夫斯和莫西莫创造的产品便成了塔吉特百货的品牌活力点。

德雷尔限量版冰激凌是德雷尔的一个活力来源。其理念是每年在有限的时间内围绕史酷比（Scooby Doo）、奥克兰突击者（Oakland Raiders）等职业足球队和女童军饼干（每年都会出现）等主题推出冰激凌口味。这些独特的口味吸引了人们的注意，激发了大量的品牌活力，带来了销售额的猛增。唯一的问题是"限量版"的口味带来了太多品牌活力，导致销量最大的热卖产品——香草口味和巧克力口味的冰激凌的销售额反倒有所下滑。

创造具有"本垒打"效应的合作品牌产品需要跳出固有的思维模式去思考，寻找创造性的新想法，还应该坚持让最后形成的品牌与顾客产生共鸣。塔吉特百货以折扣价出售的设计师级商品和奥克兰突击者冰激凌，每一个都有非常有意义的细分市场。最后，实施过程要完美。虽然德雷尔把特许权转让了出去并对合作品牌进行控制，但塔吉特百货面临着执行方面的挑战，因为两家公司都要履行其对产品的承诺。

品牌象征物

使用品牌代言人带来的问题是，即使做出了很好的选择，也会有出错的时候。任何一个真实的人都会犯错并变老。迈克尔·乔丹最终也永远退役了，这降低了他的影响力，耐克不得不逐步引进勒布朗·詹姆斯这样的新代言人。还有一些代言人，自己本身没有做错什么，却总是负面消息缠身，这会限制他们作为代言人的效力，更糟糕的是，会损害品牌。品牌象征物却不会带来这种风险。20世纪90年代初，巴特·辛普森（Bart Simpson）为黄油手指饼干（Butterfinger）创造了活力、个性和巨大的收益；史努比近20年来一直是美国大都会人寿保险公司（MetLife）的象征。

大都会人寿在1985年采用了查理·布朗（Charlie Brown）设计的人物形象。它的目标是为保险业提供一种温暖、轻松、不具威胁性的方法——许多人认为保险行业非常枯燥、会掏空别人的腰包，还爱耍官僚主义作风。所以销售保险是非常困难的。史努比为实现这些目标提供了一种工具。它有着令人熟悉的、可爱的形象，能与幽默、温暖的情感以及其他查理·布朗设计的人物联系在一起。史努比的形象出现在大都会的网站上、广告飞艇甚至大都会人寿的标志上，它的作用是防止出现心理学家所谓的反驳作用。客户对保险公司打出来的广告总会有一种冷嘲热讽的态度，但是这种态度由于令人喜爱的史努比的出现而缓和了。部分原因是人们觉得与可爱的卡通人物争论是毫无意义的。

理解品牌象征物的作用很重要。这是为了创造品牌个性吗？是为了暗示或加强品牌联想吗？还是为了给平淡无趣的信息注入幽默和可爱的元素？想好品牌所扮演的角色，就有可能主动寻找合适的角色。

国家或地区

一个国家或地区也可以有某个强势品牌，可以为目标品牌引发客户的兴趣、带来品牌活力和差异化。例如，提起香奈儿（Chanel）和欧莱雅就会让人想到巴黎；说起贝克（Beck's）啤酒和奔驰就会让人想到德国；提起红牌（Stolichnaya）伏特加就会让人想到俄罗斯；一说到沃尔沃（Volvo）就会联想到瑞典；说起布鲁明戴尔（Bloomingdale）百货公司就会让人想到纽约；看到麦当劳、可口可乐和李维斯就会想到美国人；看到索尼就会想到日本人；堡康利（Buitoni）代表着意大利的本真性；帝王（Dewar's）威士忌会让人想到苏格兰。在每种情况下，品牌与一个国家或地区之间的紧密联系意味着该品牌的产品有着更为上乘的品质，因为该国家或地区有在该产品类别中发挥最佳作用的传统。大量研究证实，某一产品类别的品牌可信度将受到原产国的影响。

一个国家或地区的品牌不仅能创造信誉，也能带来情感和自我表现优势。几十年来，将一个品牌与西方联系在一起已经在日本市场创造了自我表现的优势，并在一定程度上解释了为什么西方品牌在日本受到高度重视，从星巴克和麦当劳到劳力士和奔驰都是如此。布鲁明戴尔百货公司利用曼哈顿的活力，创建了一家仅凭功能优势难以建立的目的型商店。地区或国家通常不会像代言人一样，其代言能力不会逐渐减弱。然而，也存在风险，因为政治和文化力量会影响一个国家的形象和个性，可能将品牌联想变成一种不利因素。

当一个品牌决定是否与一个地区或国家建立联系时，有几个问题需要考虑。这个国家或地区是否与产品类别相关？该品牌是否与该国家或地区有联系？这种联系能否代表一个有意义的差异点？能否将这种联系用来开展一系列有效的品牌建设活动？以堡康利和意大利的关联为例，它给堡康利品牌家族的本真性和一系列品牌活动带来了具有意大利特色的厨艺和传统。

战术性品牌联盟

品牌联盟也可以用于战术性的品牌建设，其任务是快速创建相关性、差异点和活力，以期实现一个短期目标。战术计划可以采用多种形式，包括广告、宣传、游击队营销和促销。促销活动，尤其是战术性品牌联盟的有力运作，将在这里被作为一种工具来介绍涉及的问题。

促销活动通常被视为创造短期销售量或其他客户活动的战术手段。因此，它们并不会有助于品牌建设，而是会贬低或损害品牌。因此，价格上的刺激手段，如3000美元的购车折扣或50美分的食品优惠券，都表明品牌应该打折，因为它们将注意力从品牌转移到了价格上。提高价格意味着购买的是某种大众商品，这恰恰是创建差异点和活力点的障碍。然而，品牌联盟有助于促销活动具有成本效益性、独特性和相关性，与此同时还能提升和强化品牌价值。

品牌联盟可以增加或强化品牌联想。例如，大众汽车在夏季促销活动中为大众捷达（VW Jetta）附赠一辆崔克（Trek）山地车和自行车架，结果售出了约16 000辆汽车。附赠崔克山地车与汽车市场上的折扣战形成鲜明对比，代表了捷达品牌及其客户的生活方式。每买3套慧俪轻体1号（膳食成分）可以获得一瓶健怡百事可乐或百事可乐。与慧俪轻体的关联微妙地强化了百事饮料的低热量属性，慧俪轻体则获得了一些百事带来的活力。再如，Nouvelle进行了一次打包促销活动，参加这项活动的顾客有机会赢得Centerparcs 100个家庭假日活动中的一个，该主题公园属于欧洲5个大型联合公园之一。此外，顾客还能获得10 000套草地花卉工具套装。[10]这两个促销的品牌相得益彰，都表达了对环境问题的关注。

为了提高效率，促销活动需要通过新颖的方式摆脱杂乱的现状，促销的内容要能真正吸引广大的目标客户。要在混乱的市场中做到这一点并不容易。但是，合作伙伴品牌的使用会带来一些转变，有助于促销活动脱颖而出。利用崔克山地车做促销活动对于汽车行业来说是新的，并为差异化的促销提供了基础。Nouvelle的促销活动非常新颖，因为它将3个有共同价值观的品牌结合起来了。

两家或两家以上公司联合起来进行促销意味着促销的成本将被分摊。这通常会彻底改变促销的经济性。事实上，危险的是成本的分摊成了促销的驱动力，从而忽略了有效促销的其他方面，造成品牌风险和机会的丧失。联盟也提供了更多的资源。每家公司都有一定的能力并能带来客户群。尤其是当多家公司参与品牌联盟时，将有更多的网站和更多的网站流量来支持品牌的推广活动。

好的联盟伙伴具有三个特点：第一，它将拥有品牌联想来支持各自的品牌个性和定位策略；第二，它将让品牌的促销活动变得有趣、有相关性，同时还能让品牌远离混乱的局面；第三，合作伙伴将分别贡献资源或能力，使促销更具成本效益。

形成有效的品牌联盟

有效的品牌联盟应该提出一个令人信服的客户建议，从而具有可持续竞争优势，并且有助于有效且高效地建立品牌。它应该同时支持实施该战略所需的品牌建设活动。它至少应该有支持持续关系的潜力，而不是临时的努力。那些成功发展和管理品牌联盟的人的经验提出了一些值得借鉴的参考方案，下面将对此做简单概述。

广泛撒网

品牌联盟的一个优势是它有无限的可能性。对许多选择进行仔细考虑，以确保选择的联盟有最好的机会做出改变。太多的公司会从机会主义的角度考虑品牌联盟，筛选公司的备选方案，而不是主动寻找最佳的可能性。如果正确的联盟受到业务、营销和品牌战略的积极引导，那么品牌组合战略就更有可能获得成功。

潜在的品牌联盟合作伙伴需要在几个方面兼容。其他公司的哪些品牌有你的品牌渴望的品牌联想吗？这些品牌中的哪一个与相同的客户群相关联，或者涉及相同的应用？无论对朋友、配偶还是公司来说，完美的伴侣都是难以捉摸的。关键是要广泛撒网，坚持不懈。

创建由客户驱动的品牌联盟

让客户从两个层面推动品牌联盟战略。首先，客户与产品类别如何才能产生联系？什么是相关的？是什么推动了他们？市场趋势是什么？关注忠实的顾客，为什么这些人对这个品牌有如此强烈的依恋？其中的联系是什么？如何才能使产品更有针对性？其次，更广泛地说，客户的兴趣、价值观和活动是什么？品牌如何与客户的生活联系起来？

想要实现品牌联盟的成功就得把品牌中有意义的部分跟客户的生活联系起来。胜牌的目标客户和汽车以及全美运动汽车竞赛活动有关。别克的目标客户与高尔夫相关。奥运会有范围很广的高消费观众，他们对旅游非常感兴趣，这是维萨信用卡的理想市场。大都会人寿的客户普遍重视幽默感，非常喜欢《花生漫画》(*Peanuts*) 里的人物。

高瞻远瞩

根据定义，一个能够创建合作品牌、品牌差异点或品牌活力点的品牌联盟是一个具有长远眼光的计划。如果没有长期的品牌建设计划，就很难取得成功，部分原因是品牌之间建立联系需要时间。此外，这通常会产生全面的经济影响。福特探索者和艾迪鲍尔，别克和高尔夫，史努比和大都会人寿以及维萨和奥运会之间的联盟建立在几十年的关系基础之上，这种长期合作则促成了品牌联想的力量和影响力。

2001年，以商务旅行者为导向的高档品牌全美汽车租赁公司（National Car Rental）和以休闲旅行者为导向的中低档品牌阿拉莫租车公司（Alamo Rent-A-Car），在一个合作品牌的标志下合并了业务。其结果是节省了巨大的成本——一组公交车、一个柜台、一批员工，以及一个停车场等的费用，所有这些都是在一个合作品牌下实现的。然而，后果是极其严重的，尤其是对全美汽车租赁公司而言，它们在一些大城市的份额下降了5%～15%。受影响最大的是客户对品牌的认知度。尽管发车效率提高了35%左右，但客户觉得车速变慢了。他们还认为线路长、服务差。两年后，先锋租车公司（Vanguard Car Rental）收购了这些品牌，并立即撤销品牌联盟。随着品牌的分离，客户的不满情绪缓和了。

以促销活动为目的的战术性品牌联盟也可以因长远的视角而获益。一次性的合作品牌的促销活动不仅浪费促销本身的资产价值，还浪费了对两家公司如何合作的认知。通过延长促销特许经营的时间来延长促销活动，能将成本分摊到数年之内，并能充分利用已建立的资产价值。将主题公园的促销活动这一正在进行的促销活动与一次性促销活动进行比较，就可以看出哪种促销活动更有优势。

围绕品牌联盟建立品牌组合和计划

将品牌联盟嵌入一系列品牌和计划中，随着时间的推移，可能会增强联盟的影响力和资产价值。寻找合作品牌伙伴并非易事，因为必须要有品牌契合度，而且在许多情况下，必须创建组织结构和流程，以便成功实施项目。因此，当找到合适的合作伙伴时，应该寻求一系列合作品牌计划而不只是单个的合作伙伴计划，并形成长期合作关系。

迪士尼与包括麦当劳和家乐氏在内的多个品牌建立了合作关系，这些品牌涉及多个合作品牌建设工作，并具有长远的视角。例如，有了迪士尼公司合作品牌的背书，家乐氏公司就获得许可，在一系列谷物食品上使用诸如"小熊维尼"这样的迪士尼人物。家乐氏是迪士尼主题公园早餐的官方赞助商，这是一系列谷物食品合作项目之一。

了解不利因素

品牌联盟尤其是涉及强势品牌的品牌联盟，风险很大。一系列的项目组合计划和长期的合作关系会放大这些风险。如果一方表现状况不佳，另一方可能就无法获得预期的利益，在最坏的情况下，可能会遭到损害。例如，麦当劳和迪士尼之间有长期合作的承诺，假设迪士尼电影能够源源不断地取得成功，这可以为麦当劳的促销活动提供支持，还能不断巩固麦当劳在儿童和家庭中的声誉与活力。如果这两种假设都不成立，品牌联盟可能就会成为负担，而不会带来利益。

随着合作计划的深入和时间的推移，联盟品牌之一或市场发生变化的可能性也会上升，导致收益低于预期，更糟糕的是，其中一个品牌将受到另一个品牌的负面影响。此外，其中一个合作伙伴的业务战略有可能发生变化，从而降低联盟的优先地位。面临的挑战是选择合适的合作伙伴并积极管理联盟，以及时发现并解决新问题。

协调组织关系

品牌联盟涉及多个拥有自己的结构、系统和战略的组织，这种情况带来了挑战，对于需要开展长期积极合作的品牌联盟而言，更是如此。品牌缺乏张力、效率低下之类的问题很容易浮出水面。跟品牌联盟有关的关键人物渐渐离开，要求随着时间的推移重新建立关系。也许最棘手的是，品牌联盟已经变得不太重要了，这可能会影响组织曾经做出的承诺。

20世纪90年代中期，斯沃琪（Swatch）与梅赛德斯-奔驰之间的品牌联盟是一个很好的例子。两家公司的战略目标存在分歧，不同的公司文化使品牌联盟的实施变得困难。[11] 该联盟的成立是为了制造和销售Swatchmobile（一种微型车），由斯沃琪人员把这种车构思为"可抛型"时尚汽车，由梅赛德斯-奔驰制造和分销可变色的车身面板。梅赛德斯-奔驰逐渐意识到任何与之相关的汽车都必须被视为安全可靠、环保且高品质的，但这不是斯沃琪品牌的主旨。最终，梅赛德斯-奔驰接管了这个合作关系，花钱请斯沃琪从中退出，并最终将汽车更名为Smart。

管理学专业的学生从对品牌联盟的研究中得出了一些见解，有助于避免这种情况。第一，联盟必须为双方带来持续价值，因此需要从一开始就要判断该联盟是否能带来坚实、持久的价值贡献基础。第二，联盟需要在两个组织内都有一个战略基地，以便获得足够的优先权。许多联盟失败不是因为效果不尽如人意，而是因为其他优先事项和战略方向分散了其中一家公司的注意力。最极端的情况是，品牌联盟从一开始就是一个"孤儿计划"，没有真正的拥护者。第三，需要有一个优秀的跨公司团队，这意味着联盟各方得指派一流的人一起工作。

如果一个品牌被授权给另一个组织，那么问题就简化了，后者将控制合作品牌的实施。例如，好时食品授权贝蒂妙厨使用其品牌，以表明贝蒂妙厨蛋糕粉和其他产品中含有可可成分。好时对生产蛋糕粉的生产和销售参与得很少。然而，许可方（本例中为好时公司）需要适当的程序，以确保其品牌始终以一致的方式呈现，并且最终产品能满足好时公司的认知质量。制定和执行这样的协议会造成紧张局势。因此，即使是基于特许权转让的品牌联盟也可能需要管理跨公司问题。

思考品牌组合问题

外部品牌是品牌组合的一部分，可以把角色分配给它们，这个观点确实是一种进步。品牌组合的观念意味着外部品牌及其关系将得到积极管理。反过来，这又意味着企业应该获得关于外部品牌形象、个性、产品属性和组织关联的信息。如果联盟真正具有战略性和长期性，那么它未来的品牌方向也应该是众所周知的，继而品牌联盟战略可以被调整，以反映合作伙伴品牌的优势和前景。

从品牌组合的视角看待外部品牌还意味着可以将内部品牌和外部品牌结合起来考虑，纵观整个品牌组合来分配预算、开展相关的活动以发展和提升品牌，因而不能以片面的态度来处理外部品牌。

创建、实施和利用品牌联盟并不容易。当涉及联盟时，品牌战略问题本身就很难解决，还面临着组织挑战。然而，当环境需要对出现的威胁和机遇做出快速、高效和令人信服的反应时，成功地将品牌联盟作为一种选择的能力可能至关重要。

思考题

1. 选择一两个品牌联盟，最好避开本章提到的案例。对于每个选定的合作品牌：

（1）它们对合作品牌产品有什么影响？

（2）品牌A受到了它与品牌B的联合以及合作品牌的什么影响？这对合作品牌的定位和品牌建设计划有什么影响？

（3）从品牌B的角度来回答上述问题。

2. 选择一个品牌和与该品牌有关的产品市场。建立潜在的品牌联盟，形成以下结果，制定评估标准对每个选择进行评估，并讨论实施中存在的问题。

（1）合作主品牌产品。

（2）外部品牌差异点。

（3）外部品牌活力点。

（4）产生促销活动或广告活动的战术性品牌联盟。

BRAND PORTFOLIO STRATEGY

第三部分
利用品牌资产

BRAND PORTFOLIO STRATEGY

第 7 章
利用品牌进入新的产品市场

> 品牌既是进入市场的障碍，又是进入市场的途径。
> ——爱德华·陶伯（Edward Tauber）
>
> 有三样东西我从不出借——老板、妻子和姓名。
> ——罗伯特·史密斯·瑟蒂斯（Robert Smith Surtees）

多 芬

1955年，联合利华（当时称为利华兄弟）推出了多芬"美容皂"。⊖该产品的专利是它温和的清洁成分，定期使用会给皮肤带来明显不同的"感觉"。无论过去还是现在，它都被定位成一种美容香皂，含有1/4的洁面乳，可以在清洗时"滋润"皮肤（与传统肥皂相反，它不会在去除污垢和油脂的同时使皮肤干燥）。这种洁面乳被添加到了美容皂里。1979年，"洁面乳"被"保湿乳"的说法所取代。

同年，宾夕法尼亚大学皮肤科医生证明多芬美容皂对皮肤造成的干燥和刺激明显少于其他肥皂。基于这项研究，多芬开始向医生积极推销。结果，大约25%的多芬用户因为医生的推销而购买了这种香皂，这大大提高了该品牌作为保湿产品的可信度。20世纪80年代中期，多芬已经成为最畅销的肥皂品牌，价格也随之大涨。如今，联合利华售出了价值3.3亿美元的多芬香皂，占市场份额的24%以上，远远领先于它的竞争对手。

对多芬品牌进行延伸的第一次尝试发生在1965年。当时公司将品牌延伸到餐具洗涤剂，这次尝试虽然勉强维持下来了，但不得不说结果是令人失望的。当时的主要竞争对手是棕榄（Palmolive），它承诺给人们带来的是一种能在洗碗时使双手柔软的产品，因此多芬希望其洗涤剂中含清洁乳液的信息能被转化为与棕榄竞争的优势。但是客户认为他们没有必要从使用在市场上占有有利地位的棕榄洗涤剂转而使用多芬洗涤剂，而且因为

⊖ 这部分内容来源于Julian E. Barnes, "The Making (Or Possible Breaking) of a Megabrand," *New York Times*, July 22, 2001, Business section, p.1; Times & Trends, Information Resources, June, 2002; Dove and Unilever websites, 2003; "Unilever to Expand Two Billion Dollar Global Dove Brand with Launch of Dove Hair Care in North America," *Business Wire*, January 28, 2003; and Lavel Wentz, "On the Wings of Dove, Exec Extends Reach," *Advertising Age*, June 2, 2003.

多芬产品的柔滑滋润并没有传递出它能洗干净餐具的信息，因而没有给该产品带来任何益处。意识到这次延伸在市场上接受度较低之后，多芬降低了产品价格，这给品牌带来了另一个压力。甚至在该产品推出15年后，该品牌在美国市场中的排名依旧表现不佳，市场占有率仅有3%左右。多芬餐具洗涤剂不但未能提升多芬品牌，而且毫无疑问地束缚了多芬，使其几十年内都没能进一步扩大其特许经营范围。

1990年，多芬香皂专利失效，主要竞争对手宝洁很快研发出了具有保湿功能的玉兰油美容皂，该产品于1993年推出。一年后，玉兰油沐浴露出现，没过多久就在高利润产品类别中获得了超过25%的市场份额。多芬品牌团队认识到多芬本该顺理成章地成为拥有保湿沐浴露品牌，却被宝洁公司打了个措手不及。它显然错失了成为该新的子类别领导者的机会。

为了对玉兰油做出回应，公司急于把多芬保湿沐浴露（Dove Moisturizing Body Wash）投入市场。该产品基于传统的欧洲洗浴模式，但没有兑现多芬的承诺。1996年的重新配方是一次改进，但直到1999年，多芬才真正用创新的多芬亲肤滋养因子系列产品实现了这一点，该系列产品使用了一种让肌肤吸收脂类、维生素E和其他护肤成分的技术。先进的滋养肌肤的特性给品牌带来了足够的提升力，多芬对该款沐浴露的定价高出其他普通的多芬沐浴露50%。后来多芬又推出了营养沐浴露（见图7-1）的抗衰老版本，其中含有抗氧化成分（与延缓衰老有关），这有助于多芬在沐浴露类别中追上玉兰油。通过利用强大的品牌资产、追求创新技术和持之以恒，多芬克服了进入该类别较晚这一劣势。

多芬在沐浴露产品方面的努力也对多芬的香皂业务产生了积极的影响，该业务在20世纪90年代中期一直表现平平，事实上，在1996年还有所下降。20世纪90年代中期至2001年，多芬沐浴露的推出为多芬香皂带来了30%的销售增长，证明即使当时沐浴露产品还有些欠缺，但它的活力和曝光度还是给多芬品牌带来了一些帮助。一经在沐浴露类别中确立了地位，它就被用来提升香皂业务。2001年，联合利华推出了一款能补充皮肤营养的多芬亲肤滋养因子香皂，价格比普通多芬香皂高出约30%。

营养套装

图 7-1　一款多芬产品的广告

另一个商业战场是相当成熟的除臭剂市场，除臭剂中的干燥成分（该类产品的主要优势）似乎与多芬承诺的滋润成分相互矛盾，其目标群体比传统的多芬用户更年轻。尽管存在明显的风险，多芬还是在 2000 年推出了除臭剂系列，并且打出了一些很不像多芬的广告，大声地喊出"下一站，腋窝天堂"这样的广告语。事实证明，多芬除臭剂被评为十大非食品类新产品之一，销售额超过 7000 万美元，市场占有率接近 5%，成为女性除臭剂的第二大品牌。温和的"含有 1/4 保湿乳"的定位，加上传达腋下皮肤需要保护的事实，让多芬衍生出一种能保持干燥的除臭剂，结果给品牌带来了差异点。

尽管多芬赢得了这场胜利，但宝洁公司的玉兰油于 2000 年中期再一次在市场上阻击了多芬，这次它带来的是"洁面巾"——一款添加了保湿成分的一次性洁面巾。多芬用了大约一年的时间，以多芬每日保湿洁面巾来对此做出回应。然而，基于沐浴露的成功，多芬品牌非常适合在这一类别中竞争，初步结果显示多芬是一个很有希望的品牌。

下一款产品是多芬护发产品，它是多芬的一个品牌差异点（零负担保湿润发素），直接针对护发问题中的保湿问题，它是护发类产品尚未满足的两大需求之一（零负担保湿润发素是由 15 种成分构成的产品，旨在使头发更柔软、更光滑、更有活力，而不增加任何额外的重量）。该产品在日本和中国台湾地区获得了第一名的市场地位，随后于 2003 年年初通过大规模促销活动在美国推出。多芬护发产品加入了多芬品牌家族，美国几乎 1/3 的家庭使用多芬的产品。经过几年的销售，它的销售额于 2002 年增长了 20%～30%，超过了 20 亿美元。

从本案例中我们可以总结出不少启示：

- 将弱势品牌转变为强势品牌的可能性是存在的，实施得当的话，可以带来可观的回报。关键是要在有价值的属性上有优势——在多芬的案例中，指的是它的保湿特点。
- 成功的延伸为品牌未来进一步延伸奠定了基础。如果除臭剂只有香皂在它背后作为支撑，似乎就不会这么成功。
- 勉强维持品牌延伸比直接失败的延伸更糟糕，部分是由于它们拖累了品牌，并抑制了品牌未来的延伸。
- 竞争可以是良性的。多芬受迫于玉兰油强势的品牌战略，感受到了巨大的压力。它必须做出回应，否则将面临一片暗淡的战略前景。即便没有像玉兰油这样的强势品牌存在，多芬也应该虚构出一个像玉兰油一样有进取精神的假想敌。
- 子品牌和品牌差异点是很重要的。子品牌——亲肤滋养因子在帮助创造高利润、差异化的沐浴用品以及新的香皂产品方面发挥了关键作用；多芬品牌不可能单独做到这一点。品牌差异点——零负担保湿润发素，它们的存在对多芬洗发水是至关重要的。
- 先发制人的优势确实存在，但也可以后来者居上。没有第一个出现在市场上可能是一个很大的障碍（正如多芬在餐具洗涤剂市场试图与棕榄较量时发现的那样），但后来者也可以用正确的产品取胜，如多芬在沐浴露和除臭剂市场中实现了这一点。

战略成功的一个秘诀是创造、增强和利用品牌资产；事实上，这可能是战略的本质。在大多数公司中，最强大的资产之一就是品牌。本章和下一章讨论的一个战略问题是，如何利用品牌资产创建更大、更强的业务实体。该品牌可以用于新产品，这些新产品可能是由内部自行开发的，可能是从其他公司收购的，还可以是由其他公司开发而特许使用本公司品牌的。在任何情况下，品牌都可能在新产品市场业务中发挥关键作用。

品牌组合战略的一个关键维度是定义品牌范围。品牌可以在哪些产品类别和子类别中发挥作用？作为驱动品牌或背书品牌，品牌应该延伸到什么程度？品牌的延伸是否受到限制？如果没有，是否需要重新定义品牌以支持业务战略？是否需要一个新品牌来支持新产品市场？

利用品牌组合进入新产品市场的主要动机是通过寻找客户需求未得到满足的领域来扩大业务，进入这些领域将提高销售量和利润。增长不仅是满足经济需要，也是组织活力的核心。开发新产品市场是为组织成员和合作伙伴创造机会的一种方式。在企业获得增长的前提下，招聘和留住优秀人才更容易。

然而，在某些情况下，延伸品牌也有其他同样重要的战略原因。特别是，将品牌延伸到新产品市场环境中可以做到以下几点。

- 提升品牌的知名度和形象。将品牌放在另一个环境中可能比花钱做广告更有效、更高效。
- 在某种程度上，通过创建更高的品牌预算，提高宣传效率。当延伸涉及相同的市场并使用跨产品的品牌建设方式（如赞助世界杯）时，这一点尤其正确。
- 改变品牌形象。如果一个品牌需要扩大或改变它的品牌联想以支持战略举措，那么将该品牌转移到一个新领域可能是最令人信服的方法。
- 提供一种保持相关性的方式（如第4章所述）。利用现有的品牌资产能形成有竞争力的进入市场的方式，如果没有现有品牌资产，这些市场将很难进入甚至不可能进入。
- 阻止竞争对手在市场上立足或利用市场上的立足点。因此，即使品牌延伸可能会经历一番苦斗，但它具有战略上的防御作用，因而是值得一试的。微软已经进入了各种领域，其主要目标是钳制住竞争对手防止其进入核心业务领域。

- 为品牌带来活力（如第 5 章所述），尤其是对成熟但已显疲态的品牌而言。

进入一个新的产品市场可能需要一个新品牌，或者至少需要一个新的被背书品牌。然而，创建新品牌的风险和成本都很高，因此利用现有品牌是首选。总的来说，品牌影响力是有回报的。麦肯锡在其一项涉及 130 家公司的研究中发现，拥有跨越产品市场的强大品牌的公司比其行业对手多赚 5%，而拥有强势品牌，但品牌集中于一个产品市场的公司比行业平均水平多赚 1.9%。[1]

品牌延伸有两种相关的方法。首先是以一种特别的方式循序渐进地延伸品牌。面临的挑战是确保每个品牌的延伸都有实现目标的最大可能性，同时将品牌风险降至最低。理想的情况是，在产品市场中，品牌联想最有可能增加价值，品牌将得到提升而不是被削弱。

其次，更具战略性眼光的方法是开发系列品牌平台，该平台旨在支持多个产品市场上的业务，系列品牌是一个涵盖多个产品类别的品牌。从系列品牌平台的角度来看，目标就是对品牌进行长期管理，在引入一系列的品牌延伸之后，能预见到品牌能够覆盖的最终产品范围。考虑到这一最终目标，公司必须创造出一个在所有这些产品类别中具有推动作用的品牌联想，然后再有序地延伸品牌，从而实现最终的愿景规划。

系列品牌平台涉及一系列的战略性品牌延伸计划，本章后面的部分将更为详细地讨论这些内容。我们首先要探讨品牌延伸决策的有关内容。在此过程中，我们将详细说明在任何品牌的开发利用过程中都应该考虑的核心问题。确立品牌平台的范围、开发一系列品牌延伸以实现品牌平台的远景规划都与这些核心问题相关。

本章讨论的重点是如何将品牌延伸到新的产品市场中去。有两种延伸方式涉及现有的品牌市场以及一些类似的问题。第一种延伸方式是将在第 8 章中讨论的垂直品牌延伸，即利用品牌进入高于（高端）或低于（中低端）其当前位置的市场。另一种延伸方式是产品线的延伸，品牌通过不同的口味、型号、包装或尺寸延伸到同一产品市场的不同位置。第 10 章将会提到的一个风险是，逐渐增加的产品线累积起来可能产生过多选择，这会给客户造成困惑，并且会降低品牌的盈利能力和影响。

如图 7-2 所示，品牌延伸的几个不同层次可以以组合的方式存在。第一个层次是品牌在延伸中起到主要的驱动作用，加上描述符或弱势子品牌。梅赛德斯、多芬、慧俪轻体、健康之选、维珍、IBM 和纽曼私传品牌都是单一品牌利用其核心联想进入新产品类别的例子。第二个层次是利用强势子品牌进行延伸。如第 5 章所述，索尼利用其强势品牌，如索尼笔记本、数码摄像机和 Walkman 已经广泛延伸了其品牌。第三个层次是利用被背书品牌来延伸品牌。如第 3 章所述，微软作为背书品牌进行了广泛的延伸，支持诸如 Word、Office、.NET 和 MSN 等品牌。

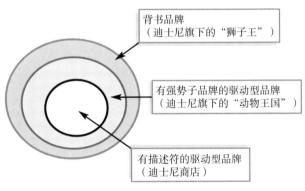

图 7-2　品牌范围

当品牌用作背书品牌时，它的范围最大；当它是主要的驱动型品牌时，它的范围最小。图 7-2 说明了品牌范围的差异，迪士尼展示了一个品牌加上描述符后如何成为一组产品的驱动因素，也可以在其他产品上利用强势子品牌，还可以在其他地方仍然扮演背书品牌的角色。当迪士尼被用作背书品牌时，它的目标产品类别可能非常广泛。

利用品牌推出新产品

品牌延伸决策涉及的第一个问题是明确品牌延伸的方向。哪些产品既能利用品牌，又能提升品牌？第二个问题是使用哪种品牌战略？第 2 章讨论品牌关系图谱时制订的方案都可以被应用到这里。如图 7-2 所示，品牌延伸可能涉及一个强势子品牌或一个被背书品牌。最后，如果得出结论，认为现有品牌不适合延伸，也可以为产品创建一个新品牌。

延伸方向

找到最有希望的延伸方向首先需要确定品牌在哪里能增加其价值。向客户调查延伸方向可能对此有所帮助。第一步要对品牌联想有所了解。哪些联想是可以被利用的？第二步确定合适的候选产品类别。第三步是评估该类别对业务的吸引力。是否有未被满足的需求？竞争环境如何？有哪些阻碍成功的障碍？第四步是考虑一些产品和定位选项。鉴于公司的优势和劣势，哪些产品和定位是可行的？是否有成功的可能性？

1. 延伸调查：找到可利用的品牌联想

延伸调查确定了与品牌相契合，并能增加其价值的产品类别。第一步是确定现有的品牌联想和品牌识别，也就是未来品牌联想的远景规划。显然，常见的品牌联想可以有许多来源，包括用户类型（如婴儿）、位置（如法国）、配料（如燕麦）和象征物（如雨伞）。除了银行业务之外，富国银行带来的品牌联想还包括公共马车、传统西部、保险箱和先驱者。麦当劳不仅让人联想到与罗纳德·麦克唐纳和他的朋友们在一起，也让人联想到孩子们的欢乐时光。在所有这些情况下，存在的问题都是当品牌从原有的位置延伸出去的时候，什么样的联想是强有力的，什么样的联想会带来帮助。

吉莉安·盖肯福（Gillian Gakenfull）及其同事开发的一种研究方法可以让我们深入了解品牌的延伸潜力。被调查者被要求从 40 种产品（从汽车到珠宝到割草机，再到酸奶）中选出与品牌最契合的 10 种产品和最不契合的 10 种产品。然后，要求他们挑选最契合的产品，并解释选择的逻辑。其次是第二好、第三好，依此类推。随后，要求被调查者想出两种不在清单上的产品，并解释原因。接着，将注意力转向不太契合的产品。最后，要求被调查者对与品牌最不契合的产品进行排序，并说明排序的依据。结论之一是不同客户的品牌联想是不一样的，因为存在不同的模式。例如，一些人想到鹏斯（Pennzoil）主要会联想到汽车，其他人则会想到机油。有人认为卡夫是乳制品，而对其他人来说，这个品牌让他们联想到易于烹制的食品。这项研究得出的另一个结论是：对品牌特点的了解有助于我们预测品牌延伸的契合度。[2]

2. 延伸调查：明确产品类别

第二步是为每个品牌的主要联想确定相关的产品类别。在这个阶段，应该在有限的范围内进行筛选；主要目标是在一个表格里找到延伸选项。因此，富国银行的四轮马车和西部风格的品牌联想意味着它可以推出西部风格的服装或西部风格的主题公园。安全方面的联想则意味着该品牌可以开发防盗报警系统或现金转账服务。因此，麦当劳通过利用它和儿童之间的联系开发了一系列玩具、服装或游戏，甚至是面向儿童的主题公园。高效、低成本的服务联想可能允许它进入任何可能重视这些品质的服务领域。因此，人们期望麦当劳服装店能以有效的方式和相对低的价格出售商品。

凡士林特效润肤霜与保湿效果有关，这意味着它可以向肥皂、面霜和护肤霜这些产品延伸，因为这些产品都定位在保湿功能上。[3] 凡士林特效润肤霜的另一个联想是它的药物疗效，它可以被添加到消毒剂、急救霜和痔疮膏等产品中去。还有一个联想是乳液，它可以被用到防晒霜、剃须膏、婴儿乳液等产品中去。实际上，凡士林已经延伸到凡士林唇部护理、凡士林特效润肺泡沫浴液和凡士林特效活肤乳液上了，这些产品建立在乳液和保湿的特点上，但将品牌定位为具有药物治疗作用。所有这些产品都在市场上获得了成功，强生公司的竞争对手凡士林婴儿油也是如此。凡士林护发素却没那么成功。该品牌与最早期的特别护理类产品的油腻感联系在一起，这一点无疑给产品带来了不利影响。

高乐氏公司的研究显示，消费者将品牌与清洁联系在一起，而不仅仅是洗衣服。于是，高乐氏将重点从洗衣房延伸到了家里的其他地方，推出了一系列成功的产品，包括高乐氏消毒湿巾和高乐氏非冲洗拖把。

3.评估产品类别

我们必须对延伸调查所推荐的产品类别进行评估。该类别是否有吸引力，它能持续保持吸引力吗？它是否还处于上升期？目前的盈利状况是良好还是呈萎缩态势？现在和以后的竞争格局会是怎样的？现有的竞争对手是强大而投入的，还是处在弱势地位并在寻找未来的增长点？还会有其他经营者参与进来吗？是否存在产能过剩的现象？有没有未得到满足的客户需求？是否存在可能适合该品牌的细分市场？新产品会成为获得未来商机的平台吗？除了进入新的产品市场之外，是否还有其他战略目标？

该公司还需要了解它是否具有在该类别中竞争所需的必要资产和能力。具有战略必要性的资产和技能包括研发、制造、营销、财务、全球采购、分销和客户关系。如果缺乏所需的资产，是否可以及时地、以合理的成本收购或创造出这些资产？

4.延伸概念

最终，公司需要以特定的产品和定位策略走向市场。最大的错误是引入了一种没有差异化优势的雷同产品。多年来，几十项研究发现，新产品成功的最重要预测因素是它在多大程度上不同于现有产品。耐心而坚持不懈地开发出具有卓越优势和差异化的产品必将有所收获。

与任何新产品概念一样，延伸概念可以有多种来源。新概念可以从内部开发出来。当英特尔开发出一系列新的微处理器或迪士尼设想在中国建立一个新的主题公园时，就可以对现有品牌进行延伸了。它也可以单独向另一家公司购买，也可以以产品和服务组合的一部分购买。事实上，获得一种产品并将它用于品牌延伸，从而进入到新类别的产品中是收购公司的动机之一。因此，当惠普收购康柏时，由合并带来的产品和服务使惠普能走向其他市场。无论来源是什么，都需要一个强有力的新类别。品牌优势能有助于一个好的产品获得成功；对于弱势产品来说，它并没有什么作用。

接下来需要测试这个概念。通常使用传统的概念测试技术。关键是要创建一个尽可能接近客户最终接触它的情形。如果目前的广告和包装不可行，就应详细描述该概念，还要对品牌命名的方案进行测试。

顾客通常能够直接评估品牌方案的适合度和可信度。他们甚至可以评估品牌的增值能力。让潜在顾客先接触这个概念和品牌名称是个不错的策略，然后问他们是否会购买、为什么会购买。如果他们能说出品牌新产品有吸引力的原因，那么品牌就是在增值。如果他们无法说出具体的原因，那么该品牌名称就不太可能增加显著的价值。

开发可行的品牌战略

延伸产品需要有一个品牌战略（当然，这是本书的重点）。基本上，可供选择的战略都是从第 2 章介绍的品牌关系图谱中得出的。虽然品牌关系图谱中有许多变体，但主要有四种品牌方案，其中的三种方案是对现有品牌的利用：

- 现有主品牌，带有描述性子品牌（统一品牌组合）。
- 现有的主品牌和子品牌。
- 现有品牌背书的新品牌。

在考虑可能的品牌延伸时，还应该记住品牌关系图谱中的第四个方案，一个与现有品牌无关的新品牌（也称为多品牌组合）。在评估品牌的延伸方案时，最准确的结论可能是，这些方案都是既不可取也不可行的。将它们与一个新的品牌选项进行比较可能会阻止这个过程走向一个次优的决策。

这四种方案（及其变体）代表了品牌关系图谱的关键点。对于一款新产品，如何从这些方案中做出选择，我们在第 2 章中提到过，要基于三个问题做出判断，当时我们说会留待后面讨论，现在到了讨论它们的时候了。最佳品牌延伸的选择要考虑的三个问题如下：

- 品牌是否会加强延伸？

- 延伸会提升品牌吗？
- 是否有令人信服的理由来创建一个新品牌（无论是独立品牌、被背书品牌还是子品牌）？

前两个问题集中在当一个品牌被利用时会发生什么。图 7-3 表明，品牌资产（以其知名度、信任/感知质量、品牌联想和忠诚度的形式）可以对延伸产生积极或消极的影响。该数字还表明，延伸反过来会对这些品牌资产维度产生正面（更好）或负面（更糟糕）的影响。延伸对品牌的影响总是没有被给予足够的重视，但从长远来看，它可能是品牌延伸最重要的结果。无论正面影响还是负面影响，其效果、性质和大小将取决于品牌资产的强度，以及新环境下的品牌适合度和可信度。

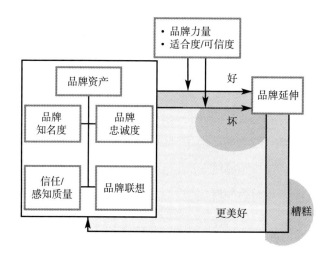

图 7-3　品牌资产和品牌延伸的关系

第三个问题重申，在考虑品牌延伸时，新品牌的选择需要放在台面上讨论。不过，一般来说，创建一个新品牌（即使承担子品牌的角色）本身就成本高、风险大。自始至终，默认的策略应该是最大限度地减少需要投资的相关品牌的数量，使品牌组合尽可能以最简约的方式出现。

如图 7-4 所示，这三个问题将引导品牌战略方案。对前两个问题的肯定回答和对第三个问题的否定回答将把方向指向品牌范围的左侧，也就是统一品牌战略。相反，对前两个问题的否定回答和对第三个问题的肯定回答表明，最佳品牌战略将会出现在该范围的右侧。

接下来的内容将依次探讨这三个问题。

	主品牌 描述符	主品牌 子品牌	主品牌作为 背书品牌	新品牌
该品牌是否 有助于延伸	是的			不是的
品牌延伸是 否有助于提升 品牌	是的			不是的
是否有充分 的理由创建新 品牌	不是的			是的

图 7-4　将品牌战略置于品牌关系图谱上

品牌是否有助于延伸

一个品牌可以对延伸产生积极或消极的影响。下面先讨论一下积极的一面。

积极方面

成熟的品牌名称可以通过创建或增强品牌知名度、提高品质和信任联想，以及带来一定的客户基础为新产品带来帮助。因此，它有可能节省产品走向市场的时间和资源，从而增加成功的机会。

1. 知名度 / 存在感

如第 4 章所述，想要进入新产品市场，一个非常基本的任务就是使其变得具有相关性。当佳洁士从牙膏延伸到牙刷的时候，它必须让客户知道它也生产牙刷，更为理想的做法是鼓励顾客在买牙刷的时候考虑佳洁士。当家庭电动工具领域的知名品牌百得延伸到厨房电器领域时，它需要在一个截然不同的市场中发挥作用。如果没有某种程度的品牌相关性，许多市场都会将其产品排除在考虑范围之外。

为了实现相关性，品牌需要获得知名度并与产品类别相关联。在新产品上使用已识别的品牌名称，如佳洁士或百得，意味着该品牌名称已获得认可，而且宣传任务被简化为将品牌名称与新产品类别关联起来，如此一来更易于完成任务。与建立一个新的品牌相比，如沃克可乐（Walker's Cola），直接对外宣传维珍公司出了一款可乐饮料则更为容易。

熟悉的品牌名称本身也为客户亲和力奠定了基础。人们已经在许多场合表现出对熟悉的事物的喜爱，即使没有什么可以支持它（实验表明，在测试之前被人们接触过的无意义的词语比其他词语更受欢迎）。此外，客户通常认为，一个让人熟悉的品牌在某种程度上已经获得了市场认可。当然，Intel Inside 的成功部分是由于人们的假设，即计算机制造商在其产品上加上英特尔的标志必定是有一定道理的。

即使对于一个成熟的品牌来说，与新的产品类别建立相关性也不是一项微不足道的任务。百得公司花了 1 亿多美元才让消费者意识到它也开始从事小家电业务了，而且是从通用电气购买了这项业务。该宣传活动达到了 57% 的知名度水平——这个成绩已经不错了，但仍然低于通用电气所保留下来的成绩，虽然它已经既不生产又不分销该类别下的产品了。

2. 信任 / 感知质量

知名品牌可能会带来感知质量，这是一种组织上的无形资产，通常是进入客户考虑范围的关键因素，甚至可能成为客户购买决策的关键影响因素，尤其是在缺乏差异化的情况下。在阿克和凯勒（Keller）的一项研究中，感知质量被证明是对 6 个品牌名称（麦当劳、Vuarnet、佳洁士、沙宣、哈根达斯（Häagen-Dazs）和喜力（Heineken））的 18 个延伸计划进行评估的预测因素。[4] 这项研究已经在 5 个国家重复了 8 次，感知质量的预测效果始终如一。[5] 这说明延伸表现平庸的品牌并没有什么意义。

跟企业组织有关的另一个无形资产是信任，即可以相信企业能兑现它所承诺的所有内容。它降低了买方风险，意味着公司已经确立了地位，不太可能销售有缺陷的产品，并且可能会在未来对新产品提供支持。因此，把某个产品或服务打上通用公司或万豪的品牌名称就能使之具有可信度，而不知名的品牌即使拥有良好的产品或服务也几乎没有机会。在对消费品的概念测试中，使用品食乐、家乐氏、东芝或索尼等品牌的新产品得到的评价总是会有大幅度的提高。

使用已经成熟的品牌名称是充分利用组织联想（如信任/感知质量）的有效方式。美国运通多年来在产品质量方面赢得了良好的声誉。IBM 的名称为数千种产品提供了一个保护伞式的质量上的信誉，这通常远远超过了对单个产品的详细规格的说明。事实上，惠普、卡夫、通用或福特等一些企业的名称出现在太多产品上，以至于它们缺乏强有力的特定的品牌联想。因此，它们的价值主要体现在对感知质量的判断上以及某种产品即将上市的感觉。

3. 品牌联想

品牌知名度甚至高水平的信任/感知质量，往往不足以让品牌旗开得胜。为了刺激顾客的购买欲和忠诚度，通常要有一个与买家相关的差异点。品食乐微波爆米花最初受益于品食乐这个名字，但它很容易被以已经确立地位的品牌命名的同等或更高级的产品打败。Orville Redenbacher 很晚才进入这一类别，但在该类别中拥有很高的权威，最终以明显的差异点获胜。品食乐在微波速冻比萨方面也有过类似的经历，它只能眼睁睁地遭受有意大利传统的知名比萨品牌对自己早期好不容易打下的江山的冲击。

从关键属性来说，可持续差异点是很难创建的，特别是当一家企业的竞争对手已经站稳脚跟的时候。利用现有的品牌联想，无论功能联想、品牌个性、生活方式联想，还是客户关系的其他基础，都可以行之有效、无比可靠，并且经济简约地带来差异点。

强大的品牌联想可以有益于宣传任务和品牌定位。想一想对雪地防护链、空气动力泵和卤素灯等一系列产品的质量开展宣传的任务，如果给它们一个米其林设备的品牌名称，就意味着这些产品可能会从与米其林品牌相关的安全性中获益。该宣传任务就会被简化到只剩下向顾客展示品牌名称和品牌标识了。

许多其他品牌联想可以为品牌延伸带来可信度和差异点。其中的大多数都可以被归入以下几个影响点：

- **产品类别**，例如汽车行业中的奔驰、计算机行业中的IBM和全球航空服务行业中的英国航空公司。
- **产品属性/功能优势**，例如沃尔沃的安全性、好时的口味、土星汽车的经销商体验。
- **应用**，例如金霸王强光（Duracell Durabeam）手电筒、新秀丽（Samsonite）旅行者专用服装。
- **技术**，例如本田在小型电动机方面的经验帮助它开发出了割草机，而比克（Bic）的剃须刀得益于其生产一次性廉价塑料制品的能力。
- **销售渠道**，例如亚马逊通过电子商务销售、雅芳通过入户方式推销。
- **面向用户**，例如维萨旅行支票、西尔斯储蓄银行（Sears Savings Bank）、嘉宝童装。
- **品牌个性/自我表现优势**，例如维珍航空行李托运、哈雷－戴维森服装、蒂芙尼（Tiffany）手表、卡特彼勒靴子。

当品牌与产品类别有紧密联系时，它的延伸潜力是有限的。然而，当一个品牌的资产价值基于更抽象的关联（如用户形象、品牌个性或自我表现优势）时，它会走得更远。声望（捷豹）、个性（维京）、时尚（皮尔·卡丹）、生活方式（Sharper Image）、技术（惠普）和健康（健康之选）等身份基础与特定的产品类别无关，能比与特定产品属性相关联的品牌具有更广阔的延展性。

4. 品牌忠诚度

现有客户对品牌已经有亲切感了，对品牌有了更深入的理解，并与品牌建立了密切关系，可以通过延伸来挖掘。卡夫的费城奶油奶酪

（Philadelphia Cream Cheese）是一家价值 10 亿美元的企业，拥有极为忠实的用户。1999 年年底，卡夫推出了费城饼干条（Philly Snack Bars），这是一种以奶酪为主要成分的甜点，是卡夫推出的最成功的新产品之一，它吸引了费城奶油奶酪的客户群作为它的核心客户群体。

当然，并非所有延伸都依赖于品牌的客户群。如果本田将其品牌延伸到私人飞机领域（正如它正在积极探索的那样），它将超越本田摩托车和汽车目前的客户群。但与原有客户群保持相关性可以成为品牌延伸的重要资产。

5. 品牌和延伸的契合度、可信度

几项研究表明，品牌延伸的成功与否取决于品牌与品牌延伸背景的契合度和可信度。契合度是指顾客对该品牌出现在新环境中是否认同，可信度是指该品牌能否在该领域中销售。这两点都很重要。

前面提到过的阿克和凯勒对 6 个品牌延伸案例的研究表明，整体而言，除了感知质量外，契合度和可信度还影响了客户对延伸的反应。[6] 契合度的衡量标准是，拥有该品牌的公司是否具备必要的资产和能力来生产高质量的延伸产品。匹配性的衡量标准是，有没有互补关系（如一家生产徒步鞋的公司开始生产露营设备，或是高尔夫球杆制造商开始引入高尔夫服装）。契合度和可信度都会为成功的可能性带来影响，这一发现在 5 个国家的 8 项研究中都得到了重复验证。[7]

不过，有时候，对契合度和可信度的评估可能很棘手。根据布罗尼阿克兹克（Broniarczyk）和阿尔巴（Alba）的一项研究，Close-up 能带来清新口气的联想，对漱口水和薄荷糖能起到作用，但对牙线和牙刷产生的效果就不那么明显了。[8] 相比之下，佳洁士带来的品牌联想是保护牙齿，适用于牙线和牙刷，但对漱口水和薄荷糖来说效果就不那么好了。阿克和凯勒发现，佳洁士的味道对口香糖而言是个问题，但对漱口水来说就不是问题，尽管两者都有良好的牙齿护理和口腔卫生的积极联想。[9] 事实上，李施德林（Listerine）将令人不快的味道与有效的清新作用联系在一起。

契合度和可信度也取决于具体情况。米尔伯格（Milberg）及其同事将

天美时（具有强大功能联想的手表）的品牌延伸与劳力士（世界名牌）的品牌延伸进行了比较。[10] 前者是一款具有强势功能型联想的手表，后者代表了声望。延伸指向的产品要么以其声望为导向（手镯、领带、袖扣），要么以功能为导向（手电筒、计算器、电池）。对于名牌产品而言，劳力士的名称比天美时名称更有帮助，但对功能导向的产品而言则相反。同样的研究发现，天美时在延伸到车库开门装置、烟雾探测器和古龙香水时会遇到契合度的问题。很明显，手表和计时器在技术上的差距就是问题所在。

低契合度或可信度并不一定是致命的。一些存在明显问题的产品，如果定位方式能够突出品牌和产品类别之间的联系，实际上还能正常运转。例如，麦当劳的照片冲印设备能强调麦当劳的便利性和高效性，就有可能会被人们接受。因此，即使出现问题，有吸引力的延伸（如在一个理想市场上的延伸）也可能经受住更广泛的概念测试。克林克（Klink）和史密斯（Smith）的一项研究表明，当品牌延伸的概念被多次详细阐述说明，以及潜在客户多次接触该概念时，契合度和可信度会提高。[11] 此外，成功的延伸会改变人们对品牌的看法。如果天美时能成功发明车库开门装置，那么它在这方面的成功将改变人们对它能否生产烟雾探测器的看法。

消极方面：品牌不起作用甚至还会阻碍延伸

如图7-2所示，品牌延伸的能力取决于它在新环境中的实力、契合度和可信度。一个缺乏实力的品牌无助于品牌的延伸。然而，如果存在契合度和可信度的问题，强势品牌也可能成为一种不利因素。

接下来提到的延伸都有一些合理的逻辑。然而，它们都缺乏契合度或可信度，因此被认为不会给品牌带来增值的作用，更糟糕的是，它们还会阻碍品牌延伸。而且最糟糕的是，有些品牌与品牌延伸之间无法契合的程度足以令人发笑。

- 李维斯量身定制的经典西装产品线失败了，在很大程度上因为李维斯的休闲生活、粗放的面料以及户外运动的联想并不适合西装。在新的市场中，该品牌缺乏可信度，李维斯被认为是一家在休闲服装方面拥有成熟技能的公司。

- 斯沃琪汽车延伸受阻，因为该品牌在彩色手表中的闪光点并没有转移到汽车上。
- Corn Flakes 的品牌名称降低了顾客对蜂蜜坚果玉米片提供甜味谷物味道的期望。该产品失败了，在没有 Corn Flakes 联想的情况下，用 Nuts and Honey 名称却成功了。
- 眼睛保健专家博士伦（Bausch & Lomb）决定利用其研发、分销渠道和感知质量打入漱口水市场，但失败了。博士伦品牌没能传递客户利益。
- 比克香水带来了方便装和一次性包装，但它的品牌在该领域缺乏地位。
- 高乐氏洗衣粉因与漂白剂有联系而被认为会导致衣服褪色。
- 小木屋品牌无法将其糖浆品牌延伸至松饼粉业务。它与黏稠的甜糖浆之间的联想可能让人觉得它不可能生产出松软的产品（相较之下，杰迈玛阿姨（Aunt Jemima）由于和品牌同名角色有联系，反其道而行——从松饼粉到糖浆，却取得了成功）。
- 艾禾美（Arm & Hammer）成功地将发酵粉的除臭功能延伸到牙膏、清洁剂和烤箱清洁剂，但出于契合度的原因，未能将业务延伸到腋下喷雾除臭剂市场。
- 索尼和苹果一直在努力将业务延伸至商业市场，而 IBM 和惠普也同样发现很难向家庭市场进军，部分原因是双方长期以来都已经培养出了各自特有的品牌个性。
- 尽管都乐（Dole）与夏威夷有联系，但推出都乐夏威夷度假村或旅游服务就可能是对品牌的过度延伸了。

有时候，如果延伸与品牌的核心产品相距甚远，就会使可信度降低。如果可口可乐或麦当劳将业务延伸到服装领域，味觉等属性就无法转移。

因此，尽管可口可乐橙汁无法获得成功，但可口可乐运动衫可以被人们接受。当然，在这种情况下，消费者依靠延伸的制造商（如为可口可乐生产产品的梅真尼（Murjani）集团）或零售商（如销售麦当劳童装的西尔斯百货公司）来判断服装的品质，而不是通过名字的特许转让来判断服装的质量。

延伸是否会提升品牌

大多数品牌延伸的重点是确保延伸获得成功。然而，同等重要或更为重要的是考虑如何通过品牌的延伸来影响品牌资产价值。品牌延伸有可能对品牌资产价值的四个方面产生影响。

带来更多好处

品牌延伸会为产品带来知名度。无论苹果 Xserver（苹果进入服务器市场的技术）还是吉列维纳斯女性脱毛产品，延伸出来的产品都会带来额外的广告、包装，人们也会开始谈论该品牌。所有这些曝光机会对品牌来说都是额外的奖励，否则不会出现这么多的曝光机会。曝光还意味着市场认同和能力。研究表明，客户对能够成功跨越产品类别的公司印象深刻。

忠实的买家能和品牌建立更紧密的关系，因为它们能在另一个环境中使用品牌，也许更重要的是，它们不会去使用竞争对手的品牌。因此，耐克因泰格·伍兹的代言而强化了高尔夫装备的产品线，这意味着耐克跑鞋和网球拍的用户将与品牌产生另一个联系，这也是耐克建立其感知质量和知名度的另一个机会。

这样的品牌联想是至关重要的，因为延伸会对品牌形象产生重要影响。它可以并且应该加强品牌形象，从而提供品牌建设功能，而不是削弱品牌名称和耗尽其商誉。

有时一个品牌需要改变它的形象，以保持相关性或适应新的战略方向。品牌形象的改变或增强可能是最重要的目标，而延伸产品的销售是否成功相对而言可能不那么重要。IBM 公司将其产品延伸到带有 ThinkPad 标识的笔记本电脑对该公司的品牌产生了重大影响，其价值远远超过其销售额所反映出来的价值。对于大型电子公司飞利浦来说，与耐克联手开发的一些电子设备为它带来了一个独特的机会，让它的品牌更具当代性和相关性。

品牌的延伸可以将品牌引入新的细分市场，从而在所有的权益维度上增强品牌，该品牌新的用户有可能在现有的市场中成为买家。例如，当快速瘦身（Slim Fast）代餐品牌将其品牌从奶昔和谷物棒延伸到汤和面食时，新客户就会接触它们。

负面效应：延伸会损害品牌

品牌名称往往是公司的关键资产。从改变这种资产所需的投资来看，它可能比实体商店，甚至相关人员更为重要。因此，根据自身的优势，将延伸作为商业决策来评估时，公司应该考虑它可能造成的损害，包括淡化品牌形象、建立不良联想、未能兑现品牌承诺或预示着某些可见的灾难。

事实上，品牌延伸的失败通常不会像品牌延伸的成功（或至少是幸存下来的那种延伸）那样带来很多问题，成功的品牌延伸往往会通过创建不适合的属性联想、降低品牌的感知质量或改变现有的品牌联想来损害品牌名称。品牌延伸的失败通常是由于曝光度不够，这也算得上不幸中的万幸了。例如，绿箭（Green Giant）在打造速冻产品线方面付出的六个月的努力没有让它遭受明显的损害，因为很少有人知道它在这么做。如果它不幸"成功"了，反倒会带来麻烦，例如多芬拼命挣扎着去推广它的餐具洗涤剂。

1. 淡化现有品牌联想

通过延伸创建的品牌联想能使某个关键资产的清晰形象变得模糊不清，还会降低品牌在其原始环境中的可信度。吉百利带来的精美的巧克力和糖果的联想在其进入土豆泥、奶粉、汤和饮料等主流食品领域时肯定会削弱。该公司承担的风险是，消费者无法将吉百利巧克力和其他产品区分开来，并将继续以同样的方式对其进行评估，特别是那些缺乏忠诚度和吉百利传承感的新消费者。

当一个品牌的自我表现优势并不适合所有人，也无法赋予每个人的时候，过度延伸（特别是通过特许权转让）可能会使该品牌变得过于普通。鳄鱼（Lacoste）品牌一度被滥用，导致它失去了很大的吸引力。对古驰（Gucci）的名称不加限制地使用（它一度拥有14 000种产品）是该品牌没落的原因之一。

2. 创建出不良的产品属性联想

延伸通常会创建出新的品牌联想，其中一些可能会对品牌在原有环境中的形象造成潜在的损害。新奇士（Sunkist）水果卷很可能损害了新奇士的健康形象；百得小家电损害了它的电动工具形象；所罗门投资银行与希尔森（Shearson，一家经纪公司）合并时形象受损，在其加入银行（花旗银行）时更是如此；康乃馨（Carnation）宠物食品损害了该品牌的食品；立顿公司生产的汤一度损害了其作为一家优质茶叶供应商的形象。

在什么情况下，延伸潜在的负面联想会转移到原始的品牌环境中？如果出现以下几种情况，转移的可能性应该较小：①原始品牌联想非常强；②原始品牌背景和延伸之间存在明显差异；③原始品牌背景和延伸之间的差异不至于极端到看起来不协调。因此，脆谷乐与燕麦、巧克力谷物和不含糖谷物有很强的品牌联想关系。Honey Nut Cheerios作为一种预加糖麦片，与原有产品存在明显的差异，可以在消费者的记忆中单独对它分类。这两个类别虽然截然不同，但并不是不协调的。

3. 品牌未能兑现承诺

如果不能兑现关键的品牌承诺，那么任何延伸都将面临失去品牌资产的风险，尤其在延伸品牌时利用了品牌的忠实客户群时。如果百得家电的质量与该公司电动工具所建立的质量不符，那么该品牌将面临客户群风

4. 品牌灾难

几乎任何品牌都可能发生公司无法控制的灾难（如 Ivory 产品请的模特是个艳星，泰诺盒子被篡改，福特探索者使用的费尔斯通（Firestone）轮胎存在隐患，或者威麟（Rely）的产品对健康有严重危害）。如果该名称用于许多产品，那么损害将更加广泛。费雪公司曾遇到过一次灾难性的考验，阻碍了该公司进入儿童保育行业。它的品牌与儿童优质玩具有非常积极的联系，这种联系原本很可能会被转移到儿童保育领域。然而，仅仅一次猥亵儿童事件，甚至一项指控，就可能对整个费雪公司的股票造成严重损害。

1978 年以后制造的奥迪 5000 汽车的突然加速问题造成了非常负面的公众效应。1986 年 11 月，哥伦比亚广播公司的《60 分钟》节目对此进行了特别报道。奥迪的回应（指责美国司机）无助于缓和局势，奥迪在美国的销量从 1985 年的 74 000 辆暴跌至 1989 年的 23 000 辆左右。尽管奥迪一直都在制造性能优越的汽车，但是它整整花了 15 年时间才恢复元气。一项关于该事件对大众其他产品造成多大程度的贬值的研究很有启发性。[12] 没有出现类似问题的奥迪 4000 汽车受到的影响几乎与奥迪 5000 汽车一样大（前者的贬值率为 7.3%，后者为 9.6%），而奥迪 Quattro 受到的影响较小（贬值率为 4.6%），因为它与奥迪的联系不太紧密——Quattro 这个名字在车身上与奥迪是分开的，它的广告往往不会提到母品牌。此外，保时捷和大众等其他大众公司的品牌也没有受到影响。

5. 品牌特许经营权的自我蚕食

品牌资产的一个重要组成部分是品牌的客户群。如果品牌延伸后的销售量以原品牌为代价，那么延伸后的销售量可能不足以弥补对原有品牌资产造成的损害。当然，与其让竞争对手蚕食某个品牌的销售量，还不如让同门来蚕食该品牌的销售量。因此，米勒海雷夫被米勒淡啤蚕食可能比它输给竞争对手要好。

一个关键的问题是细分市场之间的重叠程度。如果延伸部分的产品吸引的是不同的客户群,那么发生蚕食的可能性是最小的。通用磨坊迟迟不肯推出一款预加糖的家乐氏谷物产品是由于存在发生产品之间自相残杀的可能性,并且它可能会扰乱家乐氏作为非糖类谷物的品牌联想。它对 Honey Nut Cheerios 进行了很长一段时间的测试,甚至测试过将这款产品定位为成年人摄取的麦片,以免影响家乐氏的核心市场。然而,该延伸完全没有损害家乐氏的销售量,部分原因是它与预加糖麦片相关(即使麦片部分重叠,但许多人同时食用不含糖和添加过糖的麦片)。此外,苹果肉桂麦片(Apple Cinnamon Cheerios)的推出,在不影响家乐氏普通麦片(4.8%)或蜂蜜坚果麦片(3.1%)的情况下,获得了1.5%的冷麦片市场份额。健怡可乐(Diet Coke)的故事也差不多。

是否急需建立一个新品牌

新品牌的开发(或给予现有独立品牌持续支持)既昂贵又困难。多个品牌使公司和客户的品牌架构复杂化。因此,只有在不得已的情况下,才能开发或支持一个独立的品牌。

那些相信新改良的产品值得引入一个新名字的人(通常是一厢情愿的)会给创建新品牌施加巨大压力,需要组织制定一些制度来确保推出的新品牌都是合理的。这种制度可能关系到某个有行政决定权的高层委员会。在做出相关决策时,应拿出以下一个或多个理由:

- 所有现有品牌都有与产品不兼容的品牌联想。
- 该产品有损于品牌名称。
- 需要一个新名称才能创建和拥有品牌联想。
- 只有通过新名称才能表明产品的新颖性。
- 收购的品牌拥有影响深远的忠诚度,如果变更名称,将会面临风险。

- 因渠道冲突而需要单独的品牌名称。
- 该业务有足够的规模和期限来证明投资新品牌的合理性。

前两点已经讨论过了。接下来讨论其余五点。

创建和拥有品牌联想

新品牌能与某产品类别形成关键联想，特别是能引入一个新的联想，是创建新品牌的基本理由。潘婷（"头发如此健康，光彩照人"）在海飞丝或Pert品牌下不会成功，因为潘婷的独特优势无法从现有品牌联想的阴影中显现出来。当一个产品有主导某个功能利益的潜力时（就像许多宝洁公司的品牌一样），就有必要建立一个独特的品牌。同样的论点用于通用汽车的时候却被证明是错误的。通用汽车一度渴望成为一家拥有30多个品牌的公司，但它无法创造那么多激动人心的价值主张或识别不同的细分市场。

代表一种新而不同的产品

新的品牌名称有助于讲述一个真正不同的新产品的故事，或者为该新产品带来了一个突破性的优势。然而，所有新产品的经理都认为他们正在管理一些非常重要的东西，因而会受到新品牌的诱惑，所以需要更宽广的视角。如果只对该产品做了一个小小的改进或只对该产品做了一次意义不大的尝试，那么没有理由去创造一个新产品。新的品牌名称应该代表技术和功能的重大进步。例如，复古的PT巡航者（PT Cruiser）得益于一个新的子品牌名称，因为它的设计和个性与克莱斯勒的其他产品明显不同，也与该行业中的其他产品完全不同。

保留（或赢得）顾客（或品牌纽带）

当一家公司收购另一个品牌时，它会面临这样一个问题：要不要保留新收购的品牌名称？在做出这一判断时，应该考虑被收购的品牌的实力——它的知名度、联想和顾客忠诚度。此外，还应该考虑买方品牌的实力。客户与获得的品牌名称的联系通常是关键因素。如果它很强大，并且难以转移，保留收购的品牌可能是一个明智的决定。但是以下几种情况可能使品牌资产难以转移：

- 可能无法获得转让品牌资产所需的资源（或不合理）。
- 所收购的品牌的联想非常强大，并且会随着品牌名称的变化而被削弱。
- 可能存在一种情感纽带，它来自所收购品牌的组织联想，可能难以转移。
- 可能存在契合度的问题：被收购的品牌可能不符合所收购方的品牌背景和定位。

当然，在某些情况下，更名是明智的选择。通常，其基本原理是建立一个强大的统一品牌组合。在过去的几年里，惠普已经进行了数百次收购，并不断将购入的品牌更名为惠普，即使之前的品牌名称具有很强大的知名度、吸引人的联想以及忠实的追随者。目前还不清楚，惠普是否在任何情况下都能做出正确的决策，但惠普强大的品牌联想以及统一品牌战略的优势本身就是可靠的更名理由。

渠道冲突

渠道冲突可以迫使公司采用新品牌，这通常会产生两个方面的问题。首先，现有渠道可能有动力来保留和推广某个品牌，因为它具有一定程度的排他性。当该排他性被破坏时，保留它的动机就会下降。其次，现有渠道支持产品开出更高的价格，部分原因是它能提供更高水平的服务。如果该品牌在中低端市场渠道中也能轻易得到，那么它保留高利润渠道的能力将岌岌可危。

例如，香水和服装这样的产品在进入高档零售商店、百货公司、杂货店或折扣店的时候，需要采用不同的品牌。所以，欧莱雅公司会根据不同的渠道带来兰蔻、欧莱雅和美宝莲等化妆品品牌。VF 支持四个不同的品牌——Lee、Wrangler、Maverick 和 Old Axe，这在一定程度上是为了解决渠道冲突。

业务现状是否支持建立新品牌

如果最终因业务规模太小或存续期太短而不足以支持必要的品牌建设，那么无论有什么其他的观点，建立新的品牌名称都是不可行的。建立和维护品牌几乎总是比预期的更昂贵、更困难。当人们沉浸在对一个新品牌的兴奋期中时，人们常常会对公司的能力和足够的资金投入做出不切实际的假设。这时候公司的意愿是尤为重要的。很多企业口袋深，胳膊短（意思是资金雄厚但不舍得花血本）。只要无法为品牌建设提供资金和维护预算，为规划品牌建设所做的一切都是徒劳。

全面看待品牌延伸风险

与品牌延伸相关的风险可以说是相当可怕的。有些人认为既然这种风险如此可怕，就应当避免进行品牌延伸。例如，在里斯（Ries）和特劳特（Trout）的一本经典的、关于定位的、颇具影响力的书中，他们警告说，强势品牌将失去它们的品牌重点。[13] 他们还举例说，当斯科特（Scott）的名称被放在 ScotTowels、ScotTissue、Scotties、Scottkins 和 Baby Scot 等名称中进行品牌延伸时就会产生混乱；这些名称往往会让客户的购物清单产生混乱，与邦迪、帮宝适或舒洁的强大产品类别形成鲜明对比。里斯和特劳特认为，品牌的影响力与其范围成反比，他们认为雪佛兰之所以没有任何品牌意义，是因为它被放置在了 10 个不同的车型上。[14] 毋庸置疑的是，风险是必然存在的，没有经过分析和战略思考就不应该考虑品牌延伸。然而，在以下几种情况下，可以考虑接受这种风险。

第一，品牌延伸决策可能涉及商业模式问题。如果麦当劳看到增长放缓，甚至出现负增长，它就会适当地考虑利用其资产，即数万个零售点和品牌，进入新的领域甚至非食品领域。例如，它可以在自己的商店里出售罗纳德·麦克唐纳玩偶，以提高销售额和利润。如果索尼没有在消费电子产品上盈利，那么它就有了迫不得已进入金融服务行业的理由，即使这意味着过度延伸品牌。严酷的现实是，想在混乱的市场中建立一个新品牌（甚至是一个被背书品牌）并不总是可行的，因此这种选择可能是不可取的。忽略业务上的考量就做出品牌延伸的决策是行不通的。

第二，把增加品牌联想和弱化品牌联想区分开来是很重要的。如果原来的品牌联想很强，它们就不太可能受到延伸的影响，因为延伸只会增加其他的联想，正如第 4 章中讲述的嘉信理财的故事那样。有些品牌的名字非常强大，如面团宝宝和惠普，很难破坏或改变它们现有的品牌联想。仅仅只是对它增加新的联想来延伸品牌而已，而且新的联想也常常受限于某个新的市场环境。

第三，如第 4 章所述，问题不在于什么产品与品牌相关联，而在于品牌是否与某个产品领域相关联。由于产品范围形象的问题，延伸往往会降低某个品牌在原来客户心目中的品牌相关性。顾客是否知道杰克丹尼（Jack Daniel's）生产烧烤酱并不重要，只要在选择威士忌酒时将杰克丹尼的品牌放在考虑范围内，并且在这种情况下让杰克丹尼的品牌联想得以保留下来就可以了。

第四，正如第 5 章所述，老化的品牌可能从延伸中获得它迫切需要的活力和知名度。当品牌在难以创新的成熟的市场领域里竞争时，这种推动作用尤为受欢迎。有句老话说得好：怎么评价我都没关系，只要把名字拼对就行了，因为客户记住的只是名字。

第五，对延伸进行必要的控制，可以通过一个子品牌，甚至是一个被背书品牌，与原来的环境保持距离，以此降低品牌风险。这些品牌组合工具的引入带来的是一种降低风险的直接方法。此外，通过对品牌定位，寻找一个与品牌兼容的，又有利于自身的提升机会。品牌延伸也可以一步一步来，以避免不必要的品牌建设，如果新产品本身不符合目标，或者将会给品牌带来危害，那么该产品就会被及时叫停。

第六，由于具有令人信服的价值主张和卓越的执行能力，品牌的过度延伸仍然能够取得成功。在取得这样的成功之后，品牌会有一个新的可信度边界。例如，维珍本来是一家标新立异的音乐制作公司，进入航空公司是它有史以来最令人瞠目结舌的品牌决策之一。然而，当它以天赋和个性魅力来努力延伸时，它进一步延伸的能力变得非常强大。

显然，通过强化品牌个性来提升品牌一直是品牌延伸的目标。但是在很长一段时间内，在一个动态变化的市场中经营一家企业可能会充满挑战，制定严格的经验法则是不现实的。想要了解什么时候品牌风险是可以接受的，就必须在战略远景规划的背景下进行深入分析，这是我们现在要讨论的话题。

创建系列品牌平台

品牌延伸的决策通常侧重于一个品牌是否可以通过直接的方式或背书策略来支持另一个产品类别中的产品。这种思维方式的问题在于，这种决策往往是临时性的，只能看到短期情况，因此相对于企业的长远战略而言，可能是次优的，甚至是有破坏性的。

一个更具战略性的品牌战略应该考虑系列品牌平台，而不是品牌延伸。系列品牌平台由一系列的品牌（即跨越产品类别的品牌）创建，其品牌识别包括适用于不同产品类别的差异化联想。请看以下案例：

- 多芬的系列品牌平台利用保湿霜方面的联想在肥皂、洗涤剂、沐浴露、面部清洁剂、除臭剂和护发产品方面创造了一个差异点。
- 妮维雅将其系列品牌平台建立在温和及关爱的基础上。
- 健康之选的系列品牌平台利用了大约300种产品的"好品位，对你有好处"的品牌定位。
- 沃尔沃在各种车型中充分利用其在安全方面的地位。

- 泰诺已经将其止痛成分（对乙酰氨基酚）用于多种产品，包括治疗喉咙痛、感冒、鼻窦炎、流感和缓解关节炎的药物中，甚至还有专门针对女性使用者的泰诺产品。

创建一个可用于一组目标产品类别的差异点，还是创建一个与单一候选产品类别产生共鸣的差异点，这两者是非常不同的。品牌识别和定位可能会反映在最初的产品中，就跟多芬的情况一样，也可能最初只是空有抱负，只有当品牌附属于一系列不断扩大的产品类别和产品时才能实现它的品牌识别和品牌定位。随着软件公司不断引入系统产品的组件，软件公司的系统定位可能会发生变化。许多企业品牌跨越产品类别，带来了规模、金融资产甚至创新等联想，但实际上缺乏的是它们参与竞争的大多数产品类别中的竞争对手都具有的相关性的、差异化的联想。

系列品牌平台也不同于单次的品牌延伸，因为该战略涉及对最终产品范围构成做出判断，最终产品范围将由驱动型品牌和背书品牌驱动。这些规范会随着时间的推移而发展，但是应该始终有一个目标范围对品牌决策进行指导。

在实施系列品牌平台战略时，品牌延伸的顺序和时间变得至关重要。其理念是逐步扩大品牌范围，或许还可以扩大品牌联想。最终，随着品牌发展成为其新的品牌组合战略，在某一点上过度延伸就会变得可行。例如，当吉列推出剃须产品吉列泡沫时，它的品牌联想还是剃须刀。这种与剃须刀密切相关的子品牌，是吉列品牌旗下男士化妆品系列进行过渡的桥梁。如果吉列只以剃须刀闻名，那么其洗漱用品系列可能就被过度延伸了。

如图 7-5 所示，系列品牌平台是战略性的，侧重于产品类别的分组，并具有长远的眼光。相比之下，单次的品牌延伸决策是渐进性的，它侧重于单一产品类别，只有短期目标。

	品牌延伸	系列品牌平台
决策焦点	渐进性的	战略性的
决策范围	单一产品类别	产品类别分组
时间范围	短期	长期

图 7-5 品牌平台

适应平台上的品牌个性

不应该想当然地认为系列品牌平台拥有的品牌识别和品牌定位能单枪匹马地在所有市场环境中取得成功。每个产品线都可以有自己的识别和地位，只要它们协调一致、不造成品牌混淆或贬值就可以了。在产品类别环境中竞争，通常需要更多的品牌联想，这是对基本的品牌识别的扩充。

虽然健康之选具有明确的品牌识别（基于有营养、低脂、低钠，口感好），但它的慷慨套餐（Healthy Choice Generous Servings）还是添加了冷冻晚餐和例餐规格的品牌个性。CK系列品牌将时尚与纽约风格联系在一起。然而，它的产品线的特性是独特的，没有存在不一致的情况。它的香水强调性感和反叛，相较之下，其西装和眼镜产品则显得较为保守。本田虽然涉及各种不同的产品，但这些产品拥有一个共同的品牌识别，其品牌联想包括性能、效率、缺陷少和性能良好的引擎。然而，本田摩托车包含了对年轻人来说有趣的特点，而本田汽车在美国的产品线更适合家庭，并增加了易于转售的属性特征。

为什么要创建品牌平台

创建品牌平台往往会有几个动机。第一个动机是，从战略上讲，这个理念可以为组织的战略带来连贯性和品牌架构。业务战略的核心是解决三个问题：进入哪些业务领域（产品市场）？提供哪些价值主张？在这些业务领域中存在哪些战略资产？系列品牌可以提供答案。维珍或纽曼私房（Newman's Own）食品公司的品牌范围定义了产品市场范围，品牌识别将提供价值主张，品牌实力将是主要的资产价值。

第二个动机是利用强势品牌。品牌平台战略通常会带来更大的业务基础和更强的品牌。例如，考虑一下CK如何利用它在时尚领域的信誉，从名牌牛仔裤走向众多的各种产品项目，包括各种服装（内衣、牛仔裤和男士套装）以及香水和眼镜。博朗将它在小型个人护理家电上的成功延续到钟表和各种家用电器上，包括食品处理器、手动搅拌机、咖啡机、卷发器和牙刷。迪士尼最初是一家卡通短片公司，现在也与大型电影制作、主题公园、服装、玩具店、曲棍球队和游轮密切相关。

在将品牌与其竞争对手进行比较时，这些系列品牌的可延伸性尤为明显。西装制造商布鲁克斯兄弟销售香水或针织品会如何？把美膳雅（Cuisinart）厨房用具的品牌放在电动剃须刀上会如何？用蒙特利尔加拿大人队曲棍球队这个名字为主题公园或电影公司命名会如何？用贺曼（Hallmark）这个品牌来给邮轮命名又会如何？

当品牌更多地依赖与特定产品没有紧密联系的品牌联想时，系列品牌平台的范围会更广。例如，维珍的品牌范围之所以很广，是因为它受到了品牌特性和风格的驱动，而非某个特定的客户利益。亚马逊品牌平台的建立基于一种与客户互动的方式，以及一种可以应用于各种产品的分销方法。相比之下，一些品牌与某个产品联系过于紧密，以至于限制了它们发挥巨大作用的潜力。

第三个动机是经济效益。品牌平台提供了在品牌建设方面具有成本效益的机会。经济学家观察到，品牌平台带来了经典的规模经济模式（维持品牌名称的固定成本可以分散在不同的业务中）。企业战略家会看到品牌平台带来的协同效应——各个业务组合在一起大于其各个部分的总和，因为投资其中的一个业务将有利于其他业务。这两种观点都抓住了品牌平台的效率潜力。此外，品牌平台的知名度和形象可以降低开发新产品的成本和风险。

现实情况是，创建或支持一个品牌非常昂贵，尤其是广告和促销费用很高。由于缺乏规模经济，与品牌平台竞争的独立品牌可能处于非常不利的地位（尽管定位良好的、瞄准细分市场的品牌无疑会成为赢家）。

创建品牌平台的第四个动机是与多种产品相关联可以提高知名度，并向消费者保证公司能够在不同的环境中取得成功。达钦（Dacin）和史密斯探讨了与品牌相关的产品数量和这些产品的质量变化产生的影响。[15] 产品数量要么是3个（小型厨房用具、车库开门装置和手持式园艺设备），要么是7个（上述3个加上吹风机、小型电动工具、地毯清扫器和电话答录机）。他们也对这些产品的质量进行了人为控制。在评估该产品线（运动手表或电熨斗）的延伸时，与品牌相关的产品数量越多，对延伸的评价就越高，客户对评价的信心越足。

最后，品牌平台可以在多个产品类别上增加和客户的接触，使客户有更多使用该品牌的机会，与客户建立起更广泛、更丰富的关系。如果多芬只是一种肥皂，客户知道了解和使用该产品的机会就很有限。然而，多芬旗下有六七种产品，那些使用过几种多芬产品的客户可能对多芬有更深的感情，它的品牌联想也就得到了加强。

系列品牌平台的结构

系列品牌平台可以存在于各种品牌组合配置中。在一个极端，如果某个系列品牌拥有可以广泛传播的差异点，那么用单个的系列品牌加上描述符或弱势子品牌就有可能开发出一个范围宽广的业务。戴尔（第 9 章会有更为详细的介绍）利用了直销模式，把该方法用在它所有计算机设备和服务中。维珍在进入包括可乐和火车服务在内的一系列产品类别时，利用的是其特性和令客户满意的创新的美名。IBM 凭借它在大型系统中的信誉来驱动各种各样的产品和服务。然而，大多数没有这种实力的公司可以创建强大的子品牌，使用多个系列品牌平台或使用背书系列品牌。

正如我们在第 5 章中看到的，索尼通过强大的子品牌支持其系列品牌，如 VIAO、掌上游戏机、数码摄像机和 Walkman。索尼品牌利用它与"惊人的技术"和数字娱乐的联系，成为各种消费电子领域的领导者。即便如此，假如索尼没有子品牌带来的资产，它就无法做到这一点。索尼一直是日本最强势的品牌，让其他利用公司品牌覆盖许多产品类别的竞争对手望尘莫及，这并非偶然。

许多最成功的公司都有多个品牌平台，其中一些是系列品牌。宝洁公司拥有 80 多个品牌平台，为其实力和战略灵活性做出了贡献。宝洁拥有象牙、汰渍、Joy、帮宝适、佳洁士、秘密和品客薯片等品牌，把它的当前价值与一家仅拥有宝洁香皂、宝洁清洁剂、宝洁尿布、宝洁牙膏、宝洁除臭剂和宝洁薯片的公司进行比较，显然前者价值更高。虽然佳洁士、汰渍、帮宝适等品牌的范围很广，但也很有限。例如，佳洁士或汰渍势必不能涵盖尿布产品。

其他公司已经开发了一套背书系列品牌平台。例如，微软作为背书品牌跨越了其所有产品。被背书品牌，如Word、Office、.NET和Xbox本身都是系列品牌，但都是在微软的保护伞品牌下销售的，这表明该产品将得到一家大型、成功和历史悠久的公司的支持。

雀巢有几个这样的背书系列品牌，包括雀巢和普瑞纳。普瑞纳目前是雀巢所有宠物食品系列的保护伞式的背书品牌。普瑞纳的背书表明该宠物食品有一家更大的公司在背后支持，这家公司拥有各种宠物食品系列的经验。雀巢品牌也为雀巢的大部分食品系列起到了同样的作用，例如好起点（Good Start）婴儿配方奶粉和冰激凌系列。

思考题

1. 对于你的主要品牌来说，哪些联想具有被利用的潜力？它们支持哪些产品？品牌能否对产品起到加强作用？为什么？它会不会对产品起到阻碍作用？请评估一下延伸对品牌的影响。思考一下新产品以及新产品对品牌产生影响的最坏情况。

2. 在行业内和行业外各找出一个关于品牌延伸的例子，并对品牌延伸进行评估。该延伸使用的是什么品牌战略？为什么？对该战略方法进行评估。

3. 贵公司现有的品牌平台是什么？它们能为品牌提供足够的成长空间和活力吗？需要更多的空间和活力吗？考虑到组织资产和文化，哪些品牌平台是可行的？请站在竞争对手的立场上回答上述问题。

BRAND PORTFOLIO STRATEGY

第 8 章
参与高端市场和中低端市场

> 清楚什么是你的业务,什么不是你的业务,这一点实在太重要了。
> ——格特鲁德·斯泰因(Gertrude Stein)
>
> 也许我不清楚自己将走向哪里,但是我清楚地知道自己要逃离什么。
> ——杰克·尼科尔森(Jack Nicholson),《五支歌》(*Five Easy Pieces*)

通用电气

当通用电气在竞争激烈的高端家电市场上竞争的时候,它就已经在考虑进入超高端市场以获取更高的利润、为品牌创造兴趣和活力了,而且它还正在开发一个新的产品类别——"设计师系列"家电产品。⊖ 其中的一个方案是创建一个新品牌,就像丰田创建了雷克萨斯那样,但这是不可行的,因为在这种市场环境下,没有足够的理由对该市场进行如此大手笔的投资。另一个选择是把通用电气的品牌向上延伸,但这个选择无法带来必要的独特性和影响力。

于是,通用电气决定使用子品牌来提升其品牌影响力。为此,它推出了两个新的电器子品牌。把通用电气 Profile 产品定位为高端通用电气产品。它有设计上的优势,一直坚持走高价路线,被定位为创新型产品,是最新技术的代表。通用电气 Monogram 是一个设计师系列,面向超高收入客户和相关的建筑师及设计师市场,它的产品包括工具套装、定制手柄和其他个性化选择。作为展示个人品位、自信风格和专业厨师品质的设备,通用电气完整的 Monogram 系列包括葡萄酒冷却器、饮料中心和户外烹饪设备等产品。其网站展示了带有 Monogram 厨房的设计师之家。Monogram 和 Profile 品牌成为通用电气盈利的关键,因为它们拥有可观的、时而令人惊叹的价格和利润。

使用子品牌升级的挑战在于,主品牌可能缺乏在超高端市场竞争所需的信誉和声望。事实上,通用电气 Monogram 系列虽然定位良好,但起步艰难,因为它过度延伸了通用电气的品牌。然而,随着时间的推移,它扩大了产品线,得到了人们的认可,变得越来越被接受,并得益于子类别的增长。

⊖ 这部分信息来自于通用官网:Mark Yost," General Electric Income up 20%," *Courier Journal*, April 12, 2003, p.1f.

通用电气 Profile 系列从一开始就取得了成功，部分原因在于它定位于现有生产线之外，而不是让自己作为品牌声望的标志。它基于创新技术提供了更好的性能。它在价格和设计上都与通用电气的高端产品系列相分离，价格始终较高，通常在设计上更大胆，组件和功能更好。它得到诸如通用电气 Profile Arctica 这样的品牌活力点的支持，这是一款拥有许多先进品牌差异点的冰箱，如 Turbocool 强制冷却装置。如果产品本身难以找到差异点，比如薄膜、肥料或机油，那么子品牌战略的实施将更具挑战性。

通用电气还面临着中低端市场的挑战，由于购物者议价能力的提高、环城百货（Circuit City）这样的低价零售商的出现，中低端市场正在经历快速的增长。然而，即便有一个子品牌或被背书品牌，在中低端市场上使用通用电气品牌，也有可能与通用电气自相残杀（把高端通用电气电器系列的顾客吸引过来购买其中低端产品）并损害其形象。考虑到这些风险，在中低端细分市场中引入一个新品牌是谨慎的做法。因为成本均等在中低端市场中至关重要，而且利润又很低，所以无法对一个新的中低端品牌进行品牌建设。因此，在中低端市场环境中创建一个新品牌比在超高端市场中创建一个新品牌更难。

通用电气采用启用先前收购的品牌这一策略成功应对了这些挑战。通用电气购买了热点（Hotpoint）公司的产品线，这是一个拥有大量资产的高端家电品牌。把热点品牌从溢价重新定位到二级产品线或中低端产品线，为通用电气提供了进入折扣零售商（如家得宝、百思买和山姆会员店）的机会，而且不会危及通用品牌。重新定位热点品牌无疑会影响其感知质量，使其不太可能在未来恢复到高端状态，但进入中低端细分市场为通用电气创造了更强大的整体电器产品生产线。热点的品牌故事说明了进入中低端细分市场时使用知名品牌（无论是自有品牌、收购的品牌还是获得许可的品牌）的作用。

通用电气生产线通过添加两个子品牌和一个独特品牌来实现四级覆盖，如图 8-1 所示。

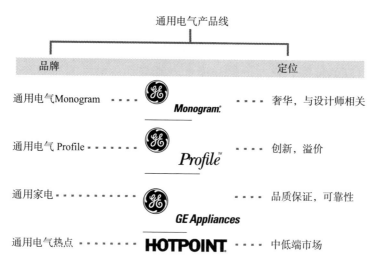

图 8-1　通用电气垂直品牌组合

万　豪

万豪品牌最初在市中心高档酒店市场拥有稳固的特许经营权。[1] 然而，和通用电气一样，万豪组织也面临着垂直延伸的挑战。万豪的终极品牌战略和通用电气所走的路线极为相似，为品牌的垂直延伸问题提出了更多的见解。

虽然万豪是一个高端品牌，但它并没有参与酒店业的最高端市场。因为这个市场涉及声望和自我表现优势，很难提升万豪的品牌。因此，万豪选择通过购买丽思卡尔顿的大量股权进入超高端市场。值得注意的是，万豪决定不将享有盛誉的丽思卡尔顿品牌与自身联系起来，尽管这将有助于万豪品牌并创造运营上的协同效应。丽思卡尔顿甚至没有参与万豪礼赏会员的计划。

万豪在中低端领域面临着一个截然不同的挑战。该细分市场的规模和增长速度使万豪赖以立足的高端市场相形见绌。此外，拥有更完整的产品线将在酒店预订和奖励系统方面提供运营协同效应。因此，成功进入该市场对万豪而言具有战略上的必要性。

进入中低端市场的首选是使用一个新品牌，或者像通用电气一样收购一个已有一定地位的品牌。然而，万豪在该市场上可以获得的知名品牌混乱不已——这些品牌在质量、一致性和地理覆盖面上千差万别。由于酒店中低端市场上的混乱状况，创建一个新品牌将是极其困难和昂贵的。因此，万豪怀着相当大的不安，决定通过为万怡酒店、万枫酒店和春丘酒店（SpringHill Suites）三个新的中低端品牌背书来利用万豪品牌。

万怡酒店为商务旅客提供客房和服务，它是一家商务型酒店，通常位于郊区，没有餐饮设施。万枫酒店是一家在中低端区域竞争的家庭酒店。春丘酒店只向客户提供简单的套房式服务。万豪对这些中低端品牌的背书很可能会损害万豪品牌，尽管驱动万豪品牌的力量非常之多，但也很难不受到背书战略的影响。

万豪品牌背书的价值是巨大的。开发商、酒店运营商和社区都很乐意接受建设万怡酒店、万枫酒店和春丘酒店的提案，因为它们意识到万豪将支持这一理念。此外，吸引新游客入住酒店的任务也减轻了，由此产生的相关费用也降低了，因为万豪品牌降低了未知品牌的风险，奖励计划是所有与万豪明显关联的酒店的驱动力。研究表明，尽管这三个品牌现已确立，但是如果没有万豪的背书，它们的入住率还是会有一定程度的下降。

有三个因素能减弱万豪为"低端"酒店品牌的背书带来的损害。首先，不管在哪种情况下，被背书的酒店都不同于万豪的旗舰店，因此人们对不同酒店的地理位置、服务设施、外观和感觉的期望值不同。其次，一共有两个万豪品牌——万豪酒店和万豪酒店组织。万豪明确表示了为万怡酒店、万枫酒店和春丘酒店背书的是万豪酒店组织，而不是万豪酒店。最后，万豪的两个核心的识别性元素，即一贯性和友好性，在所有市场上都发挥了作用，并在各个品牌之间架起了一座桥梁。

万豪的背书战略可以与假日酒店使用描述符和子品牌来区分产品形成对比：假日酒店精选（与万怡酒店相比）、假日快捷酒店（与万怡酒店相比）与假日家庭套房度假村（与春丘酒店套房相比）。假日酒店和中低端酒店品牌之间的差距比万豪酒店小，产生混淆的可能性要大得多（见图8-2）。

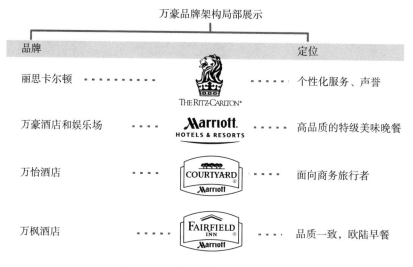

图 8-2 万豪品牌架构局部展示

垂直品牌延伸

许多主流的高端品牌面临着竞争激烈的市场,产能过剩、利润下降且增长前景暗淡。它发生在各个行业,从个人计算机到航空公司、银行、汽车、电信、罐头、高尔夫球场等。竞争对手也在激增,其中一些从相邻的类别进入,寻求利用它们的品牌,而另一些竞争对手从不同的地区进入,以期成为具有区域性或全球性规模的公司。特别是在包装商品领域,自有品牌——曾经是一个可以忽略不计的小规模的经营行为,局限于低价、劣质的产品,现在也往往在质量上很有竞争力。

许多竞争对手,从想要主宰市场的雄心勃勃的领先者到处于第三名或第四名的位置上苦苦挣扎、想要生存下来的品牌,开始强调价格促销和销售活动,而不是把重点放在产品上。因此,随着客户更加关注产品的功能和价格,人们对品牌的忠诚度会下降。既要保持一贯的销售溢价,又不降低(或者不大幅度降低)市场份额,已经难上加难了。此外,客户和零售商强烈要求降低价格,这使得整个过程又进一步被强化了。

随着高端品牌的主流市场变得充满敌意,企业通常会关注两个新兴的细分市场，这两个细分市场通常都很健康并在不断发展。一个是高端品牌所在的高端市场，它是一个充满活力（有时还有点杂乱）和吸引力（其利润让人难以置信）的舞台。另一个是低端市场，这是一个属于中低端品牌的世界，那里的增长潜力和销量可能很有吸引力。事实上，许多市场似乎正朝着沙漏的模式发展，增长点在顶部和底部，而不是中间。越来越富裕的上层人口寻求他们地位带来的回报，包括功能上的享受和地位上的象征。越来越受到挤压的、处于下层的人们则试图减少支出并寻找便宜货。

对于那些认为自己的高端品牌正面临严峻的市场形势的公司来说，把业务向上延伸也好，向下延长也罢，都是很有吸引力的战略选择。支持这一举措需要有相应的品牌战略，一个显而易见的方案就是对现有品牌进行垂直延伸。然而，巨大的风险使得垂直品牌延伸成为最困难的品牌组合挑战之一。本章将详细介绍这些风险，并讨论降低风险的策略。

垂直延伸决策

将业务转移到更高或更低的市场通常意味着做出一个重大的战略决策，决不能漫不经心地对待该决策。它不仅仅关乎一个品牌战略，还有两个方面需要被纳入考虑当中。图8-3利用第3章介绍的可信度覆盖区，对垂直延伸决策的几个方面进行了说明。

首先要考虑的是市场机会。需要对市场吸引力进行实事求是的评估，要特别关注客户的消费趋势，竞争对手的质量、活力和承诺，以及可能出现的利润空间。太多公司认为战略计划失败是因为它们夸大了客户的消费趋势，低估了竞争对手，或者没有预见到利润压力。

其次要考虑的是公司的竞争能力。在高端和低端市场领域竞争，往往需要一定的组织文化、制度、结构和人员才能获得成功。公司能否形成所需的技能和资产，并调整其组织以获得成功？

在中低端市场，组织需要开发出一个可持续的成本优势，否则业务将不堪一击。回想一下，为了和西南航空等低成本航空公司竞争，那些拥有高成本结构和全方位服务文化的航空公司付出了多少努力。就像联合航空公司一样，它根本无法建立起参与竞争所需的成本结构和文化。

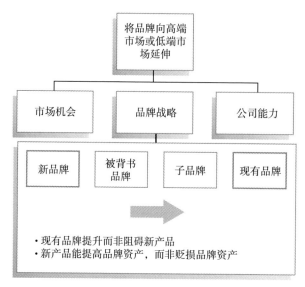

图 8-3　垂直延伸决策

在超高端市场领域，提供可持续的差异点是很必要的。只要对业务战略稍有了解，就会知道，无论市场和品牌战略有多么强大，没有差异点或缺乏客户相关性的产品都可能会失败。公司还必须愿意并能够达到客户期望的质量水平。麦斯威尔私藏（Maxwell House Private Collection）品牌在 20 世纪 80 年代末试图打入精品咖啡市场，但由于公司偷工减料，三年后失败了。它用大炉子烘焙普通咖啡豆的方式烘焙精品咖啡豆，而且无法保证货架上产品的新鲜度，由此导致的品质下降是令人无法接受的。

第三个方面是品牌战略。新领域需要有品牌信誉。为了实现这一目标，通常有四种策略，第 2 章中的品牌关系图谱对它们进行了简要的描述。利用现有品牌所需要的投资总是最少的。然而，当品牌受到威胁或在新环境中难以成功时，使用子品牌、被背书品牌或使用新品牌的战略，能让新产品与原有的产品保持距离。

对四个策略的选择将取决于现有品牌对产品的影响力。如果现有品牌能提高产品质量，并且不会削弱或妨碍它的品牌联想，那么战略可以向右移动，转向现有品牌的战略。选择还取决于产品对品牌资产价值的影响。

如果新产品能够提升品牌，而不会产生与品牌识别不相符的联想，那么把品牌和新产品分开来的压力会更小，战略也会向左移动。

如图 8-4 所示，我们现在将更深入地了解垂直品牌延伸的机会和风险。

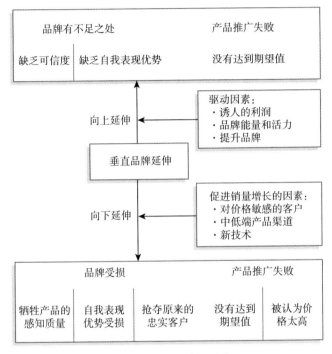

图 8-4　垂直延伸的风险

将品牌向下延伸

面对增长乏力甚至衰退的成熟市场，企业需要寻求增长机会。如果经营规模受到威胁，那么寻找增长来源可能是当务之急。当产量下降时，制造、分销和营销可能会变得没有效率，因此盈利能力会进一步受到影响。中低端市场往往可以成为一个企业求发展的渠道，该市场的活力通常是由追求低价商品的客户、中低端产品零售商和新技术驱动的。

从轮胎到服装再到电脑，我们能在越来越多的市场中看到中低端细分市场的发展空间。其中的一个驱动因素是对价格敏感的客户。在这些市场中，大量买家正从高档奢华的品牌转向提供质量和功能尚可的低成本品牌。在某种程度上，这是由于买家在一些市场环境中习惯于讨价还价和促销活动。因此，追求中低价产品的细分市场的认知差异降低，价格相关性却被提高了。另一个驱动因素就是经济原因。尤其是当经济变得疲软或衰退，人们手头不那么宽裕时，缩衣节食就成了每个家庭的当务之急。

促使中低端细分市场发展的第二个因素是一系列新渠道的出现，这些渠道通常具有较低的成本结构，它们大胆地采用每日定价的做法，并随意使用自有品牌商品。除了塔吉特百货和沃尔玛这样的连锁超市之外，家得宝、环城百货和欧迪办公（Office Depot）等专业超市也利用其独特的购买力吸引了对某个产品类别感兴趣的消费者。由于互联网的出现，戴尔和其他公司的直销方式在过去10年中迅猛发展，这些公司一直在利用其低成本结构来降低价格。这些零售商不仅提高了中低端商品的显著性和实用性，还向制造商施加了降价的压力。

第三个驱动力是技术变革，它创造了具有内在低成本结构的新一代产品。吉列好消息（Gillette Good News）一次性剃须刀刀片、富士即拍型（Quicksnap）一次性相机，以及佳洁士旋转刷头（Crest SpinBrush）电动牙刷，每种产品都代表了一个中低端产品类别，其价格远远低于它们所取代的技术。

这些驱动因素代表了一个重大的范式转变。旧的假设不再成立，参与低端市场的压力很大。例如，约翰迪尔制造的一款草坪拖拉机是通过全方位服务经销商销售的。尽管这一渠道的价格并未下降，但家得宝等批量零售商正服务于很大的市场，而且其市场份额也越来越大，其除草机的售价仅为约翰迪尔的一半。因此，约翰迪尔需要找到一种方式来参与这一新渠道，或者接受市场份额的下降和规模经济缩减的局面。约翰迪尔和许多其他公司面临的问题是如何在不损害品牌积累的品牌资产的前提下做到这一点。以约翰迪尔为例，它采用的方法是推出一个叫作斯科特的品牌，并注明该产品"由约翰迪尔制造"，其背书意义弱于"约翰迪尔出品"，因而它所承担的责任也相对较小。

品牌向下延伸容易，但存在风险

山地车骑手发现，虽然下山比上山容易得多，但是想要控制住不断下行的趋势是一个挑战。就像骑手发现的一样，品牌向下延伸很容易，有时甚至在不经意间就向下滑落了。同样，品牌在重返巅峰的过程中会面临很多的问题和挑战。进入中低端市场的最大挑战是如何避免损害品牌，尤其是不能影响品牌感知质量的联想、自我表现优势，还要有在进入中低端产品市场时留住现有优质客户的能力。

问题在于，向下延伸会影响他人对品牌的认知，带来的影响甚至可能超过品牌管理过程中的其他决策。心理学家曾经记录过这样一个事实：人们受到不利信息的影响的程度远远大于受到有利信息影响的程度。例如，假如对某人的最初印象是负面的，随后即便出现正面信息，也很难改变第一印象了。良好的第一印象却很可能被随后的负面信息所改变。从利用负面的政治效应来看，政治家已经在把心理学家的研究结果用到实处了。

对更为传统的市场营销进行的研究也得出了类似的结果。例如，莫特利（Motley）和雷迪（Reddy）向消费者展示了萨克斯（Saks，一家有名的百货公司）和凯马特（Kmart，一家折扣百货公司）的重新定位声明。[2] 声明将该店描述为非常高档、非常低档或介于两者之间。结果表明，即使凯马特被描述为非常高档，人们对它的态度也不会受到声明的影响。然而，当萨克斯和低端描述符及中端描述符联系到一起的时候，人们对它的态度却受到了影响。在另一项研究当中，阿恩特（Arndt）发现，负面口碑对购买意向的影响力是正面口碑对购买意向的影响力的两倍。[3]

伴随而来的风险是，品牌传递自我表现优势的能力可能会降低。无论产品是饮用水、高端旅行胜地、汽车还是银行服务，有自我表现力的品牌通常不仅与高质量的产品有关，还与排他性有关。当这个品牌被置于低档环境中，被更多的人（即便是普通人而非贫民）使用时，品牌的声望就会下降。例如，如果蒂芙尼允许百货店使用蒂芙尼特有的蓝色盒子，那么赠送蒂芙尼礼物的象征就会失去意义。

中低端产品也会造成利润侵蚀的问题。柯达欢乐时光胶卷就是柯达为了与同类产品竞争而在柯达胶卷生产线上增加的一款中端产品。问题是它的销量不取决于对品牌定下的低价，而是取决于柯达胶卷的忠实拥护者。只要存在价格低于柯达产品的另一种产品，追求低价的购买者不会被柯达欢乐时光胶卷所吸引。这么做非但没有对竞争对手造成打击，反倒给自己造成了损害，结果该产品很快就从市面上消失了。吉列希望在剃须膏领域中引入一款低价产品，并考虑对吉列好消息一次性剃须刀系列进行延伸，却担心发生类似的自我蚕食现象。

另一个挑战是失败的风险。中低端产品可能会遭遇失败，因为客户会认为它定价太高。如果万豪以万豪品牌而不是万豪背书的万枫酒店品牌进入中低端市场，客户可能会觉得（说不定这种猜测是正确的）该产品会比竞争对手更贵。如果价格是该市场的关键驱动力，那这就成了一个问题。有了万豪的背书，这种感觉可能仍然存在，但它的影响可能会降低。

当中低端产品被认为与品牌预期的质量不一致时，也可能存在期望过高的问题。凯迪拉克西马龙（Cimarron）是一款中档车，它很容易被看成一款经济型的雪佛兰车，因而惨遭失败。保时捷想利用914（使用大众引擎）或924（将引擎放在前面）等车型进入中低端市场，结果也遭到了类似的命运。最终保时捷Boxster取得了成功，它被认为是能够忠于保时捷传统的车型。如果非要得出一个教训，那就是品牌背后的实质内容不能让人失望。

如图8-5所示，有多种战略可以用来应对这些风险。想要规避风险，其中的一个方法是离开高端市场，将一个即将失势的现有品牌重新定位为一个中低档品牌——采用这种战略的逻辑是，这么做，至少不会损失重大的品牌资产。另一种方法是在各个价格档次上都使用该品牌，这样就不会出现生产低质量产品的情况。

除此以外，也可以选择让该品牌的产品分别进入中低端市场和高端市场。只在相邻的产品类别和不同的市场上把品牌作为中低端品牌使用，或使用子品牌或被背书品牌，创建不同的产品特性，这些方法都能实现类似的分离。还有一个终极选择就是创建一个新的分离的品牌，如此才能对品牌起到最大的保护作用。

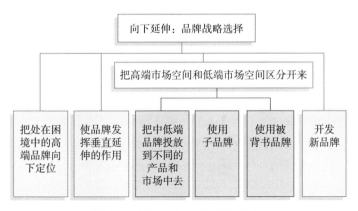

图 8-5　向下延伸：品牌战略选择

把身处困境的高端品牌向下定位

如果一个高端品牌陷入困境，更好地利用其品牌资产的做法可能是把它放在中低端市场上竞争。例如，如果该品牌在其市场中处于弱势的第三名或第四名的位置，几乎没有上升的前景，那么把它放在中低端市场上能让它具有更深远的发展潜力。同样的逻辑也适用于一个高端品牌形象受挫的情况，就像施乐兹（Schlitz）啤酒为了降低生产成本，导致感知质量受损后所做的那样。既然没有成功地恢复原来的形象，唯一的选择是让施乐兹成为一个中低端品牌。如果恢复受损品牌的代价过于高甚至不可行，那么它唯一可扮演的角色可能就是一个中低端品牌了。

在某些情况下，把一个失势的高端品牌描述为冗余的品牌更为贴切（尽管它可能既处于困境又显得冗余）。从品牌组合的角度来看，将两个冗余品牌中的一个作为中低端品牌是有意义的，这样它就能发挥组合的作用。通用电气对热点品牌就是这么做的。

寻找能发挥品牌垂直延伸作用的定位

品牌的形象、识别和地位可以帮助它跨越各个价格水平。如果某个品牌的感知质量或自我表现优势是由排他性和价格驱动的，那么一定要避免对该品牌进行垂直延伸。相反，定位在中低档的品牌应该规模较小、特征较少，但内在的质量和本质还是相同的。例如，维珍品牌是建立在一个可以在不同价格水平上都有效的个性基础上的。戴尔通过直销模式驱动的品牌可以跨越各种设备和服务。宝马的垂直跨度也很大，因为它作为终极驾驶机器（一款反应灵敏、驾驶乐趣十足的汽车）的品牌识别适用于所有车型。

索尼之所以能够跨越各个价格水平，部分原因是它在数字集成、创新和娱乐（我们每个人心里都住着一个孩子）方面的定位可以被应用于多个价格水平。索尼同时生产相对高端的电视机和相对低端的音频设备，仅是随身听这一种产品就能跨越很广的价格范围。然而，正如第5章所指出的，索尼目前仍然是世界顶级品牌之一的原因是，客户相信其理念既适用于高端产品又适用于中低端产品。在低价方面，索尼因推出最物有所值的产品而获得赞誉。显然，缺乏中低端品牌或子品牌对索尼来说是一个风险，但事实上，索尼品牌的蓬勃发展对我们是有指导意义的（也许是安全起见，索尼正在加强对爱华品牌的使用，打算把它扩大到中低端产品类别中去，并且已经对它进行了巨额投资）。

业务模式上的一些不得已的情况迫使品牌不得不承担一些风险。奔驰在推出190车型时遭到了诟病，该车型售价约为30 000美元，尤其是在美国市场，这个价格可能会危及该品牌带来的显著的自我表现优势。然而，严峻的现实是，从长远来看，如果不冒险缩小规模，奔驰就无法售出足够的汽车来支持其广告和经销商结构。此外，它的客户群正在老化，它想吸引年轻的买家。这种商业模式决定了奔驰必须得承担一些风险，而且它的方法也奏效了。奔驰得到了稳定的销售量，品牌也没有受损，部分是由于品牌被重新定位了。原先的品牌地位被淡化了，转而强调其品质，而将品质作为新的品牌识别可以在所有的价格区间发挥作用。

在不同的产品类别和市场中采用中低端品牌

从高端品牌背景中将中低端品牌分离出来的一种方式是把品牌化的中低端产品归到一个不同的产品类别。另外一个方式是把它投放到一个截然不同的市场中去。

当涉及多个产品类别时，在中低端细分市场中使用高端品牌的风险会降低。不再生产小家电的通用电气授予沃尔玛独家特许权，允许在其商店中销售的小家电上贴上通用电气的商标，与此同时，通用电气高端大型家电系列也在这些商店中销售。由于沃尔玛一贯销售价格较低的产品，这么做是否有损于通用电气大型家电品牌的形象？事实上，由于它们属于不同的产品类别（尽管是相邻的），因而可以降低这种风险。此外，由于风险仅限于通用电气的重要客户沃尔玛，因此可能存在对其展示方式上的一些控制。这仍然是一个利用品牌资产实现边际销售和利润、加强与重要零售商关系的案例。

一些实验证据表明，不同产品类别的价值延伸可以降低品牌风险。例如，凯勒和阿克发现，一个品牌的薯片的感知质量不会因为它向饼干或冰激凌延伸而受到影响，即使这种延伸被描述为由于味道和口感而不被广泛接受。[4] 洛肯（Loken）和约翰发现，把洗发水品牌延伸到劣质的餐巾纸产品上是不会影响洗发水的感知质量的，但前提是受访者首先被问到该延伸能否代表该品牌。[5] 这意味着客户能区分该品牌在两个产品类别中的品牌识别，但这可能需要得到一点帮助，也许得通过努力，对品牌做出谨慎的定位。如果延伸范围远离该品牌原来的产品类别（如可口可乐服装），那么传递质量印象的风险会降低，但同时品牌可能在新的市场环境中不会做出任何贡献，甚至要冒着让客户感到不舒服的风险。

瞄准不同的市场不仅会提供一个差异点，还会降低形象受损的风险，因为母品牌的客户不太可能接触新产品。例如，高端健康连锁服务组织可以为年轻客户提供主流产品，或者专注于小城市市场，而把大城市留给母品牌。无论是哪种情况，核心的忠实客户都不太可能接触这种延伸产品。

使用子品牌

子品牌有潜力允许一个品牌进入新兴的中低端市场，同时减少同类产品造成的威胁和形象损害。子品牌的工作是通过区分低档子品牌和母品牌来降低这些危险。但只有当该中低档产品本身非常独特，并且子品牌具有自己的特性时，这项任务才更可行。

有证据表明，利用子品牌确实有助于将中低端产品隔离开来。在一项研究中，阿克和马基（Markey）尝试从舒洁延伸出一种卫生纸，从思乐宝果汁饮料延伸出一种低热量橙汁。[6] 在每种情况下，劣质延伸（硬而粗糙的卫生纸和含水橙汁）都会影响顾客对母品牌的态度，除非使用子品牌。子品牌的作用是保护母品牌免受延伸产品不良表现的影响。

当子品牌的产品在质量上有所不同或是为不同的细分市场而设计时，高端品牌和子品牌之间的分离度会得到加强。英国零售商塞恩斯伯里（Sainsbury）推出了萨瓦中心（Savacentre）模式以强调其中低端定位。玛莎斯图尔特日用百货将凯马特系列商品与玛莎斯图尔特的其他产品和活动隔离开来。玛斯特锁具（Masterlock）有一个"储物柜和自行车"系列的打火机锁，子品牌的使用清楚地限制了该锁具的应用范围，反映了它需要采用一种不一样的设计。在这种情况下，子品牌能帮助区分不同的产品并有助于管理人们对产品的期望值。芬达（Fender）制造的高品质电吉他以优惠的价格出售，但它还通过迷你斯奎尔（Squier Mini）子品牌以更低的价格出售"初学者"电吉他。在这种情况下，子品牌反映的是一个被明确定义的细分市场，在这个市场中销售中低端产品是合适的。

如果产品的大小或特征不清楚，可以用描述符来表示。例如，一家便利店的延伸服务包括面包店、快餐和特色咖啡，现在它要经营小型商店。解决方案是在品牌后面加上快速（express）、初级（junior）、迷你（mini）来表示它还在该品牌家族中，但不提供完整的产品系列。正如必胜客使用必胜客宅急送（Pizza Hut Express）品牌，它只提供数量有限的餐点，而且不提供餐桌服务。

中低端产品描述符旨在管理客户的期望值并在该范围内定位产品。如果某个产品被明确定位为中低端产品，它将被拿来与其他同类产品进行比较，并有可能成为这组产品中的最佳产品。吉列好消息一次性剃须刀可能远非"男人能得到的最好的"（吉列的承诺），但它被定位成一次性剃须刀子类别中最好的产品。

在引入中低端子品牌时，遇到的一个难题是如何保护好高端品牌并与它保持距离。策略之一是与此同时提升高端品牌的地位，或是通过推出一种经过改进的产品或品牌差异点来创建一个超高端子品牌。实际上，中低端品牌可以通过提供一个参考点来帮助完成这项任务，对新定位的高端品牌起到衬托的作用。以一条工具产品线为例，它可能会被升级并赋予一个像 ProChoice 这样的子品牌的名称，同时该公司还会引入一个简约版的子品牌 HomeMaster，以便让后者对前者起到衬托作用。从根本上来看，最好对品牌采取同时向上或向下延伸的战略。低端品牌吉列好消息在市场上表现不错，是因为剃须刀系列的其余部分都采用吉列锋速 3，后者提升了吉列品牌。将好消息与锋速 3 区分开来比把它与吉列区分开来更为容易。

使用被背书品牌

与子品牌相比，被背书品牌与母品牌的分离度更高。例如，万豪酒店能够利用被背书品牌战略，帮助它进军中低端市场领域。但是，由于母品牌与中低端产品之间存在明显的联系，这种方式仍然会给品牌带来风险，这会导致品牌的同类相食和形象的破坏。

当品牌之间存在物理上的、有形的差异时，用分离的方法（无论使用被背书品牌还是子品牌）最奏效。当产品的关键属性不明显而难以区分时，问题就更为严重。对于像机油、薄膜或清洁剂这样的产品，它有助于通过商标、颜色和品牌建设的努力以提供必要的分离度，从而创造不同的特性。相比之下，万豪旗下的万怡酒店提供了一致、差异化的服务。同样，宝马的 MINI Cooper（一款复古、时髦、小巧的汽车）在视觉和功能上与宝马主流车型大不相同，从而降低了风险。

创建不同的品牌个性：亲子关系

尤其是在中低端产品与高端产品没有明显不同的情况下，这种分离可以通过品牌个性来实现或加强。在这方面，将品牌的亲子关系概念化为中低端品牌定位的隐喻，作为降低同类相食和形象受损风险的一种方式，可能非常有效。被背书品牌或子品牌可能是母品牌（父母）的孩子（儿女），它既不可能比母品牌承担更多的责任，也不可能超越母品牌。

像约翰迪尔这样的母公司品牌可能具有真诚、真实、关心、诚实和勤奋的特性，并具有小城镇的价值观。也许它是一个称职而成功的品牌。它的"孩子"（如约翰迪尔背书的斯科特）可能和它有许多相同的特点。它可以是勤劳的、诚实的、真诚的。而且，它有潜力成为一个称职且成功的品牌——毕竟它是和母品牌从一个模子里刻出来的。

"孩子"是不同的一代，也可能在许多方面与上一辈不同。它可能会被推向一个更简单、更实惠的方案，随着时间的推移，它积累了足够的资金，也许它正在寻求向上延伸。就个性特征而言，下一代可能更年轻，更有活力，对做游戏更感兴趣。例如，摩托车品牌的子品牌可能会比它的母品牌更可爱、更有趣，价格也更实惠。对于服装品牌而言，子品牌可以无拘无束、充满乐趣，让你喜欢同它共度美好时光，也许类似于快乐的绿巨人（Jolly Green Giant）中"小绿芽"（Little Sprout）的性格。对于跑车或登山运动的产品线来说，子品牌可能有一种鲁莽的、生活在边缘的元素，这种元素可能符合这种产品线和用户形象。无论如何，子品牌的特性带来了一个有别于母品牌的差异点，也带来了一种与目标市场产生联系的方式。

为了让普拉达（设计师缪西娅·普拉达（Miuccia Prada）设计的男女高档服装、鞋子和配饰）更容易被更广泛的客户群所接受，一款洋溢着青春活力的产品——Miu Miu（设计师的昵称）于1993年上市。普拉达代表着一个特立独行的、酷而富足的社会。相比之下，Miu Miu代表着年轻的"坏女孩"的特性，有种异想天开的时尚风格——时而鲁莽、时而天真。这两个品牌通过相互关联而联系在一起，正如每个对时尚感兴趣的人都了解的那样，它们是通过品牌名称紧密联系在一起的。

新品牌

与母品牌最极端的分离，同时也为了对高端母品牌提供保护的方法，是创造一个全新的独立品牌。盖璞连锁商店（Gap Stores）是一家销售特色鲜明的休闲服装的零售商，它的竞争对手以追求低价的客户为目标，以低20%～30%的价格出售类似于盖璞的服装来吸引顾客。为了对抗这一威胁，1993年，盖璞尝试了一种仓储式商店，名为盖璞仓库（Gap Warehouse），它以非常低廉的价格销售大量的休闲服装。问题是，这些服装与原先盖璞出售的服装太相似，同类相食和损坏品牌形象给盖璞带来了严重的风险。因此，一年后盖璞公司决定将其更名为 Old Navy，随后它成为历史上增长最快的零售理念之一。

很少有企业组织能够负担得起引入一个真正的新品牌所需的资金——特别是在中低端领域，出于对成本的考虑，很难开展品牌建设工作，因为这实在太艰难、太昂贵了。然而，如果该组织已经有了一个成熟的品牌，而且这个品牌目前要么处于休眠状态，要么被认为是多余的，要么是未被充分利用的，那么可以将它拟定为中低端品牌。回想一下，通用电气在其家电业务中，将热点品牌（通用电气自有的）从高端产品的货架上撤出，将其作为自己的中低端品牌。通用电气在行业内是高端旗舰型品牌，因而热点品牌就变得多余了，但它在耐用型产品市场中有足够的认可度、可信度和积极的感觉，以至于对其投入最少的品牌建设支持是可行的。

将品牌向上延伸

如图 8-4 所示，高端市场的增长是由过去几十年发达国家日渐富裕所推动的。即使经济陷入困境，在统计学意义上处于顶层的那部分人仍然兴旺发达，仍然有钱可以消费。此外，这些顶层的财富持有者可以奢侈地寻求情感和自我表现的利益，从而为大多数市场上出现超高端产品起到推波助澜的作用。仅为出于功能上的选择而推出产品显得既不值得又枯燥乏味。

矛盾的是，即使是那些经济拮据的顾客也会寻求放纵的机会。那些买不起大房子或豪华汽车的人可以去星巴克、参观迪士尼乐园，或者购买高档木工设备,尽管理性地说,这样的消费可能是一种浪费。许多超高端产品虽然相对于其同类产品而言价格高昂,却只占客户月度或年度预算中的一小部分。

虽然企业进入中低端市场是为了获得销售量,但向上延伸品牌的动机却截然不同。尽管销售量的增长可能令人愉快,但主要的吸引力在于获得更高的利润率,为品牌和业务带来活力,并通过将品牌与质量更高、更具声望的产品联系起来增强品牌。微型啤酒厂、精品咖啡、高档饮用水、豪华汽车、有装饰效果的家电和专业杂志都代表着富有吸引力的细分市场,这些市场对价格的敏感度低于较大的中心市场,并且能够将新的趣味注入一个疲乏老化的产品类别或品牌中去。

提高利润

企业愿意向超高端市场进行投资,因为它们的核心业务往往面临着价格和利润的挤压。与此同时,超高端市场领域的利润可能令人叹为观止,因为该领域有着真正的创新力、差异点和品牌活力。一家石油公司的超级润滑油品牌的销售额占其总销售额的 5% 左右,但其利润超过了企业利润的 90%。获得这种利润的渠道往往不仅具有吸引力,而且这可能是势在必行的。

想一想惠而浦的经历。[7]它当年推出了一款圆形外观的惠而浦双缸洗衣烘干机,可容纳近 20 打浴巾,并且是由电脑控制的,能优化洗涤和烘干效果,还能节省时间和能源、保护织物并改进清洁功能。它的价格令人惊叹,是普通涡流洗衣烘干机的 3 倍,却一炮走红,销量达到了预期的两倍。其大多数的买家不是那只占一小部分比例的富人,而是坚实的中产阶级客户。对惠而浦而言,高端市场已成为它的主攻点。

能量和活力

顾客和公司总是受到高端市场的吸引。因为这是该类别的所有兴趣和活力所在。高端品牌通常存在于成熟、乏味的市场环境中，这些环境不仅缺乏能量，还缺乏差异点。只要是超市里的罐装咖啡，即便它是由高端品牌旗下的品牌生产的，往往也被认为是平凡、老套和无趣的。相比之下，精品咖啡和星巴克商店里的产品可以触及人们的价值观和生活方式，能够给顾客带来重要的自我表现优势。

事实上，在许多类别中，创新能力和质量都"只能在高端市场中引起注意"。随着利润的挤压，成熟类别中的高端品牌往往会去避免进行有意义的创新，也不会去寻求让品牌增值的差异点，转而警惕成本并保护剩余利润。然而，通用电气 Profile 或惠而浦双筒洗衣烘干机等超高端产品往往成为创新的温床，为品牌个性、客户关系和差异化的实现提供了新的途径。创新的一部分原因是小型组织（有时是大公司内部）参与其中，还有一部分原因是巨大的利润空间有助于为开发和销售新产品提供支持。

提升品牌

创建高端品牌的另一个关键动机是提高品牌在高端市场中的信誉和威望。当超高端品牌可以发挥品牌活力点甚至银弹品牌的作用时，新品牌的潜在利润率可能是次要的甚至无关紧要。

嘉露（Gallo）品牌是一个让自己迅速崛起的罕见例子。子品牌和被背书品牌在其中发挥了关键作用。为了在美国桶装葡萄酒类别上有所突破，它推出了欧内斯特（Ernest）和胡里奥嘉露混合葡萄酒（Julio Gallo Varietals），这是一系列价格适中的葡萄酒。该举措有助于加强嘉露在中低端葡萄酒市场上的地位，同时它开始努力成为受人尊敬的酿酒商，这是嘉露家族的目标。在它收购了桶装葡萄酒业务中的一个竞争对手后，该家族得以从该市场上撤出嘉露品牌。然后，它坚持不懈地推出越来越好的葡萄酒，包括欧内斯特和胡利奥嘉露海岸葡萄园、嘉露索诺玛酒庄，以及影子背书品牌叶落酒庄（Turning Leaf）和梧桐峡谷酒庄（Sycamore Canyon）。索诺玛和梧桐峡谷酒庄的嘉露葡萄酒主要被销往餐厅，在那里人们更重视葡萄酒的客观品质和是否获过奖，而非品牌的历史传统。让嘉露品牌出现在餐厅里能增强它的品牌可信度，有助于该品牌实现它向最高档葡萄酒的艰难转变。

想一想超豪华汽车品牌为其公司品牌发挥的作用，这些公司品牌在该情况下扮演着影子背书品牌的角色。宝马以其最新款的劳斯莱斯（Rolls-Royce），戴姆勒－克莱斯勒（Daimler Chrysler）用迈巴赫（Maybach）展示了它们设计出一款性能卓越，能够与最负盛名的汽车品牌一决高下的能力。在混乱的汽车产品市场上，这两款汽车都为公司品牌带来了新闻价值和轰动效应。

向上延伸品牌的风险

将品牌向上延伸时会有一些损害核心品牌的风险，尽管比向下延伸时冒的风险小得多。一是该产品可能会失败，因为该公司缺乏提供高端体验的能力，部分原因是它缺乏所需的资产和对其起到支持作用的企业组织文化。如果因为这种努力遭到失败而受到注意或被他人记住了，那就会对品牌造成伤害。就算这种努力成功了也会带来风险，因为相比之下，超高端产品会使该核心品牌看起来比以前想象的平庸。喝苏格兰威士忌的人在喝过黑牌约翰尼（Johnnie Walker Black Label）之后就不太可能认为喝红牌约翰尼（Johnnie Walker Red）才能代表喝威士忌的最佳体验。

如图 8-4 所示，一个更严重的风险是，试图向高端发展的品牌即使有合适的产品也无法成功。该品牌在提供必要的感知质量或功能优势的能力方面可能缺乏可信度。品牌背后的组织被认为无法对超高质量水平做出承诺。即使使用明显的子品牌和品牌差异点也不足以抵消品牌的传统定位遗留下来的问题。

在大多数情况下，品牌很难传递自我表现优势，但正是品牌的自我表现优势推动着它向超高端市场领域发展。想想假日酒店为打造高端酒店（也就是由假日酒店背书的皇冠假日酒店）所付出的努力。假日酒店作为一个令人熟悉、舒适朴实的酒店形象已经根深蒂固了，这是它进入高端市场的真正障碍。尽管付出了多年的努力和大量的资源，假日酒店最终还是不得不放弃与皇冠假日酒店的联系，让皇冠假日酒店独立运营。嘉露的案例证实了品牌可以向上延伸，但是就连拥有丰富资源的大型酿酒厂也不得不挣扎几十年（而且有些买家是它永远也无法赢得的）才能实现品牌向上延伸的目标。这个事实也说明了这项任务很艰难。

向上延伸品牌的选择

品牌应该如何"向上延伸"才能利用发展机会，从沉重的利润压力中解脱出来呢？向上延伸时的选择要少于向下延伸时的选择。特别是，虽然将品牌向下重新定位几乎总是可行的，但向上重新定位一个品牌会让人"上气不接下气"（正如一位著名的山地车骑手曾经用来描述爬坡的感受时说的话）。在感知质量和自我表现优势方面，一个品牌一直以来形成的固有定位是很难突破的。

试图给高端产品打上品牌时，被背书品牌一般不太可行。被背书品牌确实带来了更大程度的分离，因此它们的优势在于与产品的联系更弱。然而，背书关系的性质本身就是个问题。背书关系明确了产品背后的组织——其价值、计划和人员。它确认该方案符合该组织的标准。这种背书之所以往往会成为一种负担，是因为在这样的标准下它会妨碍新品牌传递自我表现的优势，并且无法让客户相信该产品能达到超高端质量水平。假日酒店背书的皇冠假日酒店就是如此。

如果采用影子背书品牌，就不会妨碍自我表现优势，背书方案就会变得更可行，或者可以采用延期背书的方案。例如，大型露营装备品牌科尔曼（Coleman），它巨大笨重的形象抑制了其向高端市场延伸以经营背包设备的计划。[8] 科尔曼推出了独立的巅峰1（Peak 1）品牌，取得了较大的成功，部分是因为它将自己从科尔曼的品牌联想中脱离了出来。几年后，新品牌地位稳固后，为提升科尔曼品牌，该公司才将科尔曼的名字加入巅峰1品牌。

将品牌向上延伸最可行的战略如下（见图8-6）：

- 将品牌放在可以发挥垂直作用的位置上。
- 将品牌定位为具有不同产品或不同市场的超高端品牌。
- 重新命名低端产品品牌。
- 使用子品牌。
- 开发新品牌。

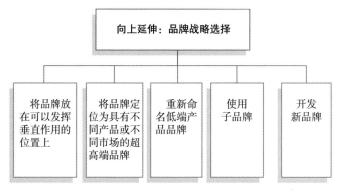

图 8-6　向上延伸：品牌战略选择

寻找能发挥品牌垂直作用的定位

如上所述，一个品牌可以拥有或发展一个可以垂直运作的定位，本质上需要横跨超高端、高端和中低端市场。上面提到的品牌，如宝马（终极驾驶机器）、维珍（面对像英国航空这样的行业领导者，拥有超顶级的功能和服务）、戴尔（直销模式）、索尼（数码梦想小孩）都有这样的品质。当然，向上延伸仍然是一个挑战，但如果它的定位不符合最高质量的要求，那它几乎是不可能成功的。

如果一个品牌的可信度与整个产品类别挂钩，那么它往往具有垂直延伸的能力。例如，本大叔（Uncle Ben）的大米被认为是可以与美食菜谱的基本原料产生相关性的品牌。因此，本大叔乡村旅店的米饭类菜品获得了成功，其中包括阿尔弗雷德家常肉饭（Rice Alfredo Homestyle Pilaf）和草本焗饭（Herbal Rice Au Gratin）。乡村旅店子品牌表明了这些菜肴的灵感来自最好的小旅馆的启发，甚至可能暗示着与某个有趣的乡村餐馆相关联。相比之下，米心粉（Rice-A-Roni）是日常膳食中使用的产品。事实上，它通常是膳食的核心部分，具有多种口味。因此，用米心粉经典美味（Rice-A-Roni Savory Classics）参与高端产品市场的尝试并不成功，米心粉这个名字拖了后腿。

涉及不同的产品类别和市场

如果涉及不同的产品类别或市场，一个品牌有时可以更容易地进入超高端市场。事实上，品牌被提升并不那么明显，原始产品类别可以成为另一种环境中的资产。

对新一代产品进行品牌命名

当新的产品型号涉及新技术或重要的新功能或品牌利益时，就会出现与进入高端市场时遇到的问题相似的品牌组合问题。因为现有品牌可能会因产品的显著进步而出现信誉问题，所以可能有必要用新的子品牌、被背书品牌，甚至新的主品牌来表示这种进步。吉列锋速 3 代表了当时高档子品牌吉列超级感应刀头的重大技术进步，因而启用全新的子品牌是合理的。为了扭转局面，苦苦挣扎的丹碧丝（Tampax）推出了丹碧丝珍珠棉条（Tampax Pearl），这是一个有重大进步的品牌，预计售价将提高 40％。

几个品牌选项与新一代产品的市场环境相关。一个是使用现有品牌，给它加上一个"新的和改进版的"故事。另一种方法是使用品牌差异点给新事物带来可信度，例如奔腾 MMX。另一种方法是利用子品牌，并将该子品牌调整到能够反映新出现的产品，而不需要创建一个新名字（如英特尔推出了奔腾 Pro、Pentium Ⅱ、Ⅲ、Ⅳ 等）。Air Jordan ⅩⅦ 配有金属鞋盒并随鞋赠送一张介绍其研制过程的光盘,每双售价高达200美元。在吉列锋速3得到改进后,该品牌被命名为吉列锋速3突破。

下面的一系列问题有助于帮助我们厘清与新一代技术相关的品牌组合问题:

- 这项技术有多新?英特尔的安腾从32位设备转变为64位设备,这显然是一个重大变化,需要一个新的名称。
- 下一代技术的持续周期是否足够长,能否长到可以证明对品牌建设所做的努力和投资是合理的?
- 新技术或其版本的所有权如何?一项新技术有可能成为通用技术的危险,比如个人计算机或个人录像机,需要一个品牌来占有这项技术或至少占有其中的一个版本。英特尔的奔腾并不是一个重大的技术变革,但是用一个新的名字来对它命名是合理的,因为英特尔需要一个比英特尔586更具自主性和可控性的名字。

如果对上述问题的回答是肯定的,就能证明向品牌关系图谱的右侧移动,即建立一个新的品牌(第2章),是正确的。在这种情况下,应该遵循简约原则,即品牌越少越好。想在品牌关系图谱上向右移动,创建或强化新的品牌名称,一定得有充分的依据。

作为全球行李箱领域的领先品牌,新秀丽需要创造更多的知名度,从行李箱延伸到旅行领域,并提升自己的形象,成为一个更高端、更有声望、更时尚的品牌。[9]这项任务受限于行李箱产品类别,很难完成。因此新秀丽将其品牌延伸至旅行时穿的、时尚的服装和配饰——这也是时尚发挥作用的地方。这款"由设计师专门设计的旅行装"被命名为新秀丽黑标,它是一个子品牌,把新产品和坚硬的箱包业务拉开了足够的距离,以赋予新秀丽在时装领域的信誉。

虽然嘉露在美国是个中低端品牌，在欧洲（那里没有罐装葡萄酒的传统）却是另一回事。利用该家族三代人的努力和与加利福尼亚之间的关系，还有多次获奖的葡萄酒，嘉露在欧洲巩固了它中高端产品的地位。通过采用欧内斯特和胡利奥嘉露酒庄以及胡利奥嘉露海岸葡萄园等名字，嘉露加强了产品的历史传统。

给低端产品重新命名

在进入高端市场时，如果给低端产品重新命名，会提高成功的概率，也会消除其作为中低端品牌的形象。嘉露将收购的加州乐事酒庄（Carlo Rossi）的品牌用在其低端葡萄酒上，并把嘉露品牌逐步从该市场中撤离出来。新秀丽利用收购后的美旅（American Tourister）品牌为低端市场、折扣店和大众商户提供商品。新秀丽后来被保留在与高端商品相关的渠道里。索尼也计划将其部分中低端产品转移到爱华品牌上。

子品牌的作用

使用诸如库尔斯特别黄金啤酒（Coors Extra Gold）或通用 Profile 等子品牌渗透进高端市场有几个方面的优势。首先，它几乎总是通过将母品牌与更高质量的产品以及随之而来的声望和信誉联系起来帮助母品牌。唯一的危险是，如果不能拿出合乎逻辑的理由来说明为什么该高端品牌优于母品牌，那么该高端品牌的存在就意味着母品牌的产品品质低劣。解决这一问题的最简单方法是找出一个明显的差异点或品牌活力点。这样，原来的高端产品就会变成档次虽然没那么高，但是有品质保证的产品。

其次，利用现有品牌或子品牌，能使品牌建设任务更加可行、成本更低，减少或避免了为新品牌打造知名度和品牌联想所需的大量费用。将库尔斯与超高档啤酒联系起来，或将通用电气与高档电器联系起来，可能比从一个必须在混乱的市场中建立起来的新名字起步要容易得多。

知名品牌的第三个优势是其适用的品牌联想和计划可以被用来提供价值主张。通用电气 Profile 的客户知道他们可以访问通用电气客户服务系统，库尔斯黄金啤酒的客户会意识到该啤酒是由一家大公司生产的，还可能知道库尔斯和防治乳腺癌的赞助活动 High Priority 有关。

使用子品牌提升品牌的基本问题是该品牌在高端市场缺乏可信度。如何能够让人信服地宣称，一个从中端品牌起步的高端子品牌能够真正达到高端市场的标准？这种根本性的不一致使得品牌提升非常困难，但这并非不可能，有些方法是可行的。

创建银弹品牌。当高端产品系列中有个银弹品牌时，无论它是品牌差异点还是品牌活力点，都能让客户相信该产品能够兑现品牌承诺，这种向上延伸的趋势会让产品变得更受欢迎。例如，位于纽约或伦敦的一家显眼的旗舰酒店可以帮助皇冠假日酒店成为一个可行的品牌。如第 6 章所述，塔吉特百货把建筑师迈克尔·格雷夫斯和莫西莫·詹努利作为品牌活力点，给品牌带来活力，邀请他们两位来设计该品牌的系列产品，让塔吉特百货在市场上获得了认知上的提升。品牌化的产品特征可以成为提升高端产品的工具。

利用高级描述符。描述符可以用一种容易记忆的方式来表示一个高端产品，同时又能清楚地将它与它基于的品牌区分开来。高档描述性子品牌包括特别版（special edition）、高级版（premium）、精选版（select）、专业版（professional）、黄金版（gold）或白金版（platinum）等名称。酒庄会用私藏（private reserve）、馆藏（library reserve）或限量版（limited edition）来占领高端市场。航空公司则会使用鉴赏家级别和红地毯俱乐部等标签。

超高端品牌中的下游产品。在任何一个成熟的超高端市场中，都有一个位于子类别底部的市场空间。有些客户希望获得产品或服务的功能性好处，但会从以较低的价格获得这些好处中获得满足感。以纯粹的阿拉比卡咖啡为例，人们可以选择购买西夫韦精选庄园（Safeway Select Estate）的全豆咖啡，它的品质可能没有星巴克或毕兹（Peet's）那么可靠，但是显然它有价格上的优势。对于西夫韦精选全豆咖啡而言，走上货架完全不是问题，因为西夫韦公司拥有对货架的支配权。

与名牌合作。要想表明一款高端产品是值得信赖的，让它和一个已经享有声望的品牌合作是个不错的方法。例如，飞利浦与时尚餐具设计公司阿莱西（Alessi）密切合作，打造了一系列高端产品，该公司本身也与亚历山德罗·门迪尼（Alessandro Mendini）等意大利顶级设计师有关联。该高端系列包括咖啡机、烤面包机、水壶和榨汁机，所有这些都采用颜色鲜艳的大胆设计，售价是普通版的三倍。产品通过独家的内部渠道以飞利浦–阿莱西品牌销售。

创建一个新品牌。当现有品牌名称成为一种累赘时，唯一可行的方案可能是创建一个独立的品牌。例如，当百得为建筑专业人士创建一系列工具时，没有提到百得品牌，因为后者会让人联想到那些凡事都喜欢自己动手操作的房主，更糟的是，该品牌会让人联想到厨房用具（无论工具有多好，专业木匠都不会被与厨房烤面包机同名的工具所吸引或感到舒适）。于是，得伟（DeWalt）品牌诞生了。得伟的设备在性能上比其他设备高出一截，与百得系列产品采用的绿色不同，它采用的是明黄色，因而从视觉上看不出它和百得的产品有什么关联。

还有丰田的雷克萨斯、本田的讴歌（Acura）和尼桑的英菲尼迪（Infiniti）。在这几个例子中，它们的核心产品，都代表着经济简约而不是名望、易于操控和舒适，都有可能妨碍新产品让人心服口服地占据高端地位。

成功引进一个新品牌往往要么过于昂贵，要么根本不可行。尽管超高端产品的利润率很高，但销量可能会很低，尤其是当有几个与之竞争的知名品牌时。因此，公司有相当大的动机去利用现有品牌作为一种变通之道。

最重要的是，垂直品牌延伸是一个战略决策，需要在组织的其他战略背景下进行战略分析。品牌战略只是决策的一个组成部分，尽管是一个关键部分。垂直延伸品牌既困难又有风险，但开发新品牌也要面临类似的挑战。因此，应该寻求通过垂直品牌延伸的战略来利用现有品牌的方法，而且确实也有能成功做到这一点的榜样。

| 思考题 |

1. 从未来增长和利润方面出发，评价你的品牌所处的市场的健康状况。如果打算进入超高端或中低端市场，未来会更具吸引力、威胁更小吗？

2. 通过分析客户和竞争对手来评价超高端或高端市场。如何在推出新产品的时候让它有所不同？如何利用现有品牌进入该市场？

3. 通过分析客户和竞争对手来评价中低端市场。如何在推出新产品的时候让它有所不同？如何利用现有品牌进入该市场？

BRAND PORTFOLIO STRATEGY

第四部分

明确品牌组合重点并使之清晰化

BRAND PORTFOLIO STRATEGY

第 9 章
利用公司品牌

> 变则生，不变则亡。
> ——汤姆·彼得斯（Tom Peters）
>
> 如果你摆脱不了家丑，那么你也可以与之共舞。
> ——萧伯纳（George Bernard Shaw）

戴　　尔

戴尔公司由迈克尔·戴尔（Michael Dell）于1984年创立，它的创立基于一个简单的概念，即根据行业标准销售电脑，按订单组装，直接面向客户销售。⊖戴尔从来不是唯一一家直接销售电脑的公司，但它的确在商业模式的关键组件上表现出了卓越的实力。在物流、分销和制造效率方面，戴尔似乎一直处于领先地位，尤其是在其销量超过了其直接竞争对手之后。

戴尔取得成功的一个重要因素是它在销售和服务系统方面保持领先地位的能力。戴尔的购买体验不会让顾客产生挫败感，这给顾客带来了"简单如戴尔"的承诺。该服务系统以戴尔在1987年率先推出的"第二天就到场服务"为特色，由于增长压力，出现了周期性的问题，但多年来总体上表现出色。戴尔凭借其客户服务和产品质量赢得了300多个奖项。其结果是它在2002年的销售额超过了310亿美元，远高于6年前的50亿美元。

直销业务模式为客户提供了明显的优势。首先，因为电脑是在收到订单后组装的，所以可以根据客户的需求进行定制。其次，公司可以基于直销模型提供价值，杜绝了零售商和其他经销商加价的情况。客户，尤其是商业客户，都明白戴尔的成本结构得益于最低库存和仓储成本，戴尔每四天就将库存周转一次。再次，由于组装好的电脑整机不在仓库或零售货架上，最新技术可以应用于每台可用的电脑。最后，在直销模式中，客户与公司进行直接交流，从而使客户体验到戴尔的服务价值。大约90%的戴尔员工都与客户有直接接触。

戴尔品牌在公司的几乎所有产品中起着主要的驱动作用，因为它

⊖ 这部分信息来源于戴尔2000年，2001年和2002年的年度报告："Dell Online," HBS Case 596-058; "Matching Dell," HBS Case 9-799-158; Andy Serwer, "Dell Does Dominating," *Fortune*, January 21, 2002, p. 71; Brad Stond, "Dell's New Toy," *Newsweek*, November 18, 2002; and an interview with Dell's global brand team, April 2003. Thanks to Scott Helbing, global brand manager of Dell, for helpful comments.

推动了购买决策并定义了使用体验。戴尔的主要子品牌（Dimension 和 Optiflex 台式电脑、Inspiron 和 Latitude 笔记本电脑、Precision 工作站和 Precision 移动工作站、PowerEdge 服务器和 Power Vault Storage Line）在很大程度上起到了描述性作用，以定义戴尔产品的覆盖范围。当一天结束的时候，顾客仍在购买戴尔产品，戴尔的直销模式仍然在继续。因此这些子品牌很少受到品牌建设的关注。

为了解决下一步的品牌决策问题，戴尔对子品牌在计算机和相关产品领域的影响力进行了研究。[1] 它发现，与公司品牌相比，子品牌在高科技领域的价值明显不足。事实上，只有不到12％的受访者知道VAIO是索尼生产的，尽管从消费者态度测量上看，VAIO是最强大的笔记本品牌之一（这并不意味着VAIO没有重要的品牌资产，因为索尼VAIO可能比常用的索尼笔记本电脑更有影响力，但人们在购买它时仍然会犹豫一下）。这一发现与早先康柏公司的研究一致，康柏公司研究发现，其自由人（Presario）品牌的资产价值远低于预期。[2]

为什么高科技领域的子品牌的资产价值较低呢？首先，戴尔、惠普、索尼、佳能、IBM和东芝等品牌都如此强大，在该产品类别的起步阶段都获得了广泛支持。戴尔进入笔记本电脑领域本身就成了一桩新闻，它旗下的Latitude品牌却并非如此。其次，子品牌一般未能形成可持续分化的差异点，缺乏品牌个性。像IBM公司的小红点（TrackPoint）这样的品牌特性和苹果公司iMac的个性是例外。因此，子品牌确实没有理由获得牵引力。它完全不像乐事（Frito-Lay）公司的多力多滋品牌，该品牌具有特性，也和其他零食有差异点。

从组织结构来看，戴尔的中央品牌小组控制了新品牌的激增。业务部门必须向该品牌小组证明某个新的子品牌有理由存在。例如，在亚洲，需要提供一种价格较低的现货供应的产品，这种产品不具备与戴尔相关的定制功能。为了保护戴尔品牌，公司引进了SmartStep品牌，并将之应用于各个产品线。公司的内部网站还对品牌名称的论证提供支持，列出了新名字的命名标准，这样经理就可以自己判断他们的新品牌是否能通过测试。

戴尔品牌服务于企业和个人客户。虽然捷威和苹果都有丰富多彩的品牌个性，但这让一些企业购买者和用户感到不舒服。与此不同的是，戴尔的个性是既平易近人，又严肃、能干，代表着成功——与企业用户非常合拍，同时也吸引了个人用户。

虽然戴尔只有少数几个品牌或子品牌具有资产价值或驱动作用，但在某些市场上有品牌差异。大量的商业客户可以在戴尔网站上为其员工提供定制页面，称为"戴尔首页"（Dell Premier Page）。在那里，员工可以下订单（他的 IT 部门批准的机型）、获得折扣价、跟踪订单和查看库存，以取得与戴尔客户服务团队的联系。此外，那些负有执行关键运算任务的公司可以获得戴尔的卓越企业服务，这些服务可以与 IBM 以及其他公司相媲美。戴尔卓越服务计划提供四个服务级别（白金级、黄金级、白银级和青铜级），以便客户获得适合他们的服务。卓越服务品牌在为重要市场提供品牌差异化方面发挥了关键作用。随着时间的推移，这些服务仍然是有用的，但由于它被过度延伸，因而失去了一些独特性和提供自我表现优势的能力。这里存在的一个问题是，对它的管理是否具有约束性和战略远见。

戴尔品牌既是一个公司品牌，也是主产品品牌，因此它既代表公司又代表其产品和服务。与许多公司品牌一样，戴尔公司品牌的作用是根据企业的规模、能力、传统和企业长期以来取得的成功，为戴尔产品提供信任和信誉。诚然，信任和信誉是举足轻重的，因而品牌作用也是值得发挥的。然而，通过使用直销模式，戴尔公司的品牌比其他品牌做得更多——它为戴尔产品品牌提供了一个差异点。

联合包裹服务公司

联合包裹服务公司成立于 1907 年，早期是西雅图的一家快递公司。[3] 12 年后，它成了现在的 UPS，没过多久，它就用现在为人熟知的棕色送货卡车为美国西部地区提供服务。但是直到 20 世纪 70 年代中期，它才开始提供全国性的送货服务。随后，它被定位为提供中低端服务的公司，其目标是"以最低的价格提供最优质的服务"。20 世纪 80 年代中期，UPS

进入夕发朝至的空运业务领域，通过一系列海外收购，提高了其国际服务的能力。

20世纪90年代中期，尽管UPS的功能得到了扩展，但对许多人来说UPS仍然代表着一家总部位于美国的小型陆运配送公司。这些边界越来越限制其参与重要的、不断增长的细分市场的能力。而且，在联邦快递（FedEx）和DHL被视为能提供全球性、系统性的邮递服务的时候，UPS如此狭小的服务范围让它很难建立起与客户的合作伙伴关系。此外，其标志性的深棕色卡车没能代表一个全球性的当代公司。

UPS需要从根本上激活和延伸公司品牌。它的目标是成为一个集分销、物流和金融服务于一体的全球供应商，成为一家其他公司所寻求的能提供全球供应链管理的公司。为此，它推出了一系列新的产品品牌、服务和项目，为新的UPS提供物质和品牌动力。

这些新产品品牌的核心是UPS供应链解决方案，这是一个保护伞品牌，它包括一系列旨在解决全球客户供应链问题的品牌服务。该服务系列包括UPS物流、UPS资本和UPS邮件创新。成立于1995年的UPS物流公司帮助设计和实施专门的供应链系统，包括产品标签、产品回收和产品维修。它还可以提供仓储和加工处理系统，能够在短至一个小时时间之内派送关键的零部件。UPS资本提供融资解决方案，包括与进出口交易、库存和运营资本相关的金融服务。UPS邮件创新有助于客户使用美国邮政服务来降低成本和改进服务。这些举措不仅增加了高利润服务带来的收入，而且大大地影响了UPS品牌。

UPS还需要改变它的观念，从国内公司转变为全球公司。在全球范围内获得信誉对UPS来说是一个真正的机会，因为它的主要竞争对手一直在努力，而且远没有追赶上它。同样，一些品牌倡议和服务也起到了作用。一个是由技术驱动的UPS世界港口，这是一个在肯塔基州路易斯维尔耗资10亿美元扩建的UPS枢纽。通过摄像头读取"智能标签"，包裹可以在几分钟内通过130多公里的输送机进行分拣并按规定的路线运送。此外，还有一些品牌化的包裹递送服务（如UPS全球特快（Worldwide Express）和UPS索尼克风（SonicAir））能让客户了解到公司的全球服务能力。

UPS 面临的挑战，就像许多主要的传统企业面临的挑战一样，是在保持其一贯享有的坚实、可靠、舒适、亲切的品牌联想的同时，创造能量，使其看起来更富现代气息。在应对这一挑战时，代表 UPS 的深棕色就成了一个不利因素。UPS 本可以让传统的棕色成为现代多彩设计的一个重点，这让 UPS 公司有点心动。但是它并没有选择这么做，而是把它与新延伸的 UPS 组织联系起来，再将它转化为一个积极的信号，正如标语"布朗先生能为您做什么"下面的一系列广告活动所示。图 9-1 展示的是一个典型的广告。推广活动中会有一些轻松的广告，例如其中的一个广告强调 UPS 对 NASCAR 的赞助，并建议让车手和"棕色大卡车"比赛。事实上，"棕色"不仅是一个重要符号，而且是一个重要品牌，由此 UPS 便把不利因素转化成了一种资产。

图 9-1　UPS 广告

⊖　意指 UPS 的深棕色卡车，因"Brown"又意为棕色。——译者注

对 UPS 的重新定义是一个关于商业和品牌成功的故事。该公司 2002 年的销售额超过 300 亿美元（高于 1995 年的 200 亿美元），约占美国国民生产总值的 6%。该公司的非包裹递送业务的销售额也远远超过 20 亿美元，而且还在大幅增长。UPS 向我们展示了作为产品主品牌的公司品牌的力量。

到目前为止，本书主要讲解的是在品牌组合战略的背景下使用品牌来实现商业战略目标。进入新产品市场的战略行动需要品牌战略的支持，品牌战略可以涉及新品牌或子品牌，或者两者兼而有之。使用新的品牌或子品牌可以帮助公司创建或保持相关性。品牌可以通过品牌差异点或品牌活力点来增加其资产价值并得到良性发展。或者，如果一家公司认为其内部发展缓慢或困难，也可以从其他企业购买品牌化的客户特许经营权。

本章接下来要讨论的主题是如何在品牌组合中找到重点、产生清晰度，还会涉及对一些品牌的支持和利用。在此我们先考虑一下如何利用公司品牌作为实现这一目标的工具。

企业品牌可以扮演三个角色之一。最重要的是它在某些情况下有潜力成为具有重要推动作用的主品牌。事实上，就戴尔、UPS 以及其他公司而言，它们可以被视为最终的统一品牌，其中产品品牌主要由公司品牌和描述符组成。就索尼而言，公司品牌同时也是一个主要品牌，凭借其强大的子品牌，它几乎涵盖了所有的产品类别。在这两种情况下，使用企业品牌作为主品牌可以将品牌组合目标最大化，如产生杠杆作用、协同作用和清晰度。它还唤起了公司作为一个组织的力量和独特性，从而为产品品牌创造了差异点。

公司品牌最适合的另一个角色是背书品牌。因为它代表了一个在精神和实质上支持其产品的组织，所以它可以是一个在功能和情感层面都有可信度的背书品牌。而且作为背书品牌，公司品牌仍然可以发挥推动作用，就像微软一样。

公司品牌的第三个角色是代表控股公司，主要是对金融界而言的。伯克希尔－哈撒韦（Berkshire Hathaway，传奇投资者沃伦·巴菲特的投资媒介）是盖可（Geico）、DQ（Dairy Queen）、富德龙（Fruit of the Loom）、贾斯汀布兰兹（Justin Brands）等公司背后的企业实体。维亚康姆是拥有哥伦比亚广播公司（CBS）、派拉蒙影业、百视达公司和尼克国际儿童频道以及其他品牌的公司。在这种情况下，虽然公司品牌不是一个显而易见的背书品牌，但它可以是一个影子背书品牌，因为许多人知道伯克希尔－哈撒韦在盖可有投资，也知道百视达是维亚康姆媒体家族的一部分，并且会对此感到放心。

要发展、提升和利用品牌以发挥其潜力，必须对其进行积极管理和支持。积极管理的首要任务是了解公司品牌的性质、潜在的力量以及它可以扮演的角色。分配给品牌的各种角色要清晰，要被实施的人理解和接受。

我们从下面开始更准确地描述公司品牌。然后讨论为什么公司品牌具有潜在的影响力。第三部分讨论公司品牌管理者和使用者面临的挑战。第四部分考虑将公司品牌视为背书品牌。最后一部分将要讨论的内容是，当品牌名称成为一个不利条件或发生合并或收购时，是否应该更改公司的品牌名称。

公司品牌

公司品牌定义了在产品或服务背后提供产品或服务的公司，而产品或服务是由产品（或服务）的品牌来定义的，客户购买和使用的是产品品牌。公司品牌可以与产品品牌相同，就像戴尔计算机、东芝、三菱、通用电气和摩托罗拉的大多数产品一样。然而，正如我们将看到的，积极地管理与产品品牌分离的公司品牌可能会很有用，即使它们使用相同的名称。事实上，客户购买的通用电气飞机引擎是得到了通用电气组织支持的产品。因此，有必要认识到通用电气产品品牌和通用电气公司品牌两者之间是有联系的，这两个品牌都应该得到积极管理。

当公司品牌被用作背书品牌时，它通常会与产品品牌不同，比如万怡酒店（万豪旗下）、MSN（微软旗下）或"狮子王"（迪士尼旗下）。因此，它带来了可信度，可以让客户放心购买，尤其是在涉及新技术的情况下。

公司品牌的独特之处和潜在的强大之处是，它反映了一个组织，不仅能开发和利用组织特征，而且能开发和利用产品与服务属性。公司品牌面临的大多数概念、挑战和机遇同样适用于组织品牌，组织品牌定义的是不同的组织实体，而不是企业实体。例如，土星是一个组织品牌，因为它反映了一个独特的组织，具有自己的文化和风格，尽管实际上它是通用汽车公司品牌的一部分。喜来登（Sheraton）既是一个组织品牌，又是一个服务品牌，但不是一个公司品牌，因为喜来登是喜达屋（Starwood）公司旗下的几个酒店品牌之一。

当然，许多组织联想都与产品品牌相关（如万豪、贝蒂妙厨或雪佛兰），但对于一个明显代表着组织的品牌来说，它拥有的组织联想数量更多，权力和信誉也更大。尤其是，一个公司品牌可能具有许多组织要素，包括丰富的品牌传统、资产和能力、价值观和优先顺序、公民义务、业绩记录和当地或全球经营的准则。

品牌传统

任何品牌，尤其是那些在困境中艰难挣扎的品牌，都可以追根溯源，发现是什么原因让该品牌在最初获得了成功，并从中获益。公司品牌的根基通常比产品品牌更丰富、更相关。L.L.Bean 拥有一个新英格兰狩猎和捕鱼的背景，现在已经发展成为一个户外/休闲生活的生活方式品牌。关于早期"根和豆类家族"的故事有助于增强品牌的真实性和差异化。惠普车库法则（The HP garage，惠普公司至今认为，只有客户需要的产品和服务才出得了车库）、富国银行公共马车的根源、通用电气追溯到托马斯·爱迪生时代、耐克在运动鞋方面的早期进步，以及本田在 20 世纪四五十年代对引擎的开发，都有助于定义这些品牌并增加它们的价值，尤其是以当代的角度对这些故事做出诠释的时候。

资产和能力

一家公司为市场带来它所拥有的资产和能力的认知,这种认知会影响公司向其客户提供创新产品和价值的能力。资生堂(Shisheido)拥有关于皮肤护理的专业知识。沃尔玛拥有以低价提供各种商品所需的技术。新加坡航空公司(Singapore Airlines)可提供卓越的服务。保诚(Prudential)的背后有金融资产的支持。跳跳蛙(LeapFrog)能够理解儿童的教育需求,并将其转化为引人入胜的有效产品。

员工

一个组织中的人员,为公司的品牌形象提供了基础,尤其是对于一个提供大量服务的公司来说。如果他们表现出敬业、对顾客感兴趣、有能力、反应灵敏和有能力,那么公司品牌将会赢得更多的尊重、喜爱,并最终赢得顾客的忠诚。所涉及的与其说是做了什么,不如说是推动这些行动的态度和文化。例如,雅芳、四季(Four Seasons)和家得宝的员工都倾向于表达有助于定义公司品牌的独特个性。尤其重要的是那些引人注目的发言人,比如微软的比尔·盖茨、戴尔的迈克尔·戴尔以及维珍的理查德·布兰森,他们往往代表公司的员工。

价值观和优先顺序

公司的本质是它的价值观和优先顺序,它认为重要的是什么。什么是它无论如何都不会妥协的?投资来自哪里?一系列的价值观和优先顺序及其组合构成了企业战略的基础。一些公司拥有以成本为导向的文化,支持市场中的价值主张。其他一些公司则优先考虑给客户带来高端体验。创新、感知质量和关心客户是三个值得强调的价值观和优先事项,因为它们经常被视为公司品牌的驱动因素。事实上,很难找到不支持其中一两个的公司。

1. 创新

公司是否通过创新为客户带来了好处？创新的声誉会提高可信度。特别是，实验研究表明，创新使得新产品更有可能被接受。然而，获得创新声誉并不容易。事实上，大多数公司，尤其是日本的公司，都渴望被认为是创新型的，但很少有人能真正做到脱颖而出。研发上的大量投入，以及一大堆无法形成品牌化产品和服务的专利是无法对品牌起到提升作用的。创新需要相关性和知名度。索尼得益于能够从其公司品牌的各种类别中获得创新机会。家得宝和戴尔等其他公司明显进行了创新，以不同的卓越方式为客户带来了新产品。

2. 感知质量

该公司能否可靠地履行其品牌承诺？相对于其品牌承诺，它是否被认为具有高质量？它值得信任吗？它支持它的产品吗？感知质量要求组织对质量做出承诺，已有事实证明其对投资回报率和股票收益的影响。[4] 然而，感知质量比感知创新更加难以实现。仅仅传递实际的质量是不够的，认知也需要管理。番茄酱的浓度、航空公司乘务员的着装或银行对账单的外观等都需要得到充分的重视和积极的管理。

3. 关心客户

这家公司真的关心顾客吗？它看上去有同情心吗？顾客受到尊重吗？客户体验是重中之重吗？诺德斯特龙公司和西南航空公司等公司已经通过努力为客户带来显而易见的热情的服务而赢得了客户显著的忠诚度。关心客户是几乎所有公司都渴望拥有的另一种品牌价值。光是通过说尽好话来获得期望的声誉是不够的，公司往往需要一些引人注意的，甚至是夸张的活动（最好是品牌化的）来传递这种品牌价值。一些传奇故事也有所帮助，比如尽管诺德斯特龙公司从未出售过轮胎却回收了一个次品轮胎，或者联邦快递的一名员工曾经为了保证服务质量租用了一架直升机。

本地导向 vs. 全球导向

可以影响客户关系的组织的一个特点是，公司品牌是本地导向的还是全球导向的。尽管一些公司品牌（尤其是索尼）试图做到双重导向，但如果要强调地域导向，那么更可行的做法就是二者选其一。

本土化——也就是说，努力以有形和无形的方式与本地环境和客户联系，至少有两个好处。首先，它让客户因本地出了一家成功的企业而感到自豪，并在他们的购买模式中表达出这种自豪感。对于一个美国人来说，购买一辆美国制造的汽车是值得高兴的，对于堪萨斯市的当地人来说，在与该社区有密切联系的银行办理业务也是心甘情愿的。其次，这类公司可以通过提供与当地文化相适应的外观、感觉和品牌定位来与客户建立联系。孤星（Long Star）啤酒无疑是得州啤酒，并围绕这一概念打造了自己的品牌。

企业的公民义务：营造美好的环境

这家公司品牌背后是什么样的人和价值观？不管普通人还是企业组织都更喜欢与他们尊敬和钦佩的人做生意。这家公司是个"好人"，还是一家会不惜一切代价提高股东收益的公司？它是否关心员工和社区？它在应对疾病、改善教育、帮助弱势群体或解决环境问题方面的表现如何？即使在产品受到挑战的时候，惠普、强生等公司对其价值观的尊重，也会让客户对其产生积极的态度和忠诚度。

对环境的重视能够显而易见地体现出一家企业是否履行了公民义务，特别是在欧洲，因为这对于处在不断增长和有影响力的细分市场中的企业尤为重要。英国的一项调查研究证实了这一猜想，至少与此相关的行业会受到他人的关注，公司品牌也会显得与众不同。[5] 壳牌公司和英国石油公司（BP）都开发了环保品牌，部分原因在于它们对可再生能源的投资。相比之下，埃索石油公司（Esso）却坚持自己原来的立场，认为可再生能源不是一个可行的方案，而且认为有关于环境保护的《京都议定书》是有缺陷的，应当予以反对。因此，绿色和平组织发起了一场备受瞩目的"抵制埃索"的活动。绿色和平组织随后进行的民意调查发现，在抵制活动期间，经常光顾埃索加油站的汽油购买者的比例下降了7%，参考同类产品，这个跌幅是相当大的。

如果公司品牌可以与包装和品牌化活动联系起来，那么公司品牌的公民身份就能得到提升。例如，通用磨坊发起了一个名为"盒盖助力教育"（Box Tops for Education）的活动，该活动包含一个形象识别以及一个核心计划。客户每兑换一张优惠券公司就会捐出10美分，这些优惠券被印在800种通用磨坊产品上。该方案在2002～2003学年筹集了超过2300万美元。高乐氏公司开展过一个"安全回家"的活动，与美国防止虐待动物协会（ASPCA）合作，通过"给猫咪一个家"（Adopt-A-Shelter-Cat）活动月这样的活动来解决流浪猫的问题。威瑞森电信公司（Verizon）与众多扫盲团体合作开展"威瑞森阅读计划"（Verizon Reads），以提高人们的扫盲意识，同时筹措资金解决文盲问题。[6] 如第5章所述，如果一个品牌化活动能引起人们的注意，并且有提升品牌的作用，那么它就可以成为一个品牌活力点。一个值得持续支持的活动能够被品牌化，那它将更有效地提升公司品牌的公民意识。

公司业绩和规模

公司是否取得了成功？起到宣传效果了吗？新产品或新服务是否给品牌带来了活力？新产品或新服务是否获得了知名度和口碑？是否和市场产生了共鸣？是否处境艰难？正如第7章所提到的那样，如果延伸产品能够被成功地感知到，那么进一步延伸也将获得成功。如果一家公司开展一个受人瞩目的活动，例如引进一个新的IT界面或客服计划，该品牌的可靠性和给人带来的信任感会得到加强。从另一方面来说，如果一家公司未能兑现其承诺，由此造成的负面名声也很难被消除。

对于那些对投资者有影响力的公司品牌而言，财务表现尤为重要。公司在销售额增长、收益和股票回报方面表现良好吗？它是显现出成功的态势,还是不太稳定?在杰克·韦尔奇担任首席执行官的20年中,通用电气公司品牌的业绩无疑给公司品牌带来了影响力,并进一步影响了通用电气的产品品牌。相反,如果公司表现出明显而持续性的财务困难,我们就会发现它们的品牌也受到了影响。在对《财富》企业形象数据的研究中,鲍勃·雅各布森(Bob Jacobson)和本书作者证明了,对于《财富》杂志的读者来说,财务业绩直接影响品牌形象。《财富》杂志的读者对股票市场很感兴趣,往往会尊重那些在股票方面表现良好的品牌。成功会催生自信和积极的态度,无论对足球队还是公司而言。

品牌背后的组织是否具有实力和知名度?一家公司的规模和经营范围既能显示出它的竞争力,也能显示它持续发展的力量。客户通常会感觉到一家大型的、成功的公司会长期提供服务,并有动力设计和制造出优质的产品。当然,规模大也往往会代表这家公司墨守成规、办事迟缓、花费巨大。我们面临的挑战是,要确保正确的品牌定位,通过加强创新和取得更多的成功来营造一个既有活力又有很强适应能力的品牌形象,而不是一个行动缓慢、庞大笨拙的形象。

利用公司品牌的原因

公司品牌之所以特别,是因为它明确无误地代表了一个组织和一款产品。作为驱动型品牌或背书品牌,它拥有许多可以帮助建立品牌的特点和计划。它还有助于带来品牌差异点,创建品牌活力点,提高可信度,促进品牌管理,支持内部品牌建设,为加强产品品牌与客户的关系提供基础,加强沟通以增加支持者,直至最终促成统一品牌战略的成形。

第一,公司品牌可能会在组织联想中发现差异点。当产品和服务随着时间的推移而趋于相似时,组织不可避免地会有很大的不同,部分原因是公司有很多让自己有别于其他公司的方式。富国银行与竞争对手美国银行在风格、特性、总部位置、技能、公民义务和传统等方面有很大不同。一个人可能对一个组织比对另一个组织更为满意,特别是在产品相似的情况下。难点在于识别出这些组织特征并使它们与客户产生关联。

第二，公司品牌可以利用组织举办的活动作为品牌活力点。因为公民义务和主要赞助通常会覆盖整个组织，公司品牌在利用这些方面的地位要比产品品牌好得多，而产品品牌与它们之间的联系可能较弱。在某种程度上，这仅仅反映了一个效率问题。一个跨越不同产品类别的公司活动比只触及某个领域的活动更加有效，也更加高效。

第三，公司品牌联想还可以基于信任、喜爱和感知的专业知识来提供信誉。心理学中的态度研究表明，当某个发言人被认为是值得信赖的、受欢迎的，并且具有专业性的时候，其可信度和说服力会得到增强。在评估一个组织所做的承诺是否可信时，也会表现出相同的特点。在制造和销售产品的时候，专业的组织被认为尤其有能力。企业组织之所以受欢迎，是由于它的公民义务活动，这会让其产品主张得到更多尊重，而不是冷嘲热讽。一个值得信赖的组织将受益于怀疑。一个值得信任的组织会免去人们对它的疑虑。

信任是一个特别重要的属性，组织比产品更容易获得信任。一项研究发现，当消费者被要求描述"最佳品牌"时，他们认定的主要属性是"我信任的品牌"。[7] 信任与真实性相关。像威廉姆斯－索诺马（Williams-Sonoma）或波音（Boeing）这样的公司，被认为有着悠久的传承传统哲学的历史，具有非常强大的真实性。

第四，在产品和市场中利用公司品牌将使品牌管理更容易、更有效。部分原因是公司品牌将受到高层管理人员的关注，使用该品牌的产品线经理了解品牌识别、认真对待它的动机。此外，围绕企业品牌的良好品牌建设计划更有可能在整个组织中得到利用。

第五，当涉及公司品牌时，向内部员工解释该品牌将更加容易，因为其品牌识别得到或将得到组织的使命、目标、价值观和文化的支持。毫无疑问，员工对组织价值观和计划的认同是很重要的。公司品牌识别应该成为组织与客户之间的纽带。对客户来说，它们代表的是公司目标和价值观。因此，它们能在向员工、零售商和其他人阐释这些要素时发挥关键作用。产品品牌则不存在这种支持体系。

第六，除了产品品牌，公司品牌还可以为客户关系传递信息、奠定客户基础。尤其是对于那些被认为可靠但又无趣的成熟的大品牌而言，这种特别的声音非常重要。在这种情况下，组织品牌可以代表组织的传统和重要资产，同时允许产品品牌成为活力的来源。如果产品品牌包含一个强势子品牌，那么该子品牌可以发挥这一功能，但是如果产品品牌与公司品牌相同（就像维珍、三菱和通用电气一样），那么你就要树立双重的品牌概念。

例如，百威品牌拥有丰富的传统，是啤酒类别的市场领导者。百威公司品牌（它不能算是严格意义上的公司品牌，真正的品牌应是安海斯–布希（Anheuser-Busch））被赋予承载传统的责任，使用像克莱兹代尔这样的识别，并发起反酒驾（"我们都有所作为"）和"啤酒学校"等活动。随后，产品品牌百威啤酒和百威淡啤被解放了出来并注入了活力，寻找新的方式让品牌焕发生机、产生品牌相关性，并通过与众不同的品牌建设方法在媒体宣传中崭露头角。因此，百威有了蜥蜴这样的广告形象、"Whassup"朋友群，以及其他一些五颜六色的广告角色，它们会出现在幽默而现代的广告中。如果没有公司品牌的存在，产品就没有那么多的自由打出的标新立异的广告了。

第七，利用公司品牌的另一个原因是它能支持与潜在员工、零售商和投资者等利益相关者之间的沟通。所有这些都将受到品牌的知名度、其未来战略及其业绩的影响。仅仅因为熟悉某个品牌就能让客户放心。投资者通常是一个特别重要的群体。研究表明，机构投资者35%的判断是基于无形因素做出的，如管理质量、新产品开发的效率和市场地位的强弱等，而65%的判断是基于财务信息做出的。[8] 在没有强大的公司品牌的情况下，通过无形资产进行品牌宣传是很困难的。

最后，公司品牌为最终的统一品牌战略做好了准备，实现了利用单个品牌的最高效率，当使用描述符而限制子品牌的使用时情况尤为如此。在这种情况下，品牌有望在不同的环境下获得协同效应，并加强品牌联想。此外，更重要的是，如果只有一个单一的母品牌，那么有限的品牌建设资源就不会被分散，品牌的声音将对市场产生更多的影响。回想一下，在可行的情况下,统一品牌战略始终是首选。

斯伦贝谢(Schlumberger)是一家处于领先地位的油田服务公司,它也是强化公司品牌而弱化产品品牌的众多企业中的一员。斯伦贝谢多年来收购了一些提供专业油田服务的公司,每家公司都在其细分市场上拥有极其强势的品牌。这些公司包括安纳德里尔国际公司(Anadrill,钻井服务)、道威尔(Dowell,油井建设和增产)和GeoQuest(软件和数据管理系统)。这些品牌成为被背书品牌,在被收购后继续推动客户关系,并支持斯伦贝谢内部各个微型组织的传统和文化。它的一张广告如图9-2所示。

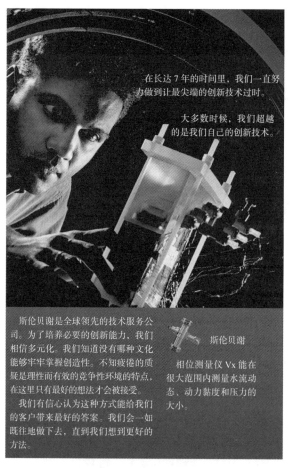

图9-2 斯伦贝谢广告

斯伦贝谢品牌整合的核心动机是实现效率和协同效应。该公司希望专注于品牌建设，让单一品牌产生更多影响。在油田服务领域，从品牌建设的角度来看，有太多需要投入的地方了。此外，该公司能够在油田服务以外的其他增长领域利用斯伦贝谢的名字。公司的战略方向提供了一个更加令人信服的理由。

斯伦贝谢需要改变它的运营方式和人们对它的认知。该公司一直支持代表着创新，以及为客户创造价值。然而，它希望在品牌中增加团队合作的特点，并被看作一家以团队合作为导向的公司——一家各业务部门之间密切合作的，与客户密切合作的，提供整体解决方案的公司。事实上，斯伦贝谢没有从其收购的强大组织中获得它所需要的、预期的协同效应，其客户形象也受到影响。把重点放在公司品牌上，是向公司内外传达新的战略方向的一种方式。

新斯伦贝谢的品牌战略包括使斯伦贝谢品牌成为新的驱动型品牌，用描述性的子品牌区分业务部门。斯伦贝谢油田服务成了一个承担主要传统服务的品牌，目前它包括：

- 斯伦贝谢数据传输
- 斯伦贝谢地球物理学
- 斯伦贝谢油井建设
- 斯伦贝谢追溯物理学——地质形成研究
- 斯伦贝谢地质研究
- 斯伦贝谢油田工程软件
- 斯伦贝谢油井填充
- 斯伦贝谢电缆服务

过去的业务品牌（如 GeoQuest）在适当的时候会作为产品品牌出现，但现在人们的注意力无疑集中在斯伦贝谢上。加强公司品牌对顾客和员工来说都象征着公司是一个实施同一套价值观和计划的实体。

管理公司品牌面临的挑战

公司品牌的确能起到带头冲锋的作用，当公司品牌被延伸时，还可以利用一些子品牌和被背书品牌来打头阵。戴尔和 UPS 都是成功运用这一战略的公司。然而，这些公司仍然面临着严峻的挑战——保持相关性、创造价值主张、管理负面联想、使公司品牌适应不同的环境,以及实现公司品牌识别的目标。

保持相关性

公司从事什么业务?公司的产品范围是什么?它在什么产品领域有信誉?在哪些问题上这个品牌能成为一个解决方案?品牌的边界直接影响到品牌相关性的范围及其延伸到新产品市场的潜力,它取决于品牌的历史传承和未来的业务战略。

与品牌相关的传统业务将对它做出改变产生影响。当品牌与某些产品类别有很强的联系时,要改变人们的认知就像要调转一艘大型远洋客轮,它将缓慢转动,并且需要耗费大量能量。施乐和柯达所面临的困难部分在于它们与复印机和基于胶片的相机有着紧密的联系。它们都努力进入数字成像系统占主导地位的更广阔的世界。高乐氏则面临着另一种限制:由于它与漂白剂有着密切的联系,它的公司品牌不能与它生产的任何食品有关联。

相关性还取决于业务战略。当它发展或改变时,公司品牌也要随时发生改变,完成这项任务通常是一个重大的挑战。UPS 从产品延伸到服务,从一家被视为来自美国的小包裹地面运输公司,发展成一家提供分销、物流和金融服务的公司。为了达成这个目标,新的服务和项目为新的 UPS 提供了实质内容和品牌差异点。IBM 从一家"电子商务"公司演变为一家按需提供服务的电子商务企业,这是一个新的概念,即信息和技术应"按需"提供给用户,计算机资源在不被使用的时候也不该被闲置下来。其他一些例子如下:

- 日立。1999 年年底,由于财务业绩表现不佳,日立重新给品牌命名。尽管该公司的未来建立在其计算机和信息电子产品的基础上,但其形象建立在一个与之不相容的认知上,即该公司主要是一家电器和重型机械公司。改变这一形象的计划有一个标语,叫作"激发下一代"。

- 索尼。索尼长期以来一直是一个遥遥领先的电子产品品牌，但它在游戏（PlayStation）领域的知名度较低。更不为人知的是，索尼是主要的电影制片商之一（它旗下有哥伦比亚电影公司、屏幕宝石公司、索尼经典音乐公司），它也是主要的音乐制造商之一（索尼音乐公司），推出了许多知名电影，旗下有许多有名的歌手。索尼一直在寻求机会扩大其品牌，包括电影、音乐、游戏以及电子产品，从而使它变得更具相关性、更加强大。毕竟，年轻人要听音乐和玩游戏，在这个群体中创建一个宽广的索尼品牌对品牌的未来很重要。

创造价值主张

太多的公司品牌实际上没有价值主张。它们只是大型而稳定的公司，能够提供足够的产品和服务，和其他公司没有什么区别，有时还给人一种墨守成规和严肃呆板的感觉。这样的品牌很脆弱。强大的公司品牌往往会有一个价值主张，有助于将自己和其他公司区分开来，并对客户关系起到支持作用。

当公司品牌能提供功能性利益时，它将发挥最大的作用。该利益可能来源于其战略。戴尔的直销模式产生了明显的优势，包括定制化服务和能运用其最新技术。UPS把重心放在服务和系统上，对任何需要提高物流效率或外包部分物流服务的公司来说，它都能提供有价值的服务。该利益也可能来源于公司品牌的其他要素，例如其价值观。诺德斯特龙公司关心顾客，这一点为顾客带来了功能上的利益，让他们对购物的经历感到放心。以产品质量高而著称的公司也能向顾客提供类似的保证，使顾客不会有不愉快的购物体验。

公司品牌也可以带来情感或自我表现优势。一家银行与当地的密切关系既可以让客户从中获得情感上的利益，又可以让它从支持当地业务的过程中获得自我表现优势。购买美国制造的土星已经被证明能带来明显的自我表现优势,这不仅是因为它是在美国制造的,也是因为土星员工对顾客的责任心受到了赞赏。有很多的公民义务计划,如本杰瑞(Ben & Jerry's)的政治激进主义、雅芳的防乳腺癌运动以及丰田混合动力车为环保做出的努力,都可以提供自我表现优势。

避免明显的负面效应

利用公司品牌的风险在于,由此产生的品牌资产及其所依赖的业务容易受到负面因素的影响。因此,佩里尔(Perrier)面临的水源污染、埃克森瓦尔迪兹(Exxon Valdez)号油轮的石油泄漏、与菲利普·莫里斯(Philip Morris)有关的香烟健康问题、费尔斯通的轮胎危机以及公司的反应都影响到了公司品牌。如果像戴尔、维珍和东芝那样,公司品牌的利用率很高,那么整个企业在所有决策和行动中都需要对这种风险保持敏感。如果发生最糟糕的情况,公司品牌会怎么样?

当出现危及品牌的争议时,如果有可能,公认的最佳做法是承认错误或者至少承认存在问题,并立即提出一个直接的解决方案。但是拥有一个强大的公民品牌在对抗这种危机时非常有帮助。例如,在现在的经典案例中,当面对泰诺品牌的包装遭到篡改时,强生公司立即撤回受影响的产品并设计了一个防篡改的包装。这一行动的积极影响已经持续了十多年。

在不同的市场环境中管理品牌

除了能代表组织面向不同的投资者之外,公司品牌可能涉及一系列产品品牌,包括公司品牌加上一个描述符或子品牌。例如,通用电气需要在飞机引擎、电器和金融服务领域开展竞争。一个品牌特别是一个公司品牌,如何完成这样的多任务?答案是,品牌识别需要适应每一个市场环境,这样它才能赢得胜利。然而,这个过程通常并不简单,因为涉及一些相互冲突的观点。

当然，在不同的市场环境中也能产生一致性，而且也应该产生一致性。品牌的核心识别和延伸识别在任何市场环境中都能起作用。有些元素可以是相同的，但对于特定产品或市场需要做出不同的调整，因此通用电气小家电所做的创新与通用金融所做的创新可能意味着不同的东西。如果这还不够，可能就要在某个特定环境中增加识别。也许通用飞机引擎的技术层面是其他通用电气业务部门看不到的。

展现公司品牌识别

公司品牌往往会从品牌形象开始，但希望未来能将该品牌形象往品牌识别的方向发展，品牌识别是公司品牌执行其指定任务、扮演其角色时想要追求的联想。为此，公司需要建立其品牌识别。关于建立品牌识别的过程已在本书其他章节描述，这里不再赘述，但它会涉及设置优先级的问题。有哪些令人梦寐以求的品牌联想在短期内最重要，应该成为定位战略的基础，从长远来看哪个品牌联想是最重要的，应该以此来指导战略举措？答案将部分取决于以下问题：

- 公司可以提供什么？鉴于当前的市场感知力，以及公司开发和履行重要计划的能力和动力，什么是可信的？
- 什么会引起客户的共鸣？
- 什么将支持业务战略？什么将给公司品牌被要求发挥的作用带来支持？

公司品牌的识别和地位需要被积极管理。对于一些公司来说，公司品牌在某种程度上是孤立的，因为它没有来自现有业务部门的正常的预算。因此，重要的是要有一个公司品牌经理，让他拥有建立品牌的资源，并有权在整个企业内创建一致性，实现协同效应。

公司品牌应该以实质内容为基础，需要有承诺和计划来确保品牌在创新、关心客户或任何优先事项上发挥作用。试图把公司描绘成致力于实现一个它缺乏能力或意愿去实现的目标是徒劳。然而，对于任何一家公司来说，制定和实施战略都非易事，尤其是在面临财务压力的时候。

当然，在品牌背后创造实质内容是不够的，公司还必须确保人们对公司品牌的认知与公司所做的承诺相符。为此，每个目标联想都需要一个积极管理的宣传计划，该计划应让所有利益相关者了解情况。

使用品牌组合中的所有资产，可以帮助公司宣传它已经扩大的产品范围或调整过的战略重点。子品牌在多大程度上影响了公司品牌？哪个子品牌（如果有）可以扮演银弹品牌？哪些子品牌可以为公司品牌提供知名度和支持？什么品牌建设活动能有所帮助？一家软件公司通过赞助一个领先的自行车队，几乎立即作为欧洲市场的主要参与者赢得了顾客的信赖。

何时利用公司品牌

公司品牌是一个终极品牌，拥有任何品牌的优势，同时它还代表着一个组织。在涉及服务的市场环境中，例如零售业（西尔斯或Land's End）或金融服务业（花旗集团或Chase），公司品牌往往必须扮演驱动型品牌。在这些环境中，诸如关心顾客、友好和高效等组织联想更可能成为客户忠诚度的基础。与产品相比，客户更可能与组织的人员和活动发生关系。

公司品牌并不总是非常适合作为一个具有驱动作用的产品主品牌。一般来说，当公司品牌难以应对五大挑战中的任何一个时，其利用潜力将受到限制，这时候就需要其他品牌平台。就品牌是否具备应对挑战的能力，需要对其进行切实的评估。一些例子如下：

- 当品牌因其产品类别关联而受到限制时，其作用将受到限制。例如，高乐氏公司的品牌仅限于清洁产品，当然不能与诸如隐谷牧场调味料（Hidden Valley Ranch Dressing）或KC杰作烧烤酱等食品产品相关联，事实上，这两个品牌都是高乐氏的品牌。

- 当公司品牌缺乏相关的价值主张，其资产基本上取决于其规模和知名度时，它可能需要一个强势子品牌或被背书品牌甚至一个新品牌。戴尔和 UPS 的品牌中都有这样一个价值主张，许多公司品牌却没有如此幸运。
- 当品牌产生负面联想时，在改变负面联想之前，尝试利用它是没有意义的。当普利司通了解到，福特探索者曝出一连串事故，部分归因于其旗下的费尔斯通轮胎的时候，普利司通弱化了火石品牌，而强化了普利司通产品品牌。
- 在某种情况下，公司品牌的资产和价值主张根本不适用或成了一种不利因素，这时就可能需要其他品牌。
- 如果公司品牌识别是一项重要资产，但由于尚未制订必要的计划，该组织无法利用该品牌识别兑现它的承诺，可能存在过早依赖公司品牌发挥产品品牌驱动因素的可信度问题。

综上所述，公司品牌面对的挑战和潜在影响如图 9-3 所示。

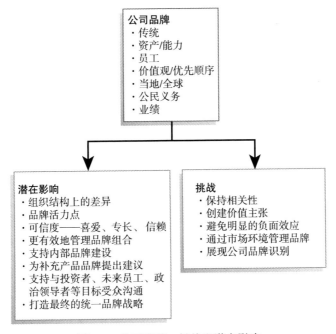

图 9-3　公司品牌：挑战和潜在影响

背书作用

由于公司品牌代表着企业，在一定的产品空间内具有一定的信誉，因此非常适合扮演背书品牌。背书品牌将受益于任何组织联想。一些组织品牌（如微软），它一直扮演着背书品牌的角色。其他品牌（如万豪或通用电气），可以在一个市场环境中成为背书品牌，在另一个市场环境中成为产品品牌。

背书品牌不仅可以给品牌带来信任和尊重，还可以提供一种横跨被背书品牌的服务。喜达屋连锁酒店公司旗下包括喜来登和 W 连锁酒店，利用喜达屋品牌作为背书品牌在一定程度上是为了提供一个范围很广的客户忠诚度计划，与万豪和希尔顿的客户忠诚度计划竞争。设备制造商（如约翰迪尔）对一个中低端品牌的背书可以向客户发出信号，表明它们可以获得母公司的零部件和服务。

加强背书作用

要充分利用公司品牌，可以让它扮演背书品牌的角色。公司品牌的权威往往是有限的，因此它作为驱动型品牌的延伸能力可能也是有限的。然而，作为一个背书品牌，它可能得到积极的利用。作为一个曾经提供信任和信誉而不仅仅是产品承诺的背书品牌，它可以走得更远，而且仍然有效。卡夫品牌的一些推广举措恰恰说明了这一点。

20 世纪 90 年代后期，卡夫提升了其公司品牌在整个品牌组合中的作用。直到 20 世纪 90 年代末，卡夫一直是奶酪、烧烤酱、沙拉酱和蛋黄酱的主打品牌，同时也是费城清淡奶酪（Philadelphia）、奶酪通心粉（Cracker Barrel）、卡夫奇妙酱（Miracle Whip）和即食奶酪贝壳面（Velveeta）的背书品牌。此外，卡夫品牌组合还包括十几个独立品牌（包括速食米饭（Minute Rice）和宝氏谷类食品，其中许多品牌是在 1980 年卡夫与通用食品合并时收购的），这些品牌分散了品牌建设资源。

后来卡夫公司决定强化卡夫作为背书品牌的作用，使其在一些品牌上更加显眼,并将其添加到其他品牌上。作为战略的一部分,被卡夫背书的品牌应该符合卡夫的日常形象,即为美国家庭提供便于料理的膳食解决方案,以及卡夫健康的、家庭至上的及可靠的个性。如果存在差距,这些品牌应该向卡夫的品牌形象靠拢,以便它们都处在卡夫的品牌保护伞下。一个以提升卡夫品牌名称为目的、耗资5000万美元的大型活动支持了公司的战略决策,使卡夫成了整个公司的保护伞品牌。

卡夫成为卡夫火鸡填塞料(Stovetop Stuffing)、速食米饭和涂抹酱料(Shake & Bake)的强势背书品牌。此外,它成了奥斯卡麦尔(Oscar Mayer)、墓碑牌冷冻比萨(Tombstone)、宝氏谷类食品、麦斯威尔、布雷耶冰激凌、冰凉威普(Cool Whip)和杰乐(Jell-O)的象征性背书品牌。有趣的是,获得强有力支持的那三个品牌,也是所有美国人日常用到的东西,这并不是对卡夫品牌的过度延伸。其他产品,如迪吉奥诺比萨(DiGiorno Pizza)和公牛之眼烤肉酱(Bull's-Eye),被视为独立品牌,部分原因是它们被定位为高档产品,还有一部分原因是它们的"伴侣"品牌墓碑牌冷冻比萨和卡夫烧烤酱(Kraft Barbeque)被认为是更"卡夫"的东西。图9-4总结了卡夫的品牌战略。

品牌	品牌识别	产品范围	问题
卡夫作为主品牌并承担驱动品牌作用	每天为美国家庭带来易于准备、质量上乘的一日三餐解决方案 有着益于健康、可靠的品牌个性	奶酪、蛋黄酱、烧烤酱、沙拉酱	弱势在于非奶油调味品。高端产品不足
卡夫作为强势背书品牌	每天为美国家庭带来易于准备、质量上乘的一日三餐解决方案 有着益于健康、可靠的品牌个性	火鸡填塞料、涂抹酱料、速食米饭	如何加强和利用卡夫品牌
卡夫作为象征性背书品牌	每天为美国家庭带来易于准备、质量上乘的一日三餐解决方案	奥斯卡·麦尔、麦斯威尔、杰乐、冰凉威普、墓碑、布雷耶	卡夫的背书作用会对卡夫及其产品带来帮助,还是对其造成损害

图9-4 卡夫公司品牌战略

卡夫的品牌延伸计划还在继续。2001年纳贝斯克收购奶酪小饼干（Cheese Nips）时，卡夫给予了大力支持，这被认为是销售额增加的部分原因。此外，它在奶酪小饼干和其他产品中添加了一个配料品牌（"用真正的卡夫奶酪制成"）。卡夫还为欧洲巧克力品牌米尔卡（Milka）背书，以努力增强卡夫在欧洲的影响力，并为米尔卡提供全球营销的舞台。这一持续进行的项目的最终结果是以一致的方式在广泛的销售基础上利用卡夫品牌，为跨品牌的计划和促销提供了协同合作的可能。产品品牌不必那么努力，因为卡夫品牌还在其中承担了一部分驱动型品牌的责任。

卡夫品牌的提升意味着卡夫的背书作用更加强大了，卡夫网站和全球赞助等品牌建设计划变得更加可行，因为它们可以在更多的销售场景中发挥作用。例如，由卡夫公司背书的一份名为《食品与家庭（加拿大在做什么菜）》的出版物，发行量超过300万份，并且订阅量还在不断增长，它促进了卡夫品牌和其主要的目标客户之间的关系。[9] 尽管该杂志中的话题可能涉及健康生活和电影等专题，但其重点还是关于烹饪，涉及的主题包括现成的晚餐、重温早餐的美好时光、没吃完的午餐和美味的甜点。超过一半的读者说，他们曾尝试过其中的一个特色食谱，并使用了卡夫产品。该杂志充分利用了卡夫厨房的研究成果和营造出来的氛围。

英国石油公司决定通过一个背书计划来利用其品牌和品牌建设计划。其动机是扩大英国石油公司的品牌规模，以开发一种新的品牌定位战略，该战略有望使BP在能源领域获得差异化的领导地位。英国石油公司试图改变自己的形象，从一个稳定的、表现良好的石油公司转变为一个创新的、进步的、对环境敏感的能源公司，其愿景是"超越石油"。为了帮助创造和（更重要的是）利用新品牌，英国石油公司的背书作用被运用到了许多直接面向消费者的业务中，包括阿尔科（Arco）、阿拉尔（Aral）和嘉实多（Castrol）。

改变公司品牌名称

公司品牌的形象和客户关系都体现在它的品牌上，而这反过来又由更加显眼，并将其添加到其他品牌上。作为战略的一部分，被卡夫背书的品牌应该符合卡夫的日常形象，即为美国家庭提供便于料理的膳食解决方案，以及卡夫健康的、家庭至上的及可靠的个性。如果存在差距，这些品牌应该向卡夫的品牌形象靠拢，以便它们都处在卡夫的品牌保护伞下。一个以提升卡夫品牌名称为目的、耗资 5000 万美元的大型活动支持了公司的战略决策，使卡夫成了整个公司的保护伞品牌。

卡夫成为卡夫火鸡填塞料（Stovetop Stuffing）、速食米饭和涂抹酱料（Shake & Bake）的强势背书品牌。此外，它成了奥斯卡麦尔（Oscar Mayer）、墓碑牌冷冻比萨（Tombstone）、宝氏谷类食品、麦斯威尔、布雷耶冰激凌、冰凉威普（Cool Whip）和杰乐（Jell-O）的象征性背书品牌。有趣的是，获得强有力支持的那三个品牌，也是所有美国人日常用到的东西，这并不是对卡夫品牌的过度延伸。其他产品，如迪吉奥诺比萨（DiGiorno Pizza）和公牛之眼烤肉酱（Bull's-Eye），被视为独立品牌，部分原因是它们被定位为高档产品，还有一部分原因是它们的"伴侣"品牌墓碑牌冷冻比萨和卡夫烧烤酱（Kraft Barbeque）被认为是更"卡夫"的东西。图 9-4 总结了卡夫的品牌战略。

品牌	品牌识别	产品范围	问题
卡夫作为主品牌并承担驱动品牌作用	每天为美国家庭带来易于准备、质量上乘的一日三餐解决方案 有着益于健康、可靠的品牌个性	奶酪、蛋黄酱、烧烤酱、沙拉酱	弱势在于非奶油调味品。高端产品不足
卡夫作为强势背书品牌	每天为美国家庭带来易于准备、质量上乘的一日三餐解决方案 有着益于健康、可靠的品牌个性	火鸡填塞料、涂抹酱料、速食米饭	如何加强和利用卡夫品牌
卡夫作为象征性背书品牌	每天为美国家庭带来易于准备、质量上乘的一日三餐解决方案	奥斯卡·麦尔、麦斯威尔、杰乐、冰凉威普、墓碑、布雷耶	卡夫的背书作用会对卡夫及其产品带来帮助，还是对其造成损害

图 9-4 卡夫公司品牌战略

卡夫的品牌延伸计划还在继续。2001年纳贝斯克收购奶酪小饼干（Cheese Nips）时，卡夫给予了大力支持，这被认为是销售额增加的部分原因。此外，它在奶酪小饼干和其他产品中添加了一个配料品牌（"用真正的卡夫奶酪制成"）。卡夫还为欧洲巧克力品牌米尔卡（Milka）背书，以努力增强卡夫在欧洲的影响力，并为米尔卡提供全球营销的舞台。这一持续进行的项目的最终结果是以一致的方式在广泛的销售基础上利用卡夫品牌，为跨品牌的计划和促销提供了协同合作的可能。产品品牌不必那么努力，因为卡夫品牌还在其中承担了一部分驱动型品牌的责任。

卡夫品牌的提升意味着卡夫的背书作用更加强大了，卡夫网站和全球赞助等品牌建设计划变得更加可行，因为它们可以在更多的销售场景中发挥作用。例如，由卡夫公司背书的一份名为《食品与家庭（加拿大在做什么菜）》的出版物，发行量超过300万份，并且订阅量还在不断增长，它促进了卡夫品牌和其主要的目标客户之间的关系。[9] 尽管该杂志中的话题可能涉及健康生活和电影等专题，但其重点还是关于烹饪，涉及的主题包括现成的晚餐、重温早餐的美好时光、没吃完的午餐和美味的甜点。超过一半的读者说，他们曾尝试过其中的一个特色食谱，并使用了卡夫产品。该杂志充分利用了卡夫厨房的研究成果和营造出来的氛围。

英国石油公司决定通过一个背书计划来利用其品牌和品牌建设计划。其动机是扩大英国石油公司的品牌规模，以开发一种新的品牌定位战略，该战略有望使BP在能源领域获得差异化的领导地位。英国石油公司试图改变自己的形象，从一个稳定的、表现良好的石油公司转变为一个创新的、进步的、对环境敏感的能源公司，其愿景是"超越石油"。为了帮助创造和（更重要的是）利用新品牌，英国石油公司的背书作用被运用到了许多直接面向消费者的业务中，包括阿尔科（Arco）、阿拉尔（Aral）和嘉实多（Castrol）。

改变公司品牌名称

公司品牌的形象和客户关系都体现在它的品牌上，而这反过来又由一个品牌名称来表示。改变任何品牌的名称都是一个重大且铤而走险的举动，对于母品牌来说更是如此。即使现有的公司品牌名称表现不足或者是一种不利因素，也有诸如子品牌、被背书品牌或新品牌等其他选择。改变公司品牌名称是最后一步棋。

当然，必须有令人信服的理由来改变公司的品牌名称。本质上，往往需要有三个理由。首先，公司发展的新方向与公司目前的品牌联想非常不同，以至于现在的名称成为一个严重的不利因素；其次，无法改变现有的品牌联想以便将不利因素降低到可接受的程度；最后，公司目前具备创造一个新的品牌名称的资源和人才。

主动更改品牌名称的理由如下：

- **反映新的业务重点**。作为一家主要从事制药业务的公司，AHP 利用其最具影响力和最具战略意义的品牌惠氏创立了一个新的公司名称。通过加强惠氏公司的名字，品牌组合的清晰度得以实现。例如，惠氏制药公司（Wyeth-Ayerst Research）变为惠氏研究中心（Wyeth Research），而白厅-罗宾斯医保中心（Whitehall-Robins Healthcare）变为惠氏消费者医保中心（Wyeth Consumer Healthcare）。

- **加强股市力量**。将一个品牌名称改为一个更熟悉的名字或更能准确地表示业务的名称，有助于吸引投资者。联合食品公司（Consolidated Foods）将其品牌更名为旗下最知名的品牌莎莉（Sara Lee）之后，股价也做出了积极的反应。把保诚保险改为保诚金融，使保诚向投资者发出信号，表明它不再只是从事保险业务。

- **远离不健康的产品**。为了弱化与烟草产生的品牌联想，并将公司名称与公司的烟草部门分离开来，菲利普莫里斯公司将公司名称改为奥驰亚（Altria）。

- **避免在合并中降低组织敏感度**。Eg3 这个名字具有能源的内涵，它被用来代表 20 世纪 90 年代中期阿根廷三家私营石油公司（阿斯特拉（Astra）、伊萨拉（Isaura）和彪马（Puma））的合并。虽然现有的每家公司都拥有可观的资产价值、当地的联系和丰富的遗产，但控制这些公司的家族都坚持认为，合并后的实体不能用其中一家公司的名字。从逻辑上讲，还有其他组织文化和结构上的办法可以在无须创建新名称的情况下解决此类问题。但逻辑并不总能占上风。

- **克服现有品牌的地域限制**。威瑞森被选为GTE和贝尔大西洋合并后的名称，这两个品牌都有区域内涵。同样，汇丰的名字也是为一个金融集团选择的，该金融集团是为了获得全球协同效应和服务全球客户而创建的。它曾以香港和上海汇丰银行、海丰银行（The Marine Midland Bank，纽约）、米德兰银行（The Midland Bank，英国）以及英国中东银行等品牌运营。汇丰银行在更名方面取得了一些成功。1998年第四季度，汇丰的辅助回忆水平达到85%；市场上汇丰新品牌从1999年年初的不到10%增长到1999年年底的60%和2001年年底的80%。

改变品牌名称有时看起来很诱人，但要警惕三种非常常见的错觉。第一个错觉是改变名称就会改变品牌联想。事实上，驱动新品牌及其所有联想的是新的企业战略、它是如何被阐明的、它是如何被实施的，以及它是如何将该战略与原先的品牌资产价值相联系的。改变品牌名称的背后必须有实质内容，并且必须充分宣传这种实质内容才能起作用。

第二个错觉是可以找到一个更好的名字。可用的名字，尤其是在全球范围可用的名字，而且易于发音、易于记忆，并且具有易于接受的联想，实际上是不太可能产生的。英国邮政服务公司（Royal Mail Group）曾试图把名字改为Consignia，但是两年后这个新名字还是没有被接受，所以又改回原来的名字了。员工和顾客都一直无法习惯Consignia这个名字。

最后一个错觉是，品牌的资产价值可以在合理的预算下改变并转移到一个新的名称上去。事实上，这往往会比预期的成本高得多，实际上有时候这是不可行的——部分是因为竞争对手也会改换其品牌名，造成品牌的混乱；另一部分是因为目标受众缺乏去了解新名字的动力。20世纪80年代初，日产（Datsun-to-Nissan）用四年的时间花费了两亿美元（当时的两亿美元是一大笔钱）更名为尼桑（Nissan），即便四年后日产品牌消失了，它仍然是像尼桑一样强大的品牌。这确实是一个发人深省的案例，尤其是考虑到日产这个名字有好几个好名字的特点，它简短而容易记忆，没有不好的联想，甚至还带来了一些原来的品牌资产。

当名称变更的理由令人信服时，重要的是要确保有称职的专业团队对问题进行过足够深入的分析，彻底研究过替代方案，并且在做出判断时不会被这三种错觉蒙蔽。

合并、收购和资产剥离

资产剥离、合并和收购会出现一些情况，使得变更名称势在必行。例如，资产剥离可能会对公司名称进行强制更改，因为这个名字已经不存在了。当大型会计公司的咨询部门被剥离出去后，它们需要一个与前母公司无关的名字。因此，安达信咨询公司（Andersen Consulting）变为埃森哲公司（Accenture），这一名称变更得到了 1.75 亿美元预算的支持，并在无意间帮助公司避免卷入安达信安然（Andersen Enron）丑闻。德勤咨询公司（DeLoitte Consulting）变为布拉克斯顿公司（Braxton），它选择了一个自己曾经用过的名字。

当购入一个公司品牌，或是与另一家公司合并后，两者中较强的那个名称应该被保留下来，这意味着较弱的一方会经历一次更名。当普华永道（Price Waterhouse）的咨询部门被 IBM 公司收购时，它被重新命名为 IBM 商务咨询公司（IBM Business Consulting）。西北银行收购富国银行时，最终选择的品牌是富国银行。面临的问题是如何将资产转让给幸存下来的公司品牌。客户应该感觉到，他们正在获得之前品牌（如西北银行）的所有优势，以及由新组织（富国银行）促成的优势。较弱的品牌名称可以被放弃或用作产品组合中的产品品牌，如康柏（由惠普收购）和莲花（由 IBM 收购）。

如果合并中的两个品牌都有互补性强、转移价值的成本太高，或者无法转移的特点，那么可以采用复合的公司品牌，如雪佛龙 / 德士古、戴姆勒 –

克莱斯勒或三井住友。在保留两个组织的现有文化和价值观方面，这可能会有优势，尤其在合并刚完成时。但是，随着时间的推移，它们将需要合二为一，复合名称最终可能会抑制该进程，除非对其进行仔细的管理。

在剥离、合并和收购中，对于品牌命名的一个建议是，要对相关品牌的资产进行充分考虑。上述三个错觉经常干扰人们的判断，缺乏相应的时间和资源让熟悉品牌和相关市场的人士分析棘手的品牌问题及其相关风险和成本。市场的失败或公司的倒闭往往在一定程度上是由有缺陷的品牌战略或其实施方法造成的。

> **思考题**
>
> 1. 评价你的公司或参照公司的品牌联想。它们能否反映和支持未来的业务战略？如果不能，品牌组合的哪些其他方面可以对此进行弥补？
>
> 2. 你的公司品牌在所处的环境中有什么优势？
>
> 3. 评价公司品牌作为驱动型品牌所面临的挑战。哪些挑战是最令人担忧的，如何解决？
>
> 4. 想一想在当前和未来如何把公司品牌作为背书品牌来使用。在每一种情况下，思考一下公司品牌在背书过程中能给予和得到什么。
>
> 5. 列出组织品牌在品牌组合中的使用方式。它们在所有的市场环境中都能好好发挥作用吗？它们在每个市场环境中的联想是什么？它们能发挥什么作用？
>
> 6. 考虑一下你所在的公司可能会发生兼并的情况，并制定一个命名策略。请思考如下问题：现有实体的资产价值是什么？每个品牌的客户关系如何，这种关系可以转移到另一个品牌上吗？转移到一个新品牌上呢？将每个品牌的资产价值转移到另一个品牌或新品牌，所需的宣传成本是多少？

BRAND PORTFOLIO STRATEGY

第 10 章
确定品牌重点和清晰度

> 如何把一块石头变成一头狮子——这很简单，我只需拿一把凿子凿掉不像狮子的那部分石头就可以了。
> ——巴勃罗·毕加索（Pablo Picasso）
>
> 对于一位建筑师而言，最有用的工具就是绘图板上的橡皮和工地上的撬棍。
> ——弗兰克·劳埃德·赖特（Frank Lloyd Wright）
>
> 我们知道大品牌都能挑起重担。
> ——查尔斯·斯特劳斯（Charles Strauss），联合利华前总裁

联合利华

联合利华在 2000 年 2 月宣布了一项为期 5 年、名为"成长之路"的战略计划，旨在加速销量的增长和营业利润的提高。[⊖] 该计划的核心在于使用更少、更强的品牌。目标是将它旗下 1600 个品牌缩减到 400 个左右，并将重点放在那些对消费者具有持久吸引力的、销售量高的、有增长前景的领先品牌上。品牌数量过多带来的危害是，品牌建设预算、人员和创新举措等资源过于分散，品牌力量薄弱。因而该公司希望把大部分资源集中在 200 个品牌上。

作为该计划实施过程的一部分，公司对地方、区域和全球三个层面的品牌进行了评价，下面是评价的三个标准。

- **与公司战略的契合度**。品牌参与的产品市场是否符合公司的战略方向？
- **媒体的重要性**。该品牌在当地市场上是否有足够的规模？该品牌是市场领导者之一吗？如果品牌太小而没有机会呈现在媒体或零售领域中，那么即使它们有忠实的用户拥护，也是不值得保留的。
- **品牌组合的平衡**。从品牌组合的角度来看，该品牌在市场上有独特的地位，还是与其他品牌重叠？多个品牌过度重叠就会造成效率低下。

食物链的顶端是 40 个全球核心品牌，代表了联合利华未来业务的重点。全球品牌被定义为除了品牌名称之外在任何地方都相同的品牌，或者

⊖ 这部分信息来自联合利华 2000 年、2001 年和 2002 年的年度报告。J. Rothenberg and J. Wilhelm, "HPC NA Mass Business Review Analyst Presentation," November 14, 2002; the Unilever website; and Matthew Arnold, "Unilever Names Brands for Growth," Haymarket Publishing Services, February 21, 2002.

将朝着这个方向发展，由同一品牌识别引导，涉及 5 个组成部分——它带来的利益、价值标准和特性、被客户信赖的理由、供人辨别的特点，以及它的品牌精髓。在这 40 个品牌中，有 18 个是食品品牌，如家乐、立顿、瘦得快和百多利。另外 22 个是非食品品牌，如斧头牌、晶洁、凡士林、Snuggle、CloseUp、凌仕、多芬、All、丝华芙、力士和金纺。其中有一些品牌（如家乐、瘦得快、All、凌仕和多芬）是品牌平台，它们的目标是扩大其产品范围，请参考第 7 章中多芬的故事。

40 个全球品牌分别由全球品牌总监（被称为食品部门的高级副总裁）管理，他们领导全球品牌团队，其中包括区域品牌领导者。因此，全球品牌团队由"本地人"组成。全球品牌团队的作用是通过全球品牌管理与本地品牌活动之间更紧密的合作关系，实现更加协调一致的全球品牌管理。全球品牌团队的任务是管理品牌资产和创新趋势、发展一致认可的品牌识别，并计划向该品牌识别靠拢，以及制订和实施发展计划。

此外，联合利华还确定了 160 个支持企业健康运营和业务发展的区域性/本地核心品牌。这些品牌的吸引力部分源于它们的传统和客户关系，这些是很难转移到全球品牌上的，例如法国的大象茶和北美的布雷耶冰激凌。

还有一组更小的品牌被认为是被合并或被转化的候选品牌。这些品牌占据了有发展前景的业务领域，但可能会随着时间的推移将其品牌资产转让给全球或区域品牌。例如，在粉末类洗衣系列产品持续低迷的状况下，Surf 是一个有着 20 年历史的中低端洗衣粉品牌，这个品牌在美国南部很受欢迎，它的品牌优势在于用它洗过的衣服持久留香。[1] 联合利华决定将 Surf 的特许经营权全部并入 All 品牌，这是一个洗涤剂产品品牌，销售量大约是 Surf 的两倍，该品牌在液体类别中表现更佳。作为向 All 品牌过渡的一部分，联合利华把市场上的几个 Surf 产品作为合作品牌与 All 合并在一起。为了打造一个品牌平台，All 品牌家族将产品线延伸到了织物柔顺剂和衣物添加剂。类似的例子是将 Rave 护发系列吸收到丝华芙品牌系列中。

剩下的品牌是不在联合利华管理的、由 200 个起领导作用的品牌构成的核心组合中，被归入下面 3 个类别之一。"退市品牌"指的是要尽快淘汰的品牌。作为品牌选择性淘汰过程的一部分，联合利华出售了十几个品牌，包括马佐拉玉米油和 Argo 玉米淀粉。[2]"物有所值品牌"不会获得任何资源，但预计仍会产生现金流。"准下调品牌"将继续得到积极的管理和支持，但除非它们在业绩上表现出明显的改善迹象，否则它们将被降级。

4 年后，联合利华预计其领先品牌的业务将至少占业务总量的 95%，高于该计划开始时的 75%。

福特和宝马

如图 10-1 所示，福特有一个品牌组合战略，其中许多的子品牌定义了产品，并为客户关系奠定了潜在的基础。[3] 共有 7 个定义了汽车和小型客货车的品牌：ZX2、福克斯、野马、雷鸟、金牛座、维多利亚皇冠和 Windstar。另外 3 个子品牌——翼虎、探索者和征服者，定义了 SUV 系列。

福特轿车和小型客货车	福特SUV	福特福克斯
子品牌	子品牌	LX
ZX2	翼虎	SE 三厢
福克斯	探索者运动	SE 旅行车
野马	探索者运动 Trac	ZTS 三厢
雷鸟	探索者	ZX3
金牛座	征服者	ZX5
维多利亚皇冠	远足	ZXW 旅行车
		SVT
Windstar		

图 10-1　福特品牌组合部分展示

大多数这样的子品牌（如探索者和 Windstar），扮演着重要的驱动型品牌的角色，福特更像是背书品牌。这些品牌可以定义在风格和功能上具有独特性的车型。当然，野马和维多利亚皇冠在风格上带有独特的品牌联想。其中一些品牌（如雷鸟），也有潜力为某个特定车型增添特性和自我表现优势，否则这些品牌看起来更像一个公司品牌。

福特是一个在质量和创新可信度方面拥有真正实力的品牌，但可能缺乏独特性和个性，至少在某些领域如此。因此，如果没有子品牌，福特的汽车系列就不太可能如此强势。话虽如此，还是出现了几个问题：难道SUV系列不应该使用一个品牌来代替三个品牌吗？将福特品牌用在SUV领域，这样不就不需要子品牌了吗？能不能将七个汽车品牌中的一个延伸到多个车型上，从而让它有更多的市场展示机会，并减少需要投资的品牌数量？品牌建设预算是否恰如其分地反映了每个品牌在多大程度上扮演了描述性品牌，而不是驱动型品牌？

相比之下，宝马遵循的是相当传统的统一品牌战略，如图10-2所示，主品牌由一组描述符品牌支持。宝马品牌有3系列（小型）、5系列（中型）、7系列（大型）、M系列（高性能）、Z4（跑车）和X5（SUV）。宝马作为主品牌在整个车系中扮演着驱动型品牌，体现了以下几个品牌联想：采用了德国工程技术、坐拥"终极驾驶机器"的激动之情、安全的性能保障以及宝马的威望。其结果是充分利用了纯粹的统一品牌模式，让人们对宝马拥有清晰的品牌联想。

宝马			
主要车型		特殊车型	
小型车	3系列	高性能	M系列
中型车	5系列	SUV	X5
大型车	7系列	敞篷跑车	Z4

图10-2　宝马品牌组合

统一品牌组合模式有面向客户的优势，尤其是在汽车这样杂乱的产品类别中。福特在轿车和SUV领域至少需要支持10个品牌，而这些品牌究竟是在怎样的市场环境中被客户注意到的呢？这里有来自通用汽车、克莱斯勒、丰田、沃尔沃和本田等200多个名牌，更不用说每个品牌还有一些不同的款式，选择多到让人无所适从。汽车购买者首先必须决定自己应该购买轿车、小型客货车、卡车还是SUV，然后再决定购买哪个品牌的产品

（福特、别克还是本田），最后决定车型。

客户可以对宝马品牌组合提示的信息和决策过程加以比较。选择了宝马品牌就是选择了一辆宝马车。接下来，客户往往可以根据自己的预算来决定购买何种级别的宝马车。你能负担得起的是哪种车型的宝马车？接下来客户还得进行下一个选择，如选择3系的宝马车还是跑车等。分析和决策的过程变得更加简单了，客户也更可能会对选择结果感到心满意足。

宝马在品牌管理和建设方面也有优势。只要宝马的品牌识别适用于所有车型，宝马就可以将其资源集中投放在宝马品牌上。"终极驾驶机器"是宝马在功能和自我表现方面提出的主张，它确实被贯穿在整个产品线当中。如此一来，品牌和品牌建设的努力被集中起来得到了充分利用。相比之下，福特除了其自身以外，还需要支持10个子品牌——在资源有限、品牌建设成本高昂的情况下，它的前景很艰难。

通用汽车的经验很有启发性。它将旗下的35个主要品牌（雪佛兰、别克、凯迪拉克、庞蒂亚克、奥兹莫比尔、土星和GMC）视为与35个细分市场相互产生关联的机会。但问题是潜在买家并不会如你所愿地被恰好归入这些细分市场中去。另一个问题是通用汽车不能同时满足所有的品牌，为每个品牌带来不同的车型，也无法支持所有品牌建设所需的努力。因此，它改变了策略，决定更多地突出主品牌，而不再刻意强调子品牌。

此外，通用汽车也未能保住每个主品牌的地位，因而做出了放弃奥兹莫比尔的艰难决定。20世纪30年代，通用汽车推出了一系列定位精准的车型，击败了福特。雪佛兰、庞蒂亚克、奥兹莫比尔、别克和凯迪拉克系列，提供了非常不同的车型和自我表现优势，这使得通用汽车从福特（只有单一车型）手中接过了市场领导权。人们一开始会选购中低价位的雪佛兰，一旦有机会就会慢慢地将目标提升到庞蒂亚克和奥兹莫比尔。凯迪拉克是最终成功的标志，别克紧随其后。

随着时间的推移，各个品牌之间的界限开始变得模糊，部分原因是每个品牌都是一个自主的部门，都有创建一个完整的汽车系列的动机。所以雪佛兰推出了一款价格高昂的跑车，以及和别克车型差不多的全系列的三厢车。凯迪拉克推出了命运多舛的西马龙，人们很容易看出这是一款带有质量问题的雪佛兰超小型车。之后，每个品牌都不得不推出各自的SUV。此外，还有令人困惑的产品重叠问题。庞蒂亚克火鸟和雪佛兰科迈罗的例子正好可以用来说明该问题：通用汽车品牌组合中有两款一模一样，但被冠以不同品牌的车型。结果，各个品牌为获得品牌识别不得不争个你上我下，可能其中比较例外的是庞蒂亚克（该品牌总是会带来诸如力量或活力这样的品牌联想）。当三个位于中间层的品牌没有理由同时存在的时候，通用汽车只能牺牲掉奥兹莫比尔，因而其重振子品牌欧若拉的努力也只能以失败收场。

本章将延续上一章的主题——从证明增加品牌和子品牌是合理的，到通过消除或弱化品牌和子品牌来创造重点和清晰度。鉴于此，我们要提出一些不同的问题：如何减少品牌以及面向客户的产品的数量？如何创建数量有限的平台品牌并对其加以利用？我们将考虑削减品牌或减少其角色和责任，而不是考虑增加和使用品牌。我们将致力于寻求发展品牌驱动的简单性，而不是增加品牌的变化形式从而使之复杂化。

在本章中，我们要设法解决两个问题。首先，是不是品牌太多了？品牌激增和产品重叠是否造成了缺乏品牌重点，并导致品牌建设力量的分散和市场混乱？有多少品牌能发挥重要的驱动作用？如何确定它们的优先级？哪些是战略品牌？其次，产品或服务的变化形式是否太多了？产品线的延伸计划是否开发了太多的变化形式和太多的选项，以至于决策过程变得令人困惑、厌烦，甚至更糟糕了？由此导致的混乱的决策过程能否通过品牌驱动的方式来解决？

品牌是否过多

太多公司"发现"它们的品牌组合包含太多品牌，导致低效、混乱，以及管理品牌组合不力等情况。对品牌进行过度组合可能导致战略品牌失去其品牌资产和市场地位，因为边缘品牌正在吞噬品牌建设资金，更糟糕的是，还占用了管理人才。经理只是凭直觉解决问题，而不是利用机会，而且过多的边缘品牌滋生出了许多问题。

对品牌进行过度组合导致混乱，而这种混乱会削弱品牌力量。有些品牌不但没能给组织带来清晰度，反而造成了品牌结构复杂、缺乏逻辑性和一致性的问题。有的品牌能反映产品类型，有的品牌能反映价格或价值，还有一些品牌能反映客户类型或产品的应用。这些品牌化的产品甚至可能重叠。从整体上看，简直就是一团糟，顾客很难理解到底有哪些产品，也不知道该购买什么，甚至公司员工都感到困惑。

这些问题到底是怎么产生的？一个组织如何变得如此没有章法，让品牌激增？为了找到补救办法，研究一下导致这种现象产生的原因是很有必要的。

罪魁祸首通常是品牌命名的过程。品牌命名的过程应该遵守一定的纪律，包括组织内应该有有权批准引入新的或收购的品牌和子品牌的团队。增加新品牌或子品牌的决策应基于以下两个问题：

- 与新品牌或子品牌相关的业务规模是否够大，其寿命能否长到足以证明创建或维护某个品牌的合理性？
- 任何现有品牌的使用是否会妨碍或背离对其他品牌的承诺，或导致该品牌受损或被削弱？

关于是否要保留一个已收购的或现有的品牌，会涉及两个略有不同的问题：

- 与收购的或现有的品牌，或子品牌相关的业务是否有足够的规模，是否有足够长的时间来证明创建或维护品牌的合理性？
- 能否以合理的预算把被收购的品牌或现有的品牌，或子品牌的品牌资产转移到品牌组合中的另一个品牌上，而且不会使该品牌面临风险？

筛选要增加和删除的品牌的过程可能会出现几种失误。最肯定的失误是没有对品牌进行任何筛选。对品牌和子品牌的添加或保留非常随意、缺乏系统性，对整个品牌组合的未来发展几乎没有任何关注，这在大多数公司所遵循的分权化的组织结构中颇为常见。当某个业务部门的经理被赋予企业家的职权，每隔一段时间根据该部门的盈利能力进行考核时，他就会很难从他的战略宝库中删除其中的一个战略工具，即品牌战略。当然，如果组织有这种意愿并有可用的品牌人才，那么在分权化的组织中开发品牌规程是可能的，但是通常无法满足其中的一个条件，甚至两个条件都无法满足。

在另外一些情况下，有相应的筛选过程，但是往往会出错。例如，因为高估了新业务的前景而错误地估计了客户的需求。负责开发新产品或改进新产品以促进增长的组织内部人员总是会夸大产品的"新颖性"、销售前景及其获得长期成功的潜力。他们都清楚，拥有一个新品牌或子品牌可以使他们需要更多资源的说法更有说服力，并有助于提高成功的可能性。此外，他们对产品有一种父母情结，能创造一个新的名字是非常令人欣慰的，而将这个名字融入一个现有的品牌家族就相当于把他们的孩子从家里带走。

当品牌被收购时，做出放弃该品牌的决定往往并不容易。基于业绩和传统，被收购的品牌可能拥有大量难以转让的客户和市场资产，特别是对于在相关产品市场缺乏可信度的公司品牌来说。此外，组织上的敏感性可能会导致取消被收购的品牌，从而在已经困难重重的组织合并中进一步制造紧张气氛。被收购的品牌可以成为人员和组织的象征，它的资产可能会被那些已经受到合并威胁的人夸大。结果可能就是把一大堆品牌组合起来，显得笨拙又重叠。

一种解决方案是直接减少品牌数量，对品牌进行优先排序，以便能够识别并支持关键品牌，从而实现其指定的角色。不幸的是，没有一种自然机制可以在边缘品牌或多余品牌不再有用后将其剔除或弱化它们。一些法律规定了日落条款，根据该条款，除非立法机关更新法律，否则该法律将部分或全部在终止日期后失效。但是对品牌而言，不存在日落条款。所有品牌都有顾客，组织中的任何人建议结束甚至撤销对品牌的支持都是不寻常的。人们的反应是避免在这样的斗争中使用政治资本，有时更糟糕的是，试图去扶植一个失败的品牌。

在深入分析的支持下，可以对品牌组合进行定期审查。正如疏伐森林让剩下的树木可以获得更多的阳光和营养一样，可以对品牌组合进行一番修剪。品牌组合审查可以使那些很容易被推迟的决策更快地做出，在涉及"地盘"问题时要做出决策很困难，而品牌组合审查可以处理其中涉及的政治成本。

战略品牌合并过程

我们的目标是创建一个全面而客观的过程，系统地审查产品组合中品牌的优势和效用。如图10-3所示，这一过程被称为战略品牌合并过程，一共被分为六个步骤。第一步是确定要评估的相关品牌系列，第二步是制定评估指标，然后进行品牌评估、确定每个品牌的战略地位、制定和修订品牌组合战略，最后设计转移战略。

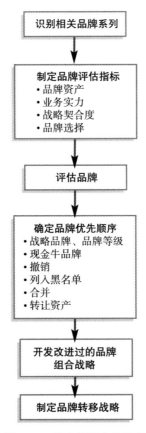

图10-3　战略品牌合并过程

1. 识别相关品牌系列

品牌系列取决于问题背景。当然，它可以包括所有品牌和子品牌，但通常会把重点放在可以相互比较的一套或一组品牌上。例如，对通用汽车的分析可以包括其主要商标（雪佛兰、庞蒂亚克、别克、凯迪拉克、土星和GMC）。另一个分析层面可以是附属在主品牌上的子品牌。对庞蒂亚克来说，它的子品牌是威贝（Vibe）、阿兹特克（Aztek）、邦纳维尔（Bonneville）、火鸟（Firebird）、格兰姆（Grand Am）、格兰披治（Grand Prix）、蒙大拿（Montana）和太阳鸟（Sunfire）。当涉及具有相似作用的品牌时，评估它们的相对优势会变得更加容易。

2. 制定品牌评估指标

要确定品牌优先顺序，首先得建立评估指标。此外，这些标准需要有度量标准，以便品牌能够被评估。使过程高度结构化和量化是为了给讨论和决策过程提供激励和指导。不应该有这样的错觉，认为决策过程只是默认几个更高的数字。评估指标取决于具体情况，但通常会有四个，每个指标下面又会有几个次级指标。

（1）品牌资产：

- **知名度**。这个品牌在市场上有名吗？
- **声誉**。这个品牌在市场上受欢迎吗？它是否具有较高的感知质量？
- **差异性**。品牌有差异点吗？有特性吗？
- **相关性**。它是否与当今的客户和应用程序相关？
- **忠实**。客户对品牌忠实吗？

（2）业务实力：

- **销售**。这个品牌是否推动了一项重要的业务？
- **股票/市场地位**。这个品牌是否在市场上占据主导地位或领先地位？
- **利润率**。这个品牌是利润贡献者吗？或是由于成本结构或市场现状而使得利润率不高？

- **增长**。该品牌在现有市场中的增长前景是否乐观？该品牌是否有可能赢得市场份额或参与一个不断增长的市场？

（3）战略契合度：

- **可延伸性**。无论作为主品牌还是背书品牌，该品牌是否有潜力延伸到其他产品？它能成为增长的平台吗？
- **业务契合度**。品牌是否推动了一项战略上符合公司方向的业务？它是否支持对公司未来业务战略至关重要的产品或市场？

（4）品牌选择：

- **品牌资产可转让性**。可以通过将品牌降为子品牌或发展成一个描述符，将品牌资产转移到组合中的另一个品牌吗？
- **与其他品牌合并**。该品牌是否可以与产品组合中的其他品牌合并形成一个品牌？

3. 评估品牌

品牌需要根据四个指标进行评估，每个指标的得分都可以在评估品牌中发挥作用。通过将各个指标所得的分数相加，得到的总分在比较品牌时会有所帮助，但是任何决定都需要更深入的分析。引入权重是一种选择，尽管考虑到分析的主观性，引入权重通常没有太大的意义。

参照各种指标对品牌进行全面审查能得到更为详细的诊断信息。不管整体表现如何，一个品牌起码满足一两个关键指标的最低标准，才能在品牌组合中占有一席之地。例如，战略契合度得分低足以表明品牌的角色需要评估；如果该品牌带来巨大的现金流失，那么它就可能成为审查对象，即使它看起来表现尚佳。

各个指标的得分基于品牌团队或他们的一些同事所具备的商业和市场方面的知识。如果在知识上有差距，在团队外寻求帮助也许是值得的。有一些假设可能会导致品牌团队对品牌组合做出激进的判断，而正规的营销研究对于确认这种假设的存在可能是有用的，甚至是不可或缺的。

4. 列出品牌优先顺序

想要生存下去、想要得到支持并被积极管理的品牌需要以某种方式进行优先排序或划分等级。具体分为几个等级取决于具体情况，但要根据逻辑对品牌进行分类，以便对宝贵的品牌建设预算做出明智的分配。

最高等级包括那些拥有战略价值的品牌——这些品牌正支持着一项重要业务，或在未来有潜力做到这一点。最高等级还可以包含战略关键品牌，这些品牌可以为重要业务部门提供差异点。识别出有战略价值和战略关键品牌是第一步，因为它们间接地描述了其他品牌。

有一种类型的二级品牌是那些能发挥特殊作用的品牌，例如侧翼品牌或银弹品牌。另一种二级品牌会涉及较小的业务，可能涉及利基市场或本地业务。三级品牌指的是资产或业务规模更小的品牌，它们往往更有可能成为合并的候选品牌。

与联合利华一样，雀巢长期以来一直在进行品牌组合优先排序。有12个全球品牌是它们关注的一线品牌。每个全球品牌都有一位被评为品牌冠军的高层管理人员。这些高管确保所有活动都能提升品牌。他们对所有品牌的延伸工作和主要品牌的建设工作都有最终的批准权。彼得·布拉贝克（Peter Brabeck）在担任首席执行官时，把提升其中的6个品牌作为雀巢公司的首要任务：Nescafé 代表咖啡，Nestea 代表茶，堡康利代表意大利面和酱料，美极代表肉汤块，普瑞纳代表宠物食品，Nestlé 代表冰激凌和糖果。雀巢还确定了83个受瑞士总部管理层关注的区域品牌。此外，还有数百个本地品牌，它们被认为是战略性的（公司总部会介入管理）或战术性的（由当地团队管理）。

另一类品牌是现金牛品牌，这些品牌应该被弱化为描述性品牌，它们背后没有任何资源的支持。虽然它们并未被撤销，但不再从更重要的品牌那里消耗品牌建设资源。此外，它们也不太可能妨碍整体产品的销售并在市场中造成混乱。当品牌名称中本身就带有描述性选项时，弱化该品牌或将它作为一个描述符来使用则能达到最佳效果。若非如此，品牌必须能让他人了解它承担的是描述性品牌的任务，得不到品牌建设活动的支持。

其余的品牌要被撤销、被列为准下调品牌或被重组，具体内容如下所述：

- **撤销**。如果一个品牌因业绩、冗余或战略匹配问题而被判断为不适合继续留在品牌组合中，则需要一个从该品牌组合中撤销该品牌的计划，把它卖给另一家公司，或者干脆直接把它撤销掉。
- **列入黑名单**。一个未能达到其业绩目标但有计划扭转其前景的品牌可能会被列入黑名单。如果该计划失败，前景仍然不乐观，那么应该考虑将它撤销掉。
- **合并**。如果一组品牌能被合并成一个品牌组，就有助于实现创建更少、更集中的品牌的目标。微软将其 Word、PowerPoint、Excel 和 Outlook 等应用程序整合到一个名为 Office 的产品中。最初的产品品牌现在被缩减为子品牌。
- **转让资产**。如前所述，联合利华将 Rave 护发产品的资产转让给了丝华芙品牌，将 Surf 洗涤剂产品转让给了 All 品牌。

5. 开发改进过的品牌组合战略

设定品牌优先顺序后，需要改进品牌组合战略。为此，应创建多个品牌组合结构。这可能包括一个精简的结构（接近统一品牌结构或一系列统一品牌结构）以及一个丰富的结构（更接近多品牌结构，有几个不同层次的子品牌）和当前的品牌组合结构。最有希望获得成功的选择可能出现在两个极端之间。其想法是创建两三个可行的方案，每个方案下面可能还有两三个次优方案。

对每个主要品牌组合结构中的每一个方案及其次级方案进行评估，以确定其是否：

- 支持未来的业务战略。
- 为强势品牌提供合适的角色。
- 利用强势品牌。
- 为客户和品牌团队提供清晰的信息。

最有希望获得成功的方案仍然需要改进，以确保最终的品牌组合结构是有效的。能被评估的方案必然是有限的，因此，它们通常都不能代表最佳的最终结构。情况往往是其中一个方案被修改，或者它们组合在一起形成最合适的方案。

6. 两个案例：百夫长和西夫韦

有一家大型制造公司百夫长（Centurion），它在选择其品牌组合战略之前，经历了一次战略品牌的整合过程。当首席执行官发现某个主要部门的现有品牌组合过于分散，未来的增长和市场地位取决于创建一个更简单、更集中的强大品牌组合时，这家公司的战略品牌合并过程就开始了。该部门的发展部分依靠收购，现在有九个产品品牌，其中只有三个品牌得到了百夫长公司品牌的背书。这九个品牌服务于各种产品市场，从逻辑上看，这些市场可以大致上被分成两组。其中一组，我们称之为绿色业务组，包括五个品牌。另一组称之为蓝色业务组，涉及四个品牌。它们的品牌划分没有那么细，但享有更多的品牌协同力，有较强的品牌实力，而且市场份额增长较快。

在绿色业务组中，根据顾客调查的结果，对所有五个品牌都进行了品牌评估。第一，拉森（Larson）代表最大的业务，在绿色业务组中有很高的可信度，且有很高的认知度。此外，它可以被延伸到其他四个业务领域，虽然目前并没有出现在这些领域中。然而，它确实有一个明显的质量问题，这个问题正在解决。于是这家制造公司决定将所有绿色业务品牌都转移到拉森品牌上，并将拉森的质量问题作为公司的头等大事优先处理。第一个转移阶段是用拉森品牌为其余的三个品牌背书，并用拉森品牌取代推动小型业务发展的第四个品牌。第二阶段将在两年内进行，将绿色业务组中的所有品牌都转移到拉森品牌上，并增加公司品牌的背书作用。

在蓝色业务组中，步行者（Pacer）品牌从品牌评估中脱颖而出，成为最强的品牌，尤其是在知名度、形象和销售方面。因为步行者的业务领域与其他三个品牌密切相关，所以在整个蓝色业务组中使用步行者品牌是可行的。然而，该组别的品牌之———巡洋舰（Cruiser），是一个极其强大的利基品牌，在相对较小的市场中占据主导地位，并为核心客户群带来显著的自我表现优势。因此，人们认为将巡洋舰品牌转移到步行者品牌的风险太大，巡洋舰品牌将被保留，但蓝色业务组中的其余品牌将在步行者品牌下运作。同样，步行者和巡洋舰都将得到公司品牌的背书。

最终结果是一个包含三个品牌而不是九个品牌的品牌组合结构，这三个品牌都得到公司品牌的背书。关键是要做出一个艰难的抉择，即从长远来看，如果小品牌被转移到两个更大的品牌之一，品牌组合将会更强大。每一个举动都有情感的、政治的、经济的、战略的力量和针对该举动产生的争议。事实上，只要出现一个例外情况，就会使整体情况变得更加难以实施。关键在于组织能否接受客观的评估模板，该模板能清楚地确定决策的各个方面，它以客观的销量和市场调查数据为基础，有助于实现评估的量化。同样重要的是高层管理者的战略眼光，因为一些小品牌的所有者最终没能加入品牌组合结构中。没有高层的承诺，什么都不会发生。

西夫韦食品连锁店也经历了类似的过程，它已经拥有20多个自有品牌了。这些品牌中的大多数都非常薄弱，因为它们几乎没有品牌建设资源，也没有找到任何方法来获得任何协同效应。公司决定将品牌数量缩减到四个。西夫韦特选是顶级品牌，通常定位为等同于或优于某一类别中的最佳品牌。相反，"S"品牌是中低端品牌，在每一个产品类别中总是定价最低。另外两个品牌，乳制品用的卢塞恩（Lucerne）和包装烘焙食品用的赖特夫人（Mrs.Wright），被认为拥有大量的品牌资产而被保留了下来。这种品牌合理化决策的基础是对现有品牌资产的现实评估、为客户提供的价值主张、保留更多品牌的经济性，以及在整个商店中保留两个基础品牌所能形成的品牌协同效应。

7. 实施战略

最后一步是实施品牌组合战略，这通常意味着从现有战略向目标战略的过渡。这种转变可以是突然的，也可以是渐进的。

突然的转变可以预示着整体业务和品牌战略的转变。它成为一次性机会，为影响客户的重大变革提供知名度和可信度。当西北银行被收购，并被更名为富国银行时，它看到了传达新功能的机会，这些功能将为客户提供更好的服务。西北银行的客户可以放心的是，他们预期的个人关系不会改变，且由于富国银行在电子银行领域的能力出众，他们能在该领域得到更好的服务。因此，名称变更强化了改进后的组织和得到重新定位的信息。

品牌的突然变化需要在定位上做出努力，在变化的背后要有实质内容。新的品牌承诺需要被有效而令人信服地传达，否则唯一一次表现的机会将被浪费。商业策略也需要到位，否则会事与愿违。例如，如果富国银行的技术不能马上实现，最好的办法是推迟更名，直到具备了支持新定位的实质内容。

另一个选择是逐渐将客户从一个品牌转移到另一个品牌。当符合以下条件时，采用渐进的更名方式更好：

- 伴随着这种变化，没有有新闻价值的重新定位。
- 不太参与该产品类别的客户可能需要时间来了解和理解变化。
- 有打破现有客户与品牌之间关系的风险。

在百夫长案例中，最终的品牌名称拉森最初是作为背书品牌加入的。随着时间的推移，其背书作用变得更为突出，最终成为主品牌。因此，客户逐渐将拉森与产品联系起来，而没有影响品牌忠诚度。

将康塔迪娜（Contadina）品牌向堡康利品牌转移提供了另一个例证。雀巢公司于1987年收购了一家意大利面食公司，该公司立即被重新命名为康塔迪娜面食和奶酪（Contadina Pasta and cheese）。一年后，雀巢又收购了堡康利。由于这两个品牌重叠，因此公司决定让堡康利成为雀巢的全球意大利面食品牌。尽管堡康利在美国的业务薄弱，但它已成为更正宗的意大利面食品牌，并且在欧洲更为强大。堡康利的意大利传统可以追溯到1827年（当时朱利亚布伊托尼妈妈（Mamma Giulia Buitoni）第一次以商业化的方式出售意大利面食），它的象征物堡康利之家（Casa Buitoni）已经成为新配方和新产品源源不断的来源。

1994年，康塔迪娜获得Della Casa Buitoni(意即"来自堡康利之家")

的背书。两个品牌的形象和资产都被融合到了包装设计上。1998年，堡康利品牌的背书作用增强了，视觉符号也从一位女士变成了一幢房子。1999年，品牌名称被改为堡康利，并获得了康塔迪娜背书。2001年，雀巢出售了康塔迪娜品牌，为最终过渡到堡康利品牌铺平了道路。图10-4展示了品牌更名过程中视觉符号的变化。

图10-4　从康塔迪娜到堡康利的过渡

提升公司品牌

正如第9章所讨论的，在某些情况下，当其他品牌需要被淘汰或弱化时，公司品牌是在品牌组合中承担更多责任的候选者。公司品牌有几个使其强大和灵活的属性。首先，因为它代表整个组织，所以它有潜力贯穿与公司相关的一切。其次，公司品牌是所有企业品牌建设的天然家园，比如为世界杯提供赞助，这将有利于公司的所有业务部门。最后，由于它代表组织，有背书品牌的作用，因此不需要局限于产品品牌角色。

回顾上一章中斯伦贝谢公司的案例，该公司收购了代表专业油田服务的品牌。这些品牌，如安纳德里尔、道威尔和GeoQuest，成为继续推动客户关系和组织文化的被背书品牌。斯伦贝谢决定将所有这些品牌迁移到斯伦贝谢的公司品牌上，以强化该公司能提供系统解决方案且斯伦贝谢团队在背后提供支持的概念，并将品牌建设工作集中在一个品牌背后，以创造更大的影响力。

用描述符替代子品牌

确定重点和清晰度的一个卓有成效的机会是将子品牌转换为描述符。有三个条件使这个选项变得很有吸引力：当子品牌几乎没有品牌资产时，当可以找到一个有效的描述符时；当主品牌可以在最终产品品牌中发挥驱动作用时。描述符是最清晰的，它能将主品牌的影响力最大化。

戴尔计算机在1999年分析了其品牌组合，发现其服务于细分市场（如家庭、小型企业和大型企业）和产品（台式机、笔记本电脑、服务器等）的业务部门已经屈服于开发子品牌的需求。由此产生的品牌扩散在客户和员工之间造成了混乱，极大地使从广告到网站的沟通努力复杂化了。有一段时间，甚至存在着同一产品有着不同的识别和不同的品牌，被销售到三个主要市场的情况。在公司范围内都没有一个合乎逻辑的安排，如拥有一个代表整条生产线的中低端产品的品牌。研究表明，当客户想要一个特定的产品时（如一个由戴尔公司生产的路由器可以和一个特定的硬件配合使用），子品牌经常会对戴尔造成妨碍。

戴尔公司做出回应，决定审查品牌名称和识别，看它们是否清晰一致，是否创造了有价值的资产。图10-5显示了1999年八个品牌的集合，它们有自己独特的品牌名称和识别。其中许多品牌，如Gigabuys、E-Support和Dell.net，即使在用户中，其知名度也非常低。此外，有相当一部分了解这些品牌的人没有意识到自己是戴尔的一部分，或者因为不知道这些品牌是用来做什么的而困惑。其他公司，如Premier Access，则有一个完全不适合戴尔家族的视觉呈现。到2001年，所有的品牌名称和视觉效果都被一种简单、一致的风格取代，这种风格包括戴尔一词、一条垂直的蓝线和一个表示所提供内容的描述符。这不但看上去清晰明了，在视觉呈现上也体现出了该品牌家族的一致性，另外还提升并强化了戴尔品牌。

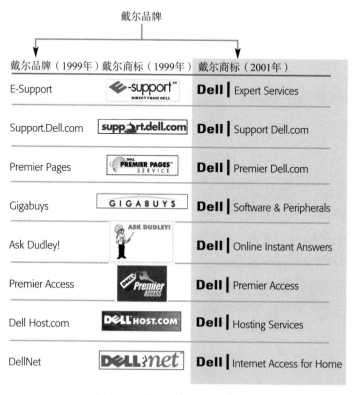

图 10-5　简化戴尔品牌组合

描述符能准确地代表一种产品，它的价值在于它降低了过度销售的风险。例如，当戴尔与 IBM 竞争时，尤其是在服务方面，它的产品的广度通常显得不足。用一个含糊不清的品牌名称代表对行业问题（如戴尔解决方案）的回应可能暗示着戴尔的经营范围和 IBM 的范围一样。描述性品牌的使用往往会控制人们对品牌的期望值。它还降低了沟通和定位的难度。所以，戴尔公司直接使用戴尔/EMC 来为一种企业存储器产品命名，通过名称提出了价值主张。

创建一个描述符来形成一个产品品牌并不总是容易的。面临的挑战与第 4 章中解决的相关性问题有关：描述符能否代表客户正在寻找的内容？有时，该行业已经创建了一个类别品牌，如笔记本或服务器。有些描述符

（如自定义工厂集成）相当清晰，还有一些则不然。例如，戴尔发现向客户描述配件不如描述软件和外围设备那么容易。解决问题或满足某个需求的方法就是确定客户寻找的类别。

品牌合理化的限制

品牌越少越好，最好的结构是单一品牌，也许是公司品牌（也被称为统一品牌）？不完全是！这可没那么简单。

正如第 2 章、第 4 章、第 7 章和第 8 章所指出的，为了正确看待主品牌的作用，我们将回顾一下将一个品牌延伸到太多的产品上会造成损害的原因。天下没有免费的午餐。从长远来看，一些更为突出的原因包括：

- 主品牌可能缺乏所需的可信度和真实性。百得不具备为专业木匠制造电动工具的信誉，需要一个新的品牌得伟来取得突破。
- 围绕细分市场或应用创建品牌的价值需要一个独立的品牌。因此，海飞丝和潘婷等宝洁公司的品牌毫不妥协地树立了各自的品牌形象，因为它们是独立的品牌。
- 同样，当一个小品牌背后有一个传统和忠实的追随者时，将其资产转移到公司品牌可能是困难的。一些知名的私人银行品牌在被一家大型投资公司收购以后便逐渐失去了往日的光彩，最后失去了它原来的品牌，客户关系也遭到了破坏。
- 主品牌的内涵可能会使其无法被接受。高乐氏公司的品牌不能用在它的食品上，比如 Hidden Valley 调味品。对福特的部分目标市场而言，它可能太过企业化，拥有太多的传统。
- 品牌延伸可能会使清晰的品牌形象变得模糊，从而降低品牌资产，尤其当品牌的某些吸引力是以产品类别的关联或产品类别某些方面的卓越表现为基础的时候。

事实上，除了使用一个主品牌推动跨不同产品和市场的业务之外，还有其他选择。正如第 2 章所讨论的，主品牌可以与子品牌一起使用，也可以作为背书品牌使用，并且这些方法应该始终在被考虑的范围之内。还有一个特别的方法是通过关联品牌名称（如花旗集团的关联名称，包括花旗证券和花旗银行）来利用主品牌。使用这种方法，使得各种品牌都有一定的空间，但主品牌仍然充当它们的保护伞。

战略家应该永远牢记，他们的目标是在关键市场上拥有强大的品牌，以支持不断前进的商业战略，并通过有效而高效的品牌建设计划来加强品牌。该目标不一定要通过在不同产品中使用相同的品牌来实现。关键是品牌在客户心目中的地位，以及品牌如何通过发展变化以承担更大的任务。

太多衍生产品：决策疲劳

品牌组合的目标包括充分利用和清晰度。产品线延伸是有助于实现这两个目标的重要工具。产品线的延伸是同一产品类别和同一品牌下产品的不同版本，新功能、口味、材料、服务包、包装或尺寸都是产品线延伸的例子。积极使用产品线的延伸将增强品牌的影响力，因为它们使品牌在更多的环境中发挥作用。然而，正由于通过产品线的延伸可以创建非常多的选项，往往造成品牌混乱、受挫，以至于无法实现品牌延伸的目标。

为了正确看待产品线的延伸，对使用它们的主要战略和战术原理进行一番斟酌是很有用的，包括以下几点：

- **激励品牌**。正如第5章所提到的，产品线延伸可以重振品牌，给品牌带来一些新闻和话题。格莱德空气清新剂（Glade Air Fresheners）始于气雾剂，后来增加了固体清新剂（用于持续清新）、夹式清新剂（用于汽车）和各种各样的装饰性包装。
- **提供多样性**。健康之选速冻晚餐系列的新主菜能让顾客改变日常饮食习惯，同时还能保持对品牌的忠实。新地中海俱乐部度假村可以让顾客享受各种各样的度假体验。
- **扩大用户群**。家乐氏麦片被延伸到许多衍生产品中，从蜂蜜坚果麦片开始，目的是接触更喜欢预加糖麦片的买家。一辆敞篷车、一个人造黄油挤压瓶，或者一家位置便利的迷你快餐店都可以将新顾客吸引到该品牌上来。

- **阻止或抑制竞争对手**。如果一个品牌不向产品线的一些地方延伸，竞争对手就可以利用由此产生的漏洞。添加产品线的延伸，即使它们在财务上毫无意义，也可以防止竞争对手在忠实于你的品牌的客户群中站稳脚跟。对于消费品，产品线的延伸会让公司有更多的产品占据更多的货架空间，这也会让竞争对手感到沮丧。

虽然每个单独的产品线延伸可能最初是合理的，但有时整个产品线的延伸会失控。有些产品线延伸后的销售额可能低于预期。有些产品线不需要为了留住客户而延伸。盲目延伸的最终结果是成本过高，造成公司利润流失。当然，我们也不能简单地放弃令人不悦的产品，因为这些产品已经吸引了忠实的买家。

或许更糟糕的是，买家面临着各种各样的选择。史蒂文·克里斯托（Steven Cristol）和彼得·西利（Peter Sealey）在他们的名著《极简营销》（*Simplicity Marketing*）中汇编了一些令人大开眼界的统计数据，将1970年的世界和1999年的世界进行了比较。[4] 1970年，普通超市包含8000种不同的产品或库存单位（SKU），1999年则超过37 000种。此外，一份包含橙汁、百吉饼、费城奶油奶酪、佳洁士牙膏和可口可乐的购物清单在1999年可能涉及200多种选择，而1970年只有41种。图10-6显示了造成这种情况的原因。

不仅仅是超市，汽车车型的数量也很惊人。在美国市场上，除了大约45个商标所涉及的远远超过200个汽车品牌之外，从颜色、娱乐变化方式和导航辅助设备开始，还有许多别的选择。相机市场就更糟糕了，紧跟着35mm相机，又出现了数码相机，以及在速度、焦距、尺寸、红眼消除技术等方面令人眼花缭乱的变化。以奥林巴斯（Olympus）为例，它有35mm傻瓜机（Point & Shoot）、35mm单反相机（SLR）和高级照片处理系统（APS）。到目前为止，其实还算不错。但紧接着傻瓜机又被进一步细分为 Stylus、Stylus Delux、Accura 和 Trip Series，并且根本没有方法真正将它们区分开来。

	1999年	1970年
佳洁士牙膏	45个库存单元（管状和挤压式凝胶牙膏、防止牙垢牙膏、含小苏打牙膏、儿童亮闪牙膏、薄荷味或原味牙膏）	15个库存单元（薄荷味或原味、各种容量）
橙汁	70个库存单元（6个品牌、4种浓度、含维生素C、含钙、冷冻、鲜榨、各种包装）	21个库存单位（两三个品牌、各种包装）
百吉饼	35个库存单位（从不含糖分的芝麻口味到全麦的蔓越莓口味）	4个库存单位（1种口味）
费城奶油奶酪	30个库存单元（15种口味、各种形状）	3个库存单元（1种口味）
可口可乐	25个库存单元（健怡可乐、樱桃口味、不含咖啡因）	6个库存单元（1种口味、不同包装）

超市里的选择

图 10-6　超市产品的混乱状况

通过简化选择来创建清晰度

如何重塑品牌组合以减少无效和创建清晰度？一种方法就是直接削减可供选择的产品。这么做看起来会有风险并且令人不安，因为公司很难割舍掉随之而去的销售量（即使很少），特别是在竞争对手蠢蠢欲动的时候。然而，市场份额的下降并不是不可避免的，特别是从长远来看，部分原因是效率的提高会让品牌建设更有效。此外，过多的产品线的延伸会给顾客对品牌的认知度带来不利影响。一项对计算机行业的研究发现，市场份额与产品线的延伸没有正相关关系。[5]

另一种方法是将属性捆绑到数量有限的选项中。捆绑选项可以减轻混淆和客户挫败感，从而增加价值。通过推荐一组设计好的选择，基本上免去了顾客研究和做出购买决策的过程。

一个经典案例是进口汽车进入美国市场的过程。日本和德国汽车在20世纪60年代末和70年代初在美国占据一席之地，它们成功的原因之一就是便于选择。丰田或本田的购买者通常有两种选择：标准型或豪华型，以及颜色，而不必从几十个选项中做出选择，然后再等待符合要求的汽车生产出来。配件和选件被捆绑到一起。将选项总数从数千个减少到不到12个，这使得选购过程更加容易，也不那么让人望而却步。此外，它还将购买者的注意力从多个选项转移到了更基本的质量和性能问题上，这对当时的进口产品有利。事实上，所有这些选择都不怎么重要，反而对产品的交付产生了不利影响。

使用这种方法的其他例子比比皆是。

- 苹果公司于1998年将iMac电脑引入一个极其混乱复杂的计算机领域。它的广告语体现了产品的简洁性："一个决定。一个盒子。一个价格。1299美元。"这款电脑将CPU（其他大多数计算机通常将CPU装在与监视器分开的盒子中）、显示器、键盘、网卡、调制解调器和扬声器装在一个独立的单元中。此外，iMac已预装操作系统，可以带回家，直接使用。iMac让苹果公司走出惨淡期，重振当年的风采。
- 高露洁全效牙膏打破了佳洁士在牙膏市场的长期垄断。全效牙膏子品牌将牙膏的一系列特点融合成了一个品牌。牙膏作为一个产品类别，在产品线延伸上表现得尤其多产，如图10-6所示（或者随便到超市走走就能发现）。
- 健康之选品牌具有重要的宣传作用。大多数食品类别都有与低钠、低脂肪、低饱和脂肪、低糖和强化蛋白质等相关的信息和产品。因此，客户必须处理具有五个或更多子品牌描述符的品牌。有了健康之选的标签便省去了所有的麻烦。虽然它无法说明产品是否在某个特定的营养方面有优势，但它传达了在理性和口味的限制下，产品是相对健康的。对于大多数消费者来说，这正是他们想要的，他们愿意在细节上妥协。

- "一天来一片"维生素品牌用这一名称针对这个极其复杂的产品类别说明了一切。即使是沉迷于研究和理论的专家也似乎对维生素的最佳配比感到困惑。一天一片的组合可能不是最优的,但是对于购买者来说,它可能足够接近最优了,所以他们不会觉得有必要做研究。当然,现在即使是一天一片也有几个不同品种(如针对女性和50岁以上的人),即使在这些品种中进行选择,也比让自己去搭配各种维生素更为简单。
- 富达基金家族(Fidelity Fund Family)的"明星"麦哲伦基金(Magellan Fund)为客户提供了一种方法,使他们无须在富达的许多其他基金(富达小盘股、富达大盘增长股等)中选择。麦哲伦有清晰的理念和跟踪记录,省去了大量的分析和烦恼。

控制产品线延伸涉及的问题

说到产品线的延伸,到什么程度才算过度延伸?对多少个产品线延伸才算是最理想的?你如何避免延伸过度的问题?如何削减产品线延伸的开支?要回答这些问题并不容易,对下列问题和相关话题进行思考将有助于产品线延伸过程。

(1)单个产品线延伸的经济性是什么?边际收入支持边际成本吗?最终,销售额和利润都很低的产品线应该成为被淘汰的对象,除非有其他令人信服的理由将它们保留下来。

会计系统通常会提供一个基本的答案,尽管未来的销量是关键问题。可以用最近的销售趋势作为预测的一个参考,但是必须理解潜在的客户和市场的动态变化在销量方面起到的推动作用。还有必要预测成本,并了解成本驱动因素到底是原材料还是技术。

(2)什么是足够的产品线宽度?客户认为什么是广泛的产品线宽度?客户可能比较喜欢更为完整的产品系列,因此当产品线被压缩时,品牌就变得不那么有吸引力了。例如,速冻晚餐这种产品类别可能更适合斯旺森(Swanson),因为它种类繁多。如果选择范围有限,斯旺森的吸引力可能会变小。同样，工业工具的购买者可能想要一个全系列的品牌，这样他就可以从同一个来源获得完整的解决方案。因此，缺少某个类别的产品可能会成为客户倒向竞争对手的理由。

到底是什么组成了完整的产品线？什么样的衍生产品会如此受重视，以至于它的缺失意味着该产品线不够完善？这种情况分析起来很棘手，主要有两个原因。首先，答案可能是不断变化的，因为竞争对手可能会引入可以改变对完整性看法的变体。宴会品牌（Banquet）新的晚餐品种可能会改变人们对斯旺森系列的看法。类似地，锯子和钻头的制造商可能会想出一些尺寸来扩大对一整套工具的定义。其次，市场专家或客户可能很难定义完整的产品线。随着产品线变窄，市场压力可能会增加，一个品牌略过产品线的哪一部分就会成为一个不够全面的供应商则总是很难界定。

（3）**产品线延伸是否要解决受到竞争对手威胁的问题？** 竞争对手是否打算利用产品线中的空隙来进入市场或提高它们的地位？产品线延伸所代表的利基市场是否在市场中有足够的相关性，以支持可行的市场定位？例如，如果产品线的延伸代表一个产品属性或细分市场，该产品属性或细分市场可能是一个新的产品定位的基础，那么放弃该延伸举措的风险将会更大。如果利基市场确实是一个小而停滞的细分市场，那么放弃延伸的危险就小得多。

（4）**产品线延伸是否完成了注入活力的任务，到了该撤出的时候了？** 一些生产运动鞋（耐克）、谷类食品（通用磨坊）、冰激凌（德雷尔）、日本啤酒（麒麟）和宠物食品（普瑞纳）等产品的公司有一个被称为"战略机会主义"的商业战略，它包括创建一个延伸产品线以利用新兴的产品应用方式或市场趋势。这些延伸产品线从一开始就被构思成时日有限，以后会遭到逐步淘汰。它们的目标是创造活力、制造新闻。这种策略可以是观察和管理产品线延伸的一种方式。

（5）**客户对决策过程有多困惑或受挫？** 他们了解这些选项吗？他们能够通过透明的信息轻松找到自己的首选吗？还是他们只能无奈地放弃，转向另一个品牌，或者变得有点恼火？

要解决这个问题通常需要进行客户研究。去看看他们是否理解选择的结构是一种方法。这个结构被认为是合乎逻辑和可以理解的吗？例如，如果牙膏有一系列清晰的描述性子品牌（薄荷味、防止牙垢、美白等），那么至少客户会理解这些选项。另一个选择是该产品结构是否被认为清晰而且有用。还有一个问题是，公司是因为产品线广泛而被视为领导者和创新者，还是被看作贪心或目标不明确。

（6）产品线宽度问题有品牌化的解决方案吗？有没有像高露洁全效这样的品牌可以满足大部分市场，从而降低产品选择的复杂性？

战略品牌合并

通过增加品牌、子品牌和延伸产品线来抓住利基市场机会并构建品牌平台是一种自然倾向。但遗憾的是，增加品牌比撤销品牌更容易。远离其初衷或永远不会出现转机的品牌和产品线延伸应被删除、被淘汰、被下调或与其他品牌或产品组合起来使用。然而，组织本能地希望通过扭转乾坤来解决品牌问题；另一种不费劲的选择是良性忽视。无论品牌的未来多么暗淡，一些人的管理范围很可能与品牌有关，他会拒绝它成为被淘汰的目标。很少有"品牌杀手"愿意与这些组织偏见做斗争。

这其中有两个含义。第一个含义是，只有在真正合理的情况下，才应该增加新品牌、子品牌和延伸产品线。应该有日落条款，只要满足某些条件就应该取消或下调品牌，或延伸产品线。做出这种决策的出发点可能是该品牌未能支持某个业务，或者是促使其发展的趋势或促销活动已经结束了。

第二个含义是，定期密切关注品牌家族中的品牌和产品线延伸，以评估它们的角色和表现，这是一种健康的做法。弱势品牌、不再符合战略的品牌或令人失望的延伸产品线应该被从品牌组合中剔除。也许它们可以被淘汰、下调、出售或束之高阁，直到在另一个环境中被需要。如此一来，最终才能成就一个更加健全、更加集中的品牌组合。

| 思考题 |

1. 对品牌子集进行战略品牌整合。应该使用什么指标？这些品牌是如何组合的？对结果的解释是什么？这暗示了什么变化？

2. 评估你的品牌和子品牌是否拥有大量资产。可以用描述符代替吗？

3. 从客户的角度看产品。它们是否令人困惑？为什么？如何才能让它们变得更有清晰度？

注　　释

第 1 章

1. Katrina Brooker, "The UnCEO," *Fortune,* September 16, 2002, pp. 88–96.
2. Sam Hill and Chris Lederer, *The Infinite Asset,* Boston: Harvard Business School Press, 2001.

第 2 章

1. *Business Week,* August 5, 2002.
2. John Saunders and Fo Guoqun, "Dual Branding. How Corporate Names Add Value," *Journal of Product and Brand Management,* Vol. 6, No. 1, 1997, pp. 40–47.
3. Berry Khermouch, "Call It the Pepsi Blue Generation," *Business Week,* February 3, 2003, p. 96
4. Interview with Mr. Eric Kim, global marketing manager for Samsung, April 2003.

第 3 章

1. Based on the Nikkei BP annual survey of some 1,200 brands in Japan, 2001 and 2002.
2. The Techtel tracking data documents the polarization. For a description of the Techtel database, see Techtel.com.
3. Information on this section is based on the Citigroup website and Citigroup and Citicorp annual reports from 1999 to 2002.
4. David A. Aaker, *Developing Business Strategies* (7th ed.), New York: The Free Press, 2004.
5. Scott M. Davis and Michael Dunn, *Building the Brand-Driven Business,* San Francisco: Jossey-Bass, 2002, p. 41.
6. Spenser E. Ante, "The New Blue," *Business Week,* March 17, 2003, pp. 79–88.
7. For a detailed description of brand identity and position, see David A. Aaker, *Building Strong Brands,* New York: The Free Press, 1996; David A. Aaker and Erich Joachimsthaler, *Brand Leadership,* New York: The Free Press, 2000.

第 4 章

1. Sonia Reyes, "Muscling In: Clif Bar Pumps First TV; Eyes Athletes, Noshers on the Run," *Brandweek,* December 4, 2000, p. 7.
2. Stephanie Thompson, "Yoplait's Revenge Is Portable Yogurt That Kids Slurp Up," *Advertising Age,* September 12, 2000, p. 28.

3. From the Siebel website 2003.

4. Juliet E. Johansson, Chandru Krishnamurthy, and Henry E. Schlissberg, "Solving the Solutions Problem," *McKinsey Quarterly,* No. 3, 2003, pp. 117–125.

5. Andy Serwer, "Why Handheld Cereal Is So Hot," *Fortune,* October 14, 2002, p. 48.

6. Howard Schultz, *Pour Your Heart Into It,* New York: Hyperion, 1997, pp. 118–120.

7. Asahi Beer website, 2003.

8. Pallavi Gogoi and Michael Arndt, "Hamburger Hell," *Business Week,* March 3, 2003, pp. 104–108.

9. David Grainger, "Can McDonald's Cook Again?" *Fortune,* April 14, 2003, pp. 120–129.

10. Information for this section is drawn from John Gorham, "Charles Schwab, Version 4.0," *Forbes,* January 8, 2001, pp. 89–94; Schwab annual reports for 2000, 2001, and 2002; and the Schwab website.

11. Mita Sujan, "Consumer Knowledge: Effects on Evaluation Strategies Mediating Consumer Judgments," *Journal of Consumer Research,* June 1985, pp. 31–46.

12. James Daly, "Sage Advice—Interview with Peter Drucker," *Business 2.0,* August 22, 2000, pp. 134–144.

13. Louis V. Gerstner, Jr., *Who Says Elephants Can't Dance?* New York: HarperBusiness, 2002, p.271.

14. For an extensive discussion of this issue, see David A. Aaker, *Developing Business Strategies* (6th ed.), New York: Wiley & Sons, 2001, Chapter 8.

第 5 章

1. Humphrey Taylor, "Sony Retains Number One Position in the Harris Poll Annual 'Best Brand' Survey for Third Year in a Row," Harris Poll, July 2002.

2. Interview with Mr. Idei conducted by David Aaker and Hotaka Katahira, March 1998.

3. Eryn Brown, "Sony's Big Bazooka," *Fortune,* December 30, 2002, p. 114.

4. Kenneth Hein, "When Is Enough Enough?" *Brandweek,* December 2, 2002, p. 27.

5. Scott M. Davis and Michael Dunn, *Building the Brand-Driven Business,* San Francisco: Jossey-Bass, 2002, p. 36.

6. Sony financial statements for the fiscal year ending March 31, 2003.

7. Stuart Agris, presentation to Stanford University, March 2001.

8. Todd Wasserman, "Canon Touts 'Digic' as Digital Camera's Best Friend," *Brandweek,* May 12, 2003, p. 12.

9. Jack Neff, "Pampers," *Advertising Age,* August 16, 2001, p. S4.

10. Gregory S. Carpenter, Rashi Glazer, and Kent Nakamoto, "Meaningful Brands from Meaningless Differentiation: The Dependence on Irrelevant Attributes," *Journal of Marketing Research,* August 1994, pp. 339–350.

11. "Tiny Targets," *Advertising Age,* January 21, 2002, p. 14.

12. Barry Khermouch, "Call It the Pepsi Blue Generation," *Business Week,* Febru-

ary 3, 2003, p. 96.

13. Jack Neff, "P&G Cosmetics Save Face," *Advertising Age,* April 15, 2002, pp. 1, 43.

14. Norihiko Shirouzu, "This Is Not Your Father's Toyota," *Wall Street Journal,* March 26, 2002, p. B1.

15. From Robert Hanson, "Angostura's Past Helps Revive Bitters," *Adweek's Marketing Week,* May 23, 1988, pp. 53–55.

第 6 章

1. Judann Pollak and Pat Sloan, "ANA: Remember Consumers," *Ad Age,* October 14, 1996, p. 20.

2. Akshay R. Rao and Robert W. Ruekert, "Brand Alliances as Signals of Product Quality," *Sloan Management Review,* Fall 1992, p. 90.

3. Paul F. Nunes, Stephen F. Dull, and Patrick D. Lynch, "When Two Brands Are Better Than One," *Outlook,* 2003, Number 1, pp. 11–23.

4. Bernard L. Simonin and Julie A. Ruth, "Is a Company Known by the Company It Keeps? Assessing the Spillover Effects of Brand Alliances on Consumer Brand Attitudes," *Journal of Marketing Research,* February 1998, pp. 30–42.

5. Kalpesh Kaushik Desai and Kevin Lane Keller, "The Effects of Ingredient Branding Strategies on Host Brand Extendability," *Journal of Marketing,* January 2002, pp. 73–93.

6. Kevin Lane Keller, *Strategic Brand Management* (2nd ed.), Saddle River, NJ: Prentice-Hall, 2003, p. 317.

7. James Crimmins and Martin Horn, "Sponsorship: From Management Ego Trip to Marketing Success," *Journal of Advertising Research,* July-August 1996, pp. 11–21.

8. Ibid.

9. Ed Garsten, "Youthful Buyers Wanting Rendezvous with Buick," Associated Press, July 23, 2002.

10. Rachel Miller, "Sales Promotion," Haymarket Publishing Services, February 3, 2000, p. 1.

11. "Lifestyle Brands Get Smarter," *Brand Strategy,* July 26, 2002, p. 26.

第 7 章

1. David C. Court, Mark G. Leiter, and Mark A. Loch, "Brand Leverage," *McKinsey Quarterly,* 1999, No. 2, pp. 100–110.

2. Gillian Oakenfull, Edward Blair, Betsy Gelb, and Peter Dacin, "Measuring Brand Meaning," *Journal of Advertising Research,* September/October, 2000, p. 43–53.

3. Adapted from Figure 3 in Edward M. Tauber, "Brand Franchise Extension: New Product Benefits from Existing Brand Names," *Business Horizons, 47,* March-April 1981, pp. 36–41.

4. David A. Aaker and Kevin Lane Keller, "Consumer Evaluations of Brand Extensions," *Journal of Marketing, 54,* January 1990, pp. 27–41.

5. Paul A. Bottomley and Stephen J. S. Holden, "Do We Really Know How Con-

sumers Evaluate Brand Extensions? Empirical Generalizations Based on Secondary Analysis of Eight Studies," *Journal of Marketing Research,* November 2001, pp. 494–500.

6. Aaker and Keller, op. cit.

7. Bottomley and Holden, op. cit.

8. Susan M. Broniarczyk and Joseph W. Alba, "The Importance of the Brand in Brand Extension," *Journal of Marketing Research,* May 1994, pp. 214–228.

9. Aaker and Keller, op. cit.

10. Sandra J. Milberg, C. Whan Park, and Michael S. McCarty, "Managing Negative Feedback Effects Associated with Brand Extensions: The Impact of Alternative Branding Strategies," *Journal of Consumer Psychology,* 6 (2), 1997, 119–140.

11. Richard R. Klink and Daniel C. Smith, "Threats to the External Validity of Brand Extension Research," *Journal of Marketing Research,* August 2001, pp. 326–335.

12. Mary Sullivan, "Measuring Image Spillovers in Umbrella Branded Products," *Journal of Business,* July 1990, pp. 309–329.

13. Al Ries and Jack Trout, *Positioning: The Battle for Your Mind,* New York: McGraw-Hill, 1985.

14. Al Ries and Laura Ries, *The 22 Immutable Laws of Branding,* New York: HarperBusiness, 1998, p. 9.

15. Peter A. Dacin and Daniel C. Smith, "The Effect of Brand Portfolio Characteristics on Consumer Evaluations of Brand Extensions," *Journal of Marketing Research,* June 1994.

第 8 章

1. Information for this section was drawn from the Marriott and Holiday Inn websites.

2. Carol M. Motley and Srinivas K. Reddy, "Moving Up or Moving Down: An Investigation of Repositioning Strategies," Working Paper 93-363, College of Business Administration, University of Georgia, 1993.

3. Johan Arndt, "Role of Product Related Conversation in the Diffusion of a New Product," *Journal of Marketing Research,* 3 (August), 291–295.

4. David Aaker and Kevin Lane Keller, "The Effects of Sequential Introduction of Brand Extensions," *Journal of Marketing Research,* February 1992, pp. 35–50.

5. Barbara Loken and Deborah Roedder John, "Diluting Brand Beliefs: When Do Brand Extensions Have a Negative Impact?" *Journal of Marketing,* July 1993, pp. 71–84.

6. David A. Aaker and Stephen Markey, "The Effects of Subbrand Names on the Core Brand," Working Paper, University of California, Berkeley, 1994.

7. Gregory L. White and Shirley Leung, "Middle Market Shrinks As Americans Migrate Toward the High End," *Wall Street Journal,* March 29, 2002, p. 1.

8. Peter H. Farquhar, Julia Y. Han, Paul M. Herr, and Yuji Ijiri, "Strategies for Leveraging Master Brands," *Marketing Research,* September 1992, pp.3–10.

9. Sandra Dolbow, "Luxury Loves Company," *Brandweek,* October 8, 2001, pp. 39–40.

第 9 章

1. Interview with Dell brand team, April 2003 and Dell website.
2. Private communication, 1997.
3. Information for this section was drawn from Julia Kirby, "Jim Kelly of UPS: Reinvention with Respect," *Harvard Business Review,* November 2001, pp. 116–123; UPS website, 2003.
4. David A. Aaker and Bob Jacobson, "The Strategic Role of Product Quality," *Journal of Marketing,* October 1987, pp. 31–44; David A. Aaker and Bob Jacobson, "The Financial Information Content of Perceived Quality," *Journal of Marketing Research,* May 1994, pp. 191–201; and linking attitude to stock return, David A. Aaker and Bob Jacobson, "The Value Relevance of Brand Attitude in High Technology Markets," *Journal of Marketing Research,* November 2001, pp. 485–493.
5. "Esso—Should the Tiger Change Its Stripes?" *Reputation Impact,* October 2002, p. 16.
6. The Verizon, Clorox, and General Mills programs are reported in Halo Awards, Cause Marketing Forum, Supplement to *Advertising Age,* July 28, 2003.
7. Ed Keller, "To Regain Trust, Faking Won't Do," *Advertising Age,* February 24, 2003, p. 28.
8. Pamela Kalafut, Jonathan Low, and Jonathan Robinson, *Measures That Matter,* New York: Ernst & Young, 1997.
9. Information for this section was drawn from Redwoodcc.com, the website of the publisher of *Kraft Food & Family,* 2003.
10. Presentation by Youssef A. Nasr, CEO of HSBC USA to the conference Winning Globally, at Stanford University, January 23, 2002; and the HSBC website.

第 10 章

1. Jack Neff, "Unilever Culls Surf, Folds Brand into All," *Advertising Age,* October 14, 2002, p. 13.
2. Alan Clendenning, "Unilever to Sell 15 North American Brands, Including Mazola and Argo," Associated Press, May 31, 2001.
3. Information for this section was drawn from the Ford and BMW websites.
4. Steven Cristol and Peter Sealey, *Simplicity Marketing—End Brand Complexity, Clutter and Confusion,* New York: Simon & Schuster, 1999.
5. Barry L. Bayus and William P. Putsis, Jr., "Product Proliferation: Empirical Analysis of Product Line Determinants and Market Outcomes," *Marketing Science,* *18* (2), 1999.